·识字读国学·

100字
读懂《老子》

臧守虎　著

齊鲁書社

图书在版编目（CIP）数据

100字读懂《老子》/ 臧守虎著．—济南：齐鲁书社，2016.9

ISBN 978－7－5333－3501－4

Ⅰ．①1… Ⅱ．①臧… Ⅲ．①道家 ②《道德经》—注释 Ⅳ．①B223.12

中国版本图书馆CIP数据核字（2016）第140784号

100字读懂《老子》

臧守虎 著

主管单位	山东出版传媒股份有限公司
出版发行	齊鲁書社
社　　址	济南市英雄山路189号
邮　　编	250002
网　　址	www.qlss.com.cn
电子邮箱	qilupress@126.com
营销中心	（0531）82098521　82098519
印　　刷	山东德州新华印务有限责任公司
开　　本	880mm×1230mm　1/32
印　　张	13.25
插　　页	3
字　　数	286千
版　　次	2016年9月第1版
印　　次	2016年9月第1次印刷
印　　数	1—3000册
标准书号	ISBN 978－7－5333－3501－4
定　　价	38.00元

引言

清戴震《与是仲明论学书》云："经之至者，道也；所以明道者，其词也；所以成词者，字也。由字以通其词，由词以通其道，必有渐。"这是我最近几年经常引用的一段话，因为把它用在经典诠释上再恰当不过了。

不是吗？写书是为了阐述道理，而书是由一篇篇文章组成的，文章又是由一个个句子构成的，句子又是由一个个词汇构成的，词汇是由一个或几个文字构成的。所以，要真正理解一部书，最终要落脚在文字含义的理解上，对于《老子》这样的经典来说尤其如此。

《老子》是先秦子书之一，是道家学派的奠基之作，也为后来的道教奉为理论圭臬，魏晋以后也称为《道德经》。自古迄今，《老子》在国内外一直产生着重要的影响，在中国古代经典著作中，在世界范围内所产生的影响力，综合排名当属第一。

《老子》虽然重要，但是并不容易读懂。虽然《老子》本身主张“圣人恒无心”（第49章），但研读《老子》20多年来，给笔者的感觉是，或许《老子》的作者所处年代文字数量尚少、在竹简上书写起来不易，或许是《老子》的作者处心积虑、别有用心，书中极小心、极用心地运用每一个字、词，通过巧妙、别致地运用字、词，构建了一个令人痴迷的思想体系。

关于《老子》，南怀瑾先生曾说“它每一章节，都衔接得很紧凑，都能贯穿起来，中间并没有松弛或断裂之处”（《老子他说》），然而竹简本、帛书本《老子》章节次序排列上的不同、字数上的不等证明了这种看法是不合乎事实的。《老子》应该是经过不同时代不同人的多次增写、改写而成，因而也决定了其内容有重复和矛盾之处，章节间缺乏连贯性和逻辑性，思想体系上呈现出疏离性。

《老子》第36章说“鱼不可脱于渊”，第75章说“天网恢恢，疏而不失”。如果说《老子》的思想主旨是深藏的渊中之鱼，那么其中的文字就是一张疏离的网，而关键字词就是织连起这张网的网扣。要想捞起深藏的渊中之鱼，首先得使网扣结实、网目严密，对关键字词理解准确、到位。而像以前多数人所做的那样，仅把《老子》简单地注释、翻译一下，还是难以真正读懂《老子》。

基于如上认识，拙著《老子问答》（齐鲁书社2011年版）中曾设《训诂篇》《明喻篇》，对《老子》中部分关键字词进行考证、辨正。然而受全书体例、篇幅、布局等的限制，所考证、辨正的字词是有限的，因此一直想有机会对《老子》全书从关键字词的角度进行解释，此书就是基于这种愿望的一个成果。

写作中所据《老子》版本以《老子》帛书甲本为底本，参照其他版本新校而成（详见附录，该本亦见于拙著《老子问答》，此次又加以修订），对于所选字词大致分为八个板块，每个字词在探讨本义、引申义的基础上，确认其在《老子》具体语境中的意义，并分别凝炼了一个通俗的题目，通过对这些关键字、词的诠释，以融会贯通《老子》全书之旨，写作中尽量做到逻辑连贯、图文并茂、雅俗共赏，希望得到读者们的认同、喜爱。

这是天籁，是福音，是靠近了道的声音。来吧！老子知道你在，会跟在后面。

2014 年 5 月 18 日

目　录

知人篇

——老子是怎样的人

读其书当知其人，考察作者的情况，可以帮助我们更好地理解作者所写之书。如果《老子》是老子本人所写，那老子是个怎样的人？除了《庄子》《列子》《史记》等文献的记载外，《老子》本身还能提供给我们一些怎样的信息呢？

圣：多听少说的人

圣人是《老子》一书中所认为的最理想的人。那么，究竟什么是圣人呢?

“圣”的繁体字作“聖”，但“聖”“圣”本是两个字。“圣”从又从土，音 kū，掘地的意思。理解《老子》中的“圣人”，应以繁体字的“聖”为准。

甲骨文中“聖”字最早是上面一只大耳朵，下面是一个人，后来又在左上边加上一个“口”字。到了金文、小篆中，“口”字移到了右边。

李孝定《甲骨文集释》解释说：“象人上着大耳，从口会意。圣之初谊（义）为听觉官能之敏锐，故引申为通，圣贤之义又其引申也。听、声、圣三字同源，其始当本一字。”《说文》说：“圣，通也。从耳，呈声。”段玉裁《说文解字注》说：“圣从耳者，谓其耳顺。”

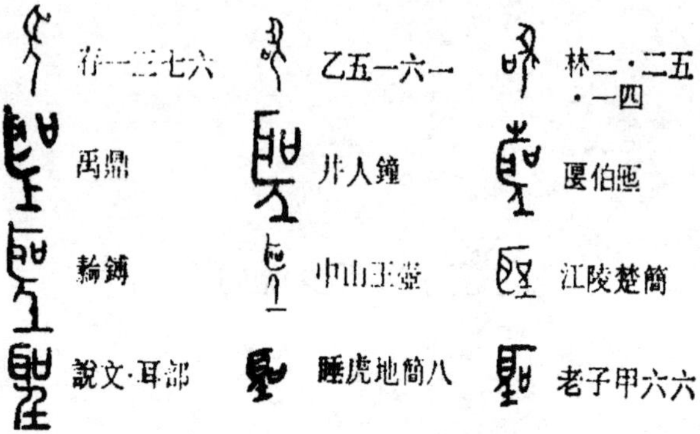

古文中的“圣”。采自《汉语大字典》，下同

“聖”字中有只大耳朵，看来大耳朵是圣人的一个必备条件。老子姓李，名耳，字聃、重耳，无论是名还是字，都与耳朵有关。“聃”，《说文》解释说“耳曼也”。“曼”，段玉裁注云“引也”。“聃”又与“瞻”相通。“瞻”，《说文》说“垂耳也”。“引”与“垂”同义，都是耳朵下垂、耷拉的意思，表明耳朵很长很大。圣人既然是耳朵大的人，而老子就是一个大耳朵。这样的话，老子本人应该就是一位圣人。

“聖”的构件中“耳”大而“口”小，应该寓有多用耳少用嘴、多听少说的意思。这个意思与《老子》的主旨相合，也与《老子》中的“圣人”品格相符。如第 2 章说：

是以圣人居无为之事，行不言之教。

——因此圣人做的是无为的事，实行的是不言的教化。第 5 章说：

多闻数穷，不若守于中。

其中的“闻”王弼本作“言”。“多言数穷，不若守于中”就是说，多说话气数很快穷尽，不如守住人体内部。第24章说：

希言自然。飘风不终朝，暴雨不终日。孰为此？天地而弗能久，又况于人乎！

——少说话合乎自然。狂风不会刮上一个早晨，暴雨也不会下一整天。谁造成了狂风和暴雨？天地。天地都不能使狂风暴雨持久，何况是人说的话呢！第52章说：

塞其兑……终身不堇；启其兑……终身不救。

——闭上嘴巴……终身能量不尽；张开嘴巴说话……一辈子没救。第63章说：

夫轻诺必寡信，多易必多难，是以圣人犹难之，故终于无难。

——轻易许诺一定缺少信用，把事情看得太容易一定会遇到很多困难。因此圣人把事情看得很困难，所以最终没有困难。

如果按“通”“顺”之义来解释“圣”，那么孔子也应该算一个圣人。孔子曾自述：

吾十有五而志于学，三十而立，四十而不惑，五十而知天命，六十而耳顺，七十而从心所欲，不逾矩。（《论语·为政》）

孔子一生颠簸流离，很不顺心。楚国的狂人接舆、长沮、桀溺、荷蓧丈人等的风凉话、挖苦话，都能听进去；就连人家说他“累累若丧家之犬”（《史记·孔子世家》），他都点头称是。到了六十多岁的年纪，孔子阅世既久，毁誉已置之度外，别人说什么就是什么，自己权当耳旁风，这个耳朵进，那个耳朵出，已经“耳顺”了。

孔子不仅“耳顺”，甚至连说也说够了。《论语·阳货》载，孔子曾说：“我真不想再说话了。”学生子贡不理解，说：“老师您如果不说话，那我们这些当学生的照什么去做呢？”孔子说：“天说过什么话呀？四时照常运行，百物照样生长。天说过什么话呀？”言外之意就是说，只要效法天道去做就可以了。

耳朵大，便于纳声，听力的确应该好一些。但像李孝定先生说“听觉官能之敏锐”就“引申为通”，似乎有些牵强。从生理的角度说，年轻人的听力肯定会比上了年纪的人听觉敏锐，但不能因此就说年轻人是圣人，也从来没听说哪个年轻人被称为圣人。

进一步说，即使是耳朵大、上了年纪的善听之人，也不能都称为圣人。比如刘备，名“备”，字“玄德”。“玄德”出自《老子》第65章“玄德深矣，远矣，与物反矣，乃至大顺”。《三国志·蜀书·先主传》说刘备“身长七尺五寸，垂手下膝，顾自见其耳”，一般人是看不见自己耳朵的，刘备能看见自己的耳朵，说明他耳朵很大。并且，刘备对诸葛亮等人的话一向也是言听计从。如此，刘备也很合乎圣人的各方面条件，但也没人说他是圣人。

其实不仅没人说刘备是圣人，即使是老子、孔子，生前也没有人说他们是圣人。老子、孔子被称为圣人，那都是他们身后之事。况且《说文》段注释“聖”为“顺”的意思，从字形上并看不出来。所以，我怀疑《说文》段注以“顺”解“圣”恰恰可能是受了《老子》第65章“玄德深矣，远矣，与物反矣，乃至大顺”、孔子“六十而耳顺”之类说法影响的结果。

《周易·系辞》说“黄帝、尧、舜垂衣裳而天下治”，《古诗源·击壤歌》说老人们一边拍打着田埂，一边唱着“日出而作，日入而息，凿井而饮，耕田而食，帝力于我何有哉”来歌颂尧帝，孔子也说“无为而治者，其舜也与”（《论语·卫灵公》）。虽然未见文献中说黄帝、尧、舜等人耳朵大，但他们就是《老子》中所说的“圣人”。也就是说，《老子》中的“圣人”就是指与黄帝、尧、舜等类似的古代帝王，《老子》是借古代帝王为后世帝王说法。

至于后来历代帝王皆称“圣”，如臣下称皇帝称“圣上”，皇帝的命令称“圣旨”，皇帝的听闻叫“圣听”等。甚至在某方面造诣高深的人也被称为“圣”，如杜甫被称为“诗圣”、王羲之被称为“书圣”、陆羽被称为“茶圣”等，这一类的“圣”已属泛用，离“圣”的本义就更远了。

独：一个孤独的人

“独”，甲骨文、金文中均不见，《说文·犬部》解释说：“独，犬相得而斗也。羊为群，犬为独也。”段玉裁注云：“犬好斗，好斗则独而不群。”由此引申出“独自”“孤独”“唯独”等相关的意思。

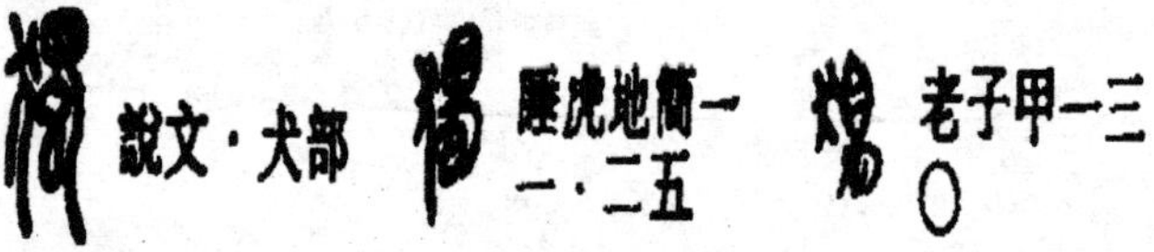

古文中的“独”

“独”在《老子》中出现了6次，其中第20章就一口气来了5个：

> 恍呵，其未央哉！众人熙熙，若飨于大牢而春登台。我泊焉未兆，若婴儿未咳。

累呵，如无所归！众人皆有余，我独匮，我愚人之心也。

沌沌呵！俗人昭昭，我独若昏呵；俗人察察，我独闷闷呵。

忽呵，其若海！恍呵，其若无所止！众人皆有以，而我独顽似俚。

我欲独异于人，而贵食母。

——明亮呀，没有尽头！众人熙熙攘攘，就像享受了祭肉，在春天登上高台，那么高兴，那么惬意。而我淡泊恬静、无动于衷，好像刚生下的婴儿不知道高兴。

垂头丧气、疲惫不堪呀，好像无家可归！众人都精神头十足，唯独我内心空虚、没着没落似的，我只有一颗愚蠢人的心。

糊里糊涂呀！俗人好像明明白白、清清楚楚，唯独我昏头昏脑、糊里糊涂。

昏暗呀，好像大海一样无边无际！光明呀，好像永远无休无止！众人说话做事好像都有根有据，而唯独我顽皮捣蛋，好像无由头。

我要独自不同于别人而只看重“道”。

老子骑牛像

儒家文化强调群体、强调中庸之道，讲究君君、臣臣、父父、子子，讲究父慈子孝、兄友弟恭、夫妻和顺，每个人都是活在伦理关系之中，是不允许孤独的，是避讳孤独的，是害怕孤独的。

但道家、老子不同，道家、老子不仅喜欢“独”，并且刻意标榜“独”。为什么？因为作为宇宙万物本源的“有物”及“道”是“独”的。如第 25 章说：

> 有物混成，先天地生，寂呵寥呵，独立而不改，可以为天地母。吾未知其名，字之曰道……

——有种东西浑然而成，先于天地而生，寂静呀空廓呀，超然独立而永恒不变，可以看作是生成天地的根源。我不知道它的名，给它起个字叫“道”……

既然作为宇宙万物本源的“有物”及“道”是“独”的，那么你要想悟“道”、要想与“道”合一，要想“独与天地精神往来”（《庄子·天下》），那你首先也必须是“独”的，所以《老子》说“我欲独异于人，而贵食母”。又如《庄子·大宗师》中所说：三天之后，便能将天下置之度外；已经将天下置之度外，我又凝神持守，七天之后能将万物置之度外；已经将万物置之度外，我又凝神持守，九天之后便能将生死置之度外；已经将生死置之度外，而后心境便能如朝阳般清新明彻；心境如朝阳般清新明彻，而后就能够感受到“独”。

《孟子·梁惠王下》中说：“老而无妻曰鳏，老而无夫曰寡，老而无子曰独，幼而无父曰孤。”年老没有了妻子叫“鳏”，年老没有了丈夫叫“寡”，年老没有了儿子叫“独”，年幼没有了父亲叫“孤”。

“独”然后才可以领悟到“道”，“孤”“寡”也是如此。第 42 章说：

天下之所恶，唯孤、寡、不榖，而王公以自名也。

——天下人所厌恶的名称，只有孤、寡、不榖，但是王公们用来作为自己的名称。

俗话说：人往高处走，水往低处流。与“孤”“寡”“不榖”是“天下之所恶”一样，往低处流的水也是“居众人之所恶”，意味着得“道”。因此第 8 章又说：

水善利万物而有静，居众人之所恶，故几于道矣。

——水给万物带来利益而悄无声息，处在众人厌恶的地方，因此接近于“道”。

作为化生宇宙万物的“有物”，“道”虽然是孤独的，其内在却是阴阳合一的，是真实的、饱满的。正如第 21 章说：

道之物……中有精呵，其精甚真，其中有信。

——“道”上的这个物……其中有精呀。其中的精是真实的，其中还有信。相反，如第 42 章所说：

道生一，一生二，二生三，三生万物，万物负阴而抱阳，中气以为和。

“道”所化生的万物或偏于阴，或偏于阳，生来就是不完整的（参“一”字条），所以终其一生，潜意识中都在寻找自己的另一半，因为寻找不到而感到孤独。

所以，这里有两种不同的孤独。像第 20 章所说的“熙熙”“昭昭”“察察”“皆有以”的“众人”“俗人”，表面看上去热热闹闹、很惬意、很充实，其实内心是空虚的、疏离的、孤独的；而“泊焉未兆”“匮”“闷闷”“顽似俚”的老子，表面看上去寂静、空虚、孤独，其内在却是自足的、丰盈的、圆满的。

有个故事说，有个国家的人，因为喝了一口井里的水都疯了，只有一个人没有喝而幸免，于是他到处寻找药物，希望能够治好大家的病。药物找到了，但是所有人都拒绝吃药，反而认为这个没疯的人疯了。最后，这个没疯的人也不得不喝下这口井里的水变疯，于是举国欢腾，庆祝他变得正常。

所以，在不允许孤独、避讳孤独、害怕孤独的儒家文化、世俗文化占主流的社会中，提倡孤独、享受孤独的道家、老子注定不被人理解。正如第 72 章所说：

> 吾言甚易知也，甚易行也，而人莫之能知也，而莫之能行也。言有宗，事有君。夫唯无知也，是以不我知。知我者希，则我贵矣。是以圣人被褐而怀玉。

——我所讲的话很容易了解，也很容易实行，但是人们都不理解我的话，更不能实践我所说的话。我说的话，我说的事，可是都有根据呀。因为人们无知，所以不理解我。理解我的人少，越发显得我可贵。所以圣人总是穿着粗布衣裳，而怀中揣着宝玉。

叔本华说：“真正伟大的思想者，就像雄鹰一样，把自己的巢穴建筑在孤独的高处。”（《人生的智慧》）老子就是这样一个伟大的思想者，一个站在“道”的高度上俯瞰社会万象的孤独者。

论世篇

——老子所处的时代

任何思想的产生，都有一定的社会土壤。老子所处的时代是个什么样子？一个怎样的社会催生了这样一部伟大的著作？这可以从“除”“厌”“爽”“彻”“盗竽”“兵”“取”等字的解释中得到反映。

除：朝廷内囊上来了

“除”在《老子》中出现 2 次，即第 10 章“涤除玄鉴，能毋疵乎！”第 53 章“朝甚除，田甚芜，仓甚虚，服文彩，带利剑，厌饮食，资财有余，是谓盗竽，非道也哉！”

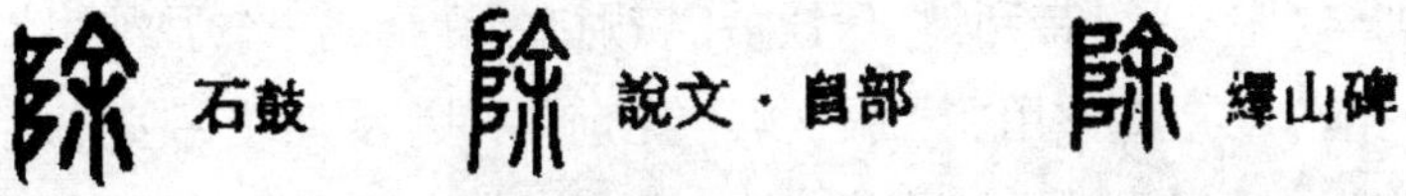

古文中的“除”

“除”，《说文》解释说“殿陛也”，也就是宫殿的台阶，这是“除”的本义。台阶是进入宫殿的必经之路，应该保持干净、整洁，但过往的人多了容易弄脏，弄脏了就得清除，清除后又变干净、整洁了。所以由“台阶”又引申出“干净”“整洁”“污秽”“清除”“除去”等相关、相反的意思。

“除去”是“除”最常用的一个义项，第10章“涤除玄鉴”的“除”就是这个意思，不用多说。但第53章“朝甚除”的“除”应该解作什么，就颇费思量了。

这个“除”有解作“干净”“整洁”的，也有解作“污秽”“废弛”“败坏”完全相反意思的，究竟取哪个义项比较合理一些呢？我们先看看第53章的具体语境。

“田甚芜，仓甚虚，服文彩，带利剑，厌饮食，资财有余，是谓盗竽，非道也哉！”是说：土地荒芜，粮仓空虚，有权势的人穿着锦绣衣服，佩带着锋利的宝剑，酒足饭饱，资财有余。这叫作“盗竽”，不符合正“道”！

如果取“干净”“整洁”的义项，那么“朝甚除”与“田甚芜，仓甚虚”形成一个强烈对比，中间应该加一个“但”字：朝廷非常整洁，但土地荒芜，粮仓空虚。

如果取“废弛”“败坏”的义项，那么“朝甚除”与“田甚芜，仓甚虚”是因果关系、顺接关系，“朝甚除，田甚芜，仓甚虚”则与“服文彩，带利剑，厌饮食，资财有余”形成一个强烈对比，“但”字就应该用在“服文彩”之前了：因为朝纲废弛，政治败坏，所以导致土地荒芜，粮仓空虚。但有权势的人穿着锦绣衣服，佩带着锋利的宝剑，酒足饭饱，资财有余。这叫作“盗竽”，不符合正“道”！

所以，第53章的“除”是取“废弛”“败坏”的义项，还是取“干净”“整洁”的义项，这得看它后面的宾语，看除去了什么东西。如果是除去了好的东西，就应该取“废弛”“败坏”的义项；如果是除去了不好的东西，就应该取“干净”“整洁”的义项。

从公元前9世纪到公元前8世纪，周王朝天灾人祸不断，开始趋向没落。公元前771年，周幽王被申侯率领的西部夷人、犬戎军队杀死于骊山，宣告了西周王朝灭亡。第二年，周幽王的太子宜臼在晋、郑、卫、秦等诸侯的拥护下即位，并把京城迁到了洛邑，开始了东周王朝，朝纲益发废弛，政治更加败坏。

是什么原因导致朝纲废弛、政治败坏的呢？《易经》中的《否》卦可以说明这个问题。《否》卦卦象䷋坤下乾上、坤内乾外。坤为阴，坤内象征小人把持了朝廷；乾为阳，乾外象征君子被排挤出朝廷。正如《否·象》说：“内阴而外阳，内柔而外刚，内小人而外君子，小人道长，君子道消也。”阴气、小人充满了朝廷，而阳气、君子被排挤出朝廷。这就是导致朝纲废弛、政治败坏的原因。

《史记·老子韩非列传》中说，老子正是看到周德日衰，对周王朝感到失望，才离开朝廷、西出函谷关而应关尹之请写下《老子》的。第53章应该就是针对当时腐败的朝廷政治而发，所以“除”还是取“废弛”“败坏”的义项比较妥帖些。

这个意义上的“除”与中医所说的“除中”的“除”相似。如《伤寒论》中说“凡厥利者，当不能食，今反能食者，恐为除中”，又说“腹中应冷，当不能食，今反能食，此名除中，必死”，这是什么意思呢？

人吃下去的食物是靠胃中阳气来消化的，如果人患上厥利一类的疾病，腹中寒冷，胃阳受损，是不能消化食物的，因而也就没有食欲。本来没有食欲、不思饮食、不能饮食，现在却反而能够饮食，这是因为人体中那仅存的一点阳气、正气也被调动出来了，说明已经是回光返照，离死不远了。

“除中”用老百姓的话说，就是临死不做饿鬼，大吃一顿。用《红楼梦》第二回中的话说，就是“外面的架子虽未甚倒，内囊却也已经上来了”。

厌：令人厭恶的壓

“厌”的繁体字作“厭”。在金文中“厭”只是作“猒”，到了小篆中才加上了“厂（hàn）”旁。

“厂”，高鸿缙《中国字例》中说“本象石岸之形”，《说文》说“山石之厓岩，人可居”，也就是岩石的下面，可以引申出“埋”“压”的意思。

“犬”也就是狗，“厌”字以“犬”为构字部件，表明它的本义与一种古老的巫术活动——厌胜有关。

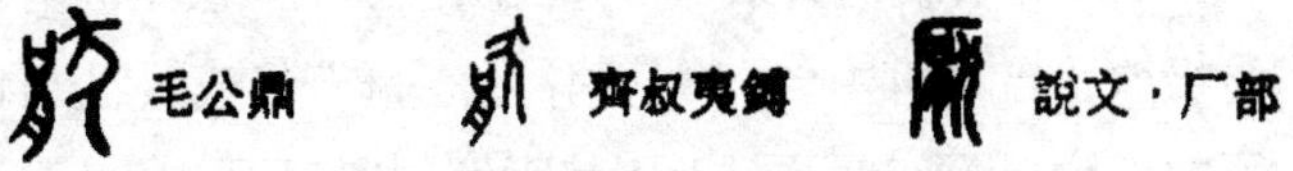

古文中的“厌”

狗能保卫主人、看家护院，这是我们所知道的。但在古人的观念中，狗不仅能保卫主人、看家护院，还可以抵御、镇摄邪魅、恶气、鬼怪之类的东西。如汉代桓谭《新论》记载，占仲子的婢女死了，留下一个四岁的幼儿放心不下，其鬼魂常常回来抚摸孩子，而且还能为孩子洗头。家人对此事非常厌恶，便向方士请教，用狗来禁劾，婢女之鬼于是不敢再来。

这种巫术活动早在新石器时代已经开始，至殷商时代更是蔚然成风。考古发现多处殷商宫殿、墓葬遗址埋犬以奠基、殉葬，如河南郑州白家庄商夯地墙旁，有相连的八座南北两行、东西排列的长方形犬坑，共埋犬 130 多只，最多的一个坑中埋 30 只，最少的也有 6 只。

邪魅、恶气、鬼怪之类的东西是人们所厌恶的，因此由“厌”引申出“厌恶”的意思；又因为这些用来奠基、殉葬的犬是被埋压在土中的，因此“厌”字又带“厂”字旁，与“压（壓）”通用，有“压迫”“压榨”等意思。《老子》中的 5 个“厌”字用的就是这两个义项。

第 53 章“厌饮食”的“厌”，后来专门用“餍”字来表达，上面一个“厌”，下面一个“食”，合起来本身就是“厌饮食”的意思。人在什么情况下会厌饮食呢？长时间吃得太饱、吃得太好，就会导致脾胃损伤而厌食。反过来说，“厌饮食”与“服文彩，带利剑……资财有余”一起反映了统治阶层生活上一贯的穷奢极欲，与“朝甚除，田甚芜，仓甚虚”形成强烈对比。

第 74 章说“毋狭其所居，无厌其所生。夫唯不厌，是以不厌”，其中前两个“厌”通“压”，是“压迫”“压榨”的意思；后一个“厌”是“厌恶”的意思。意思是说，不要使人民的居处狭窄，不要压迫人民的生活。只有不压迫人民，人民才不会厌恶你。否则，你也就成了邪魅、恶气、鬼怪之类的东西，就成了人民厌恶的对象。

比如西周时的周厉王，对百姓实行高压政策，任用巫人监视百姓的一言一行，弄得百姓“道路以目”——在路上见了面都不敢说话，只能相互递个眼色算是打招呼。结果怎么样？正如召公所说，“防民之口，甚于防水。水壅而溃，伤人必多，民亦如之”（《史记·周本纪》），不久百姓暴动，起来造反，把周厉王撵跑了。

要想不让人民厌恶，除了第74章所说的“毋狭其所居，无厌其所生”外，第66章还说：

> 是以圣人之欲上民也，必以其言下之；其欲先民也，必以其身后之。故居前而民弗害也，居上而民弗重也，天下乐推而弗厌也。

——所以圣人要想处在百姓之上，一定要在说话上谦恭处下；要想位于百姓之前，一定要身居其后。因此处在前面而老百姓也感觉不到危害，处在上位而老百姓也不会感到有负担，天下的人乐于拥戴而不感到厌恶。

“夫唯不厌，是以不厌”，统治者要想不让人民厌恶，那就不要压迫人民。反过来推想，《老子》之所以要这么说，可以想见当时统治者对人民的压迫之重！

爽：爽过了头

运用同一文字相关、相反的意思表达物极必反的辩证思想，是《老子》常用的手法。上面所说的“厌”字是这样，“爽”字也是这样。“爽”只出现在《老子》第12章中：

> 五色使人目盲，驰骋田猎使人心发狂，难得之货使人之行妨，五味使人之口爽，五音使人之耳聋。是以圣人之治也，为腹不为目，故去彼取此。

——五色使人眼瞎，纵情田猎使人心发狂，稀罕的财物使人的行动受到妨碍，五味使人的胃口败坏，五音使人的耳朵变聋。所以圣人在治国的时候，只是使百姓满足基本的饮食，而不满足其他的需求和享受，所以抛弃其他的需求和享受而选择满足基本的饮食。

“爽”的本义是一个人出了汗，在井边洗澡、清洗腋窝的样子。人出了汗，身上黏糊糊、臭烘烘的，洗洗干净，固然清爽、痛快、惬意，但常识告诉我们，人出汗时，毛孔是张开的，此时遽然用清冷的井水洗澡，冷气会顺着毛孔进入体内，很容易引起疾病，这就走到了爽的反面，是不爽了。《老子》第12章的“爽”就是这个意思，具体指“败坏”。由“爽”到“不爽”，同一个汉字意思完全相反，训诂学上叫“同出背训”，也是物极必反哲理的一种反映。

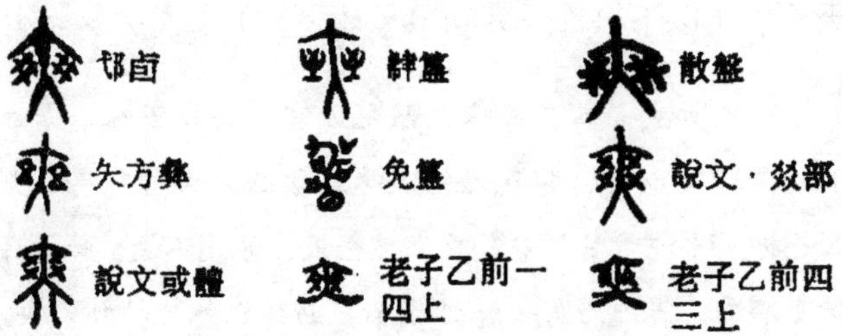

古文中的“爽”

“五色”指青、黄、赤、白、黑五种色彩，是作用于眼睛的；“五味”指酸、苦、甘、辛、咸五种味道，是作用于口的；“五音”指宫、商、角、徵、羽五种音调，是作用于耳的。不过，这里的“五色”“五味”“五音”不一定是实指，可以理解为各种色彩、各种味道、各种声音，也可以理解为过多的色彩、味道、声音。

《老子》中将色彩、味道、声音概括为“五色”“五味”“五音”，说明这个时期五行思想已经成形。“五行”是中国古人用以阐述事物关系的一个重要工具，也是中医理论得以构建的重要基石。以五色、五味、五音、五脏配属于五行，如下图所示：

五行	木	火	土	金	水
五色	青	赤	黄	白	黑
五音	角	徵	宫	商	羽
五味	酸	苦	甘	辛	咸
五脏	肝	心	脾	肺	肾

“五味”为什么会败坏人的胃口？《黄帝内经·素问·生气通天论》（以下只称《素问·×××》）中说：

> 阴之所生，本在五味；阴之五宫，伤在五味。是故味过于酸，肝气以津，脾气乃绝。味过于咸，大骨气劳，短肌，心气抑。味过于甘，心气喘满，色黑，肾气不衡。味过于苦，脾气不濡，胃气乃厚。味过于辛，筋脉沮弛，精神乃央。

什么意思呢？肝、心、脾、肺、肾五脏，在中医中又称为“阴脏”。五阴脏是靠五味滋养的，但是伤害五阴脏的也是五

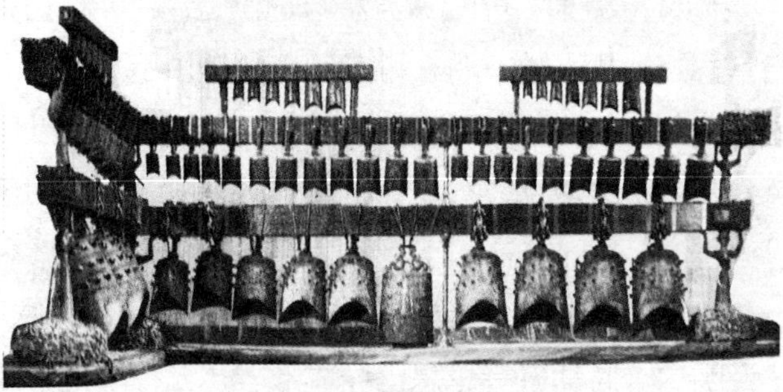

湖北随州曾侯乙墓出土的编钟

味。根据“五行”水克火、火克金、金克木、木克土、土克水的相克原理，酸的东西吃得过多，就会损害脾脏；咸的东西吃得太多，就会损害心脏；甜的东西吃得太多，就会损害肾脏；苦味的东西吃得太多，就会损害肺脏；辣的东西吃得太多，就会损害肝脏。

吃、喝是这样，视、听等也是这样。看得太多、太杂，听得太多、太杂，一天到晚对着电视、电脑，沉迷于网络游戏，整天耳朵里塞个耳机，会导致视力、听力下降，相信不少人有亲身体会，不必多说。

“为腹”指满足生理需求，“为目”指满足眼睛对色彩的需求。虽然只说了“目”，实际也包括心、口、耳等感官在内，修辞上叫作“举隅”。而目、口、耳等感觉器官又是受心支配的，因此“为腹不为目”其实也就是第3章所说的“虚其心，实其腹；弱其志，强其骨”。

五色、五味、五音、驰骋田猎、难得之货，这在过去只有统治者才能拥有和经常享用，处在社会下层的老百姓是无缘享用的，即使偶尔享用也不至于过度。所以，第12章在当时应该主要是针对社会上层统治者而言的。

《老子》中有些话说得很狠，有点咒人的感觉，像第12章就是如此。“五味”“五色”“五音”过度，固然不利于脾胃、视力、听力，但也不至于一定就到“口爽”“目盲”“耳聋”的程度。似老子般的高深修养，不是痛恨到了极点，是不会放此狠话的。由此也可以想见，当时社会上层声色犬马的生活糜烂腐化到了何种程度！

彻：为了多收租税

“除”“厌”“爽”反映了统治者糜烂腐化的生活及对人民的压迫压榨。

孟子说“苟为后义而称利，不夺不餍”(《孟子·梁惠王上》)，如果不顾道义而只看重利益，那么不靠夺取是不会满足的。统治者要想维持和满足其糜烂腐化的生活，就要千方百计、挖空心思地多收租税，第81章“故有德司介，无德司彻”的“司彻”就反映了这一点。

在甲骨文、金文中，“彻”左一个“鬲”、右边一个“又”，“又”也就是“手”，罗振玉《增订殷虚书契考释》中说：“此从鬲从又，象手象鬲之形，盖食毕而彻去之。”如此最早的“彻”就是“撤”的古字，是吃完了饭把食具撤走的意思，如《孟子·离娄上》“曾子养曾皙，必有酒肉。将彻，必请所与”的“彻”。只是到了后来，才在左加上了一个“彳”旁，而右边的“手”

变成了“攴”旁，“彻”变成了“徹”，意思反而模糊不明了。

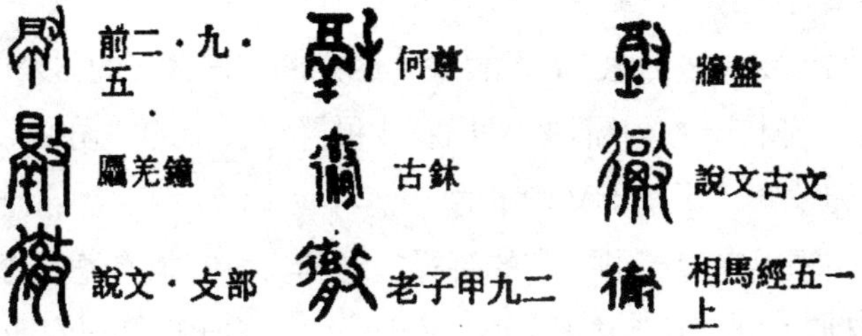

古文中的“彻”

“故有德司介，无德司彻”的“介”在王弼本中作“契”，即“借据”“契约”的意思。陈鼓应先生《老子今注今译》据王弼本译为“有德的人就像持有借据的人那样宽裕，无德的人就像掌管税收的人那样苛取”，张松辉先生《老子译注与解析》译为“具有高尚品德的人就像上述握有契约的圣人一样（不对人收税），没有高尚品德的人就像主管收取租税的人一样（十分苛刻）”。

“司契”只是说持有借据、契约，并没有说不讨债、不收税，怎么就能说是“有德”呢？又《孟子·滕文公上》说“夏后氏五十而贡，殷人七十而助，周人百亩而彻，其实皆什一也”，如果把“彻”解释为“按十分之一的比例抽出农业税”，这也是自古以来的通例，怎么就能说“司彻”者“无德”呢？

《论语·颜渊》中载，鲁哀公问孔子的学生有若说：“年成不好，我的用度开支不足，怎么办呢？”有若说：“那你为什么不收取十分之一的税收呢？”鲁哀公不解地问：“收取十分之二的税收都不够用，怎么还能收取十分之一呢？”有若回答说："百姓都富有了，国君怎么会不足？百姓不足，国君怎么会富有呢？"

如果要说"无德"，像鲁哀公这样的才是真正的"无德"；而把"按十分之一的比例抽出农业税"意义上的"司彻"者说成"无德"，于理于义皆不通。

问题出在对"彻"字的解释上。其实，"故有德司介，无德司彻"中的"彻"并不是指"按十分之一的比例抽出农业税"。如上所见，"彻"的本义就是"撤"，撤销、消除的意思，而"司彻"指的是撤销、消除土地的疆界。

在奴隶社会、封建社会中，土地属于奴隶主、地主，奴隶、农民没有自己的土地，奴隶主、地主把土地划分成一块块租给奴隶、农民们耕种，然后自己收取田租。比如，夏、商、周以来盛行的井田制就是如此。顾名思义，所谓的"井"就是把土地划分成"井"字形的九块，中间的一块叫"公田"，虽然名义上归奴隶主、地主直接管理，实际上也是由奴隶、农民们耕种；四周的八块叫"私田"，分租给奴隶、农民们耕种，奴隶、农民们必须在忙完公田的事后才能忙活私田。

《孟子·滕文公上》还记载，一个叫毕战的人受滕文公派遣，向孟子请教有关井田制度方面的情况，孟子对他说：

> 夫仁政，必自经界始。经界不正，井地不钧，谷禄不平，是故暴君污吏必慢其经界。经界既正，分田制禄可坐而定也。

——施行仁政，首先要从划分田地的边界开始。田地的边界不明确，井田地块就不均衡，种田人上缴的谷物就不公平，因此暴君和贪官污吏一定会故意混淆田地的边界，借此向种田人多索取田租。而田地的边界明确了，应当上缴的谷物数量就可以毫不费力地确定。

“有德司介”的“介”是“分开”的意思（参“介”字条），“司介”其实就是孟子所说的“经界”，“无德司彻”的“司彻”就是孟子所说的“慢其经界”。这样，“故有德司介，无德司彻”句中刚好“有德”对“无德”、“司介”对“司彻”。“有德司介，无德司彻”是说，有德的人划分土地界限，按照契约比较公平地收取租税；无德的人故意混淆、消除土地界限，借以巧取豪夺，收取高于契约规定的租税。

于是，一方面是无德的统治者多取租税以满足自己的穷奢极欲，一方面是劳动者辛勤耕作却食不果腹、忍饥挨饿。正如第 77 章说：

> 人之饥也，以其取食税之多也，是以饥。百姓之不治也，以其上有以为也，是以不治。民之轻死，以其求生之厚也，是以轻死。夫唯无以生为者，是贤贵生。

——人民之所以饥饿，是因为统治者收取的租税太多，所以饥饿。老百姓之所以难以治理，是因为上面有所作为，所以才难治理。老百姓看轻死亡，是因为他们求生的愿望太强烈，所以看轻死亡。只是因为老百姓没办法活下去，所以他们才把死亡看得比生存好。

需要指出的是，“民之轻死……”以下主语都是“民”，其中的“轻死”也就是第 76 章所说的“不畏死”，“求生之厚”

也就是下文所说的“贵生”。但历来的解释多把这几句的主语当成“统治者”，傅奕本甚至改“其”为“其上”，以与上文“以其上有以为也”的“其上”统一，没有真正理解《老子》的原意。

有个成语叫“贪生怕死”，是说一般的人都是贪生而怕死的。俗话还说“好死不如赖活着”。《老子》却说“民之轻死，以其求生之厚也，是以轻死。夫唯无以生为者，是贤贵生”，这又该如何理解呢？

《诗经·小雅·苕之华》也是一篇反映饥民自伤的诗，其中说“苕之华，其叶青青。知我如此，不如无生”，凌霄藤开花，叶子密又青；早知人生这么痛苦，还不如不降生。《吕氏春秋·贵生》中也说“全生为上，亏生次之，死次之，迫生为下”，保全生命是最高的目标，亏损生命是次一等的，死亡又是次一等的，使生命受到迫害是最下等的。人人都知道保全生命，都知道活着比死亡好，但如果统治者压迫太过，老百姓连赖活着都不可能，这时候就生不如死，所以《老子》才会这么说。

真到了生不如死的地步，老百姓就不再怕死，就会铤而走险，起来造反。正如陈胜、吴广所说：“今亡亦死，举大计亦死，等死，死国可乎？”（《史记·陈涉世家》）饿死是死，逃跑是死，造反也是死，反正都是一个死，还不如起来造反，轰轰烈烈地死。

盗竽：另类强盗

“盗竽”也只出现在《老子》第53章“朝甚除，田甚芜，仓甚虚，服文彩，带利剑，厌饮食，资财有余，是谓盗竽，非道也哉”中。

“盗”的意思比较清楚，就是窃取他人的东西，把本来不属于自己的东西据为己有。“竽”字，帛书《老子》甲本原缺，乙本左边是一个“木”字，右边也缺脱，王弼本作“夸”。《韩非子·解老》中引作“竽”，并解释说：“竽也者，五声之长者也。故竽先则钟瑟皆随，竽唱则诸乐皆和。今大奸作则俗之民唱，俗之民唱则小盗必和。”

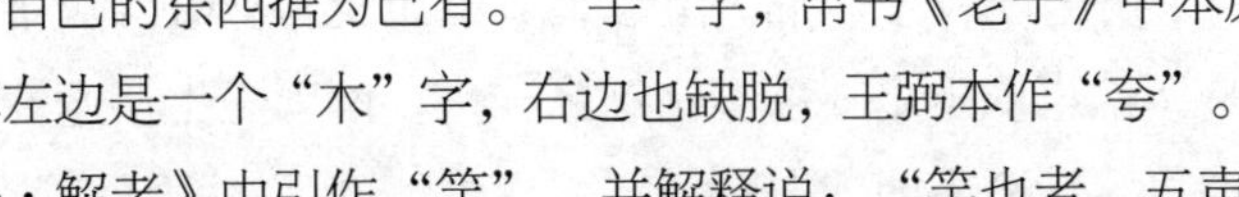

古文中的“竽”

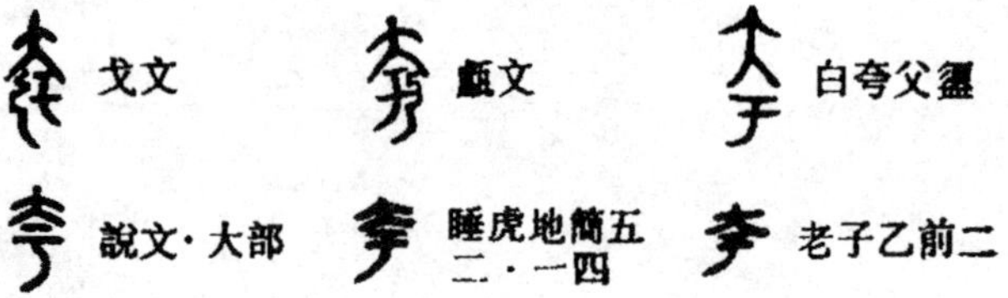

古文中的“夸”

竽为“五声之长者也”，可以引申出“大”的意思。“夸”也的确有“大”的意思。因此，注解《老子》者多将“盗竽”解释为“强盗头子”，但这实在有点儿牵强。

对比古文字中的“竽”“夸”，二者非常相似，“夸”其实应该是“竽”的传抄之误，因此笔者认为当从《韩非子·解老》认作“竽”字，而《韩非子·内储说上》中滥竽充数的故事恰好可以作为“盗竽”的注脚。

滥竽充数的故事说，齐宣王喜欢听人吹竽，并且喜欢三百人一起集体演奏。有个南郭先生，本来不会吹竽，但为了混吃混喝，也加入吹竽的队伍。其他人演奏时，他也摇头晃脑、装模作样。齐宣王死了以后，继位的齐湣王也喜欢听人吹竽，不同的是，他喜欢听个人独奏。这么一来，南郭先生知道混不下去了，只好灰溜溜地逃走了。

南郭先生本来不会吹竽，却混在吹竽的队伍中混吃混喝，这不仅是欺骗齐宣王，也是欺骗其他吹竽人，盗取其他吹竽人的劳动成果，因此“滥竽”其实也就是“盗竽”。

盗也有道。《庄子·胠箧》篇载，柳下跖的徒弟问柳下跖：“盗也有‘道’吗？”柳下跖说：“做什么没有‘道’呀！偷盗中能够推测出屋里储藏着什么财物，这是圣明；率先进到屋里偷盗，这是勇敢；最后一个退出屋子，这是义气；能知道可否实施盗窃，这是智慧；事后分赃公平，这是仁爱。不具备以上五点的人，是不能成为大盗的。”

庄子说“盗也有道”，而《老子》以“盗竽”比喻那些拿着国家的俸禄、花着纳税人的钱而只顾自己享乐、不顾百姓死活的朝廷官员（参“除”“厌”字条），说他们“是谓盗竽，非道也哉”，这就连强盗、盗贼也不如了。

《孟子·滕文公下》中也说，古代的人不是不想做官，但厌恶不通过正常的途径做官。不通过正常的途径做官，就和钻洞翻墙的偷盗行为差不多。

《孟子·梁惠王上》中又说，当官的厨房里有肥肉，马厩里有肥马，而老百姓却面带饥色，饿死在野外，这是放任野兽去吃人。野兽之间相互吞食尚且为人憎恶，作为老百姓的父母官，施行政务却不能避免放任野兽吃人，为民父母的意义又何在呢?

《孟子·公孙丑下》中还说，有职位在身的人不能尽职就该离职，有进言之责的官员不能进言就该离职。不能只享受国家的俸禄、花着纳税人的钱而无所事事、无所作为，否则也与强盗、盗贼无异。

宋代有个海盗叫郑广，后来被朝廷招安做了官，但因为以前做过强盗，虽然做了官仍为同僚不齿。一次宴会上，同僚们觥筹交错、饮酒作诗、彼此唱合，没有一个人理会郑广。备受冷落之余，郑广也起身吟了四句诗：“郑广有诗上众官，文武看来都一般。众官作官却作贼，郑广作贼却作官。”

《红楼梦》第一百零五回写道，西平郡王奉旨率锦衣府的人抄贾府，其时贾母那边正在摆家宴，谈笑高兴之际，只听邢夫人那边的人一直嚷着进来说："老太太，太太！不……不好了！多多少少的穿靴带帽的强……强盗来了！翻箱倒笼的来拿东西！""锦衣""强盗"这些字眼，也容易使我们联想起《老子》所说的"服文彩，带利剑，厌饮食，资财有余，是谓盗竽"。

庄子说："彼窃钩者诛，窃国者为诸侯。"(《庄子·胠箧》)当这样亦官亦贼的官员充满了整个朝廷时，这样的朝廷无疑也就成了一个强盗的朝廷，离灭亡也就不远了。

贞：国将亡，听于神

“贞”只出现在《老子》第 18 章“故大道废焉有仁义，智慧出焉有大伪，六亲不和焉有孝慈，邦家昏乱焉有贞臣”。

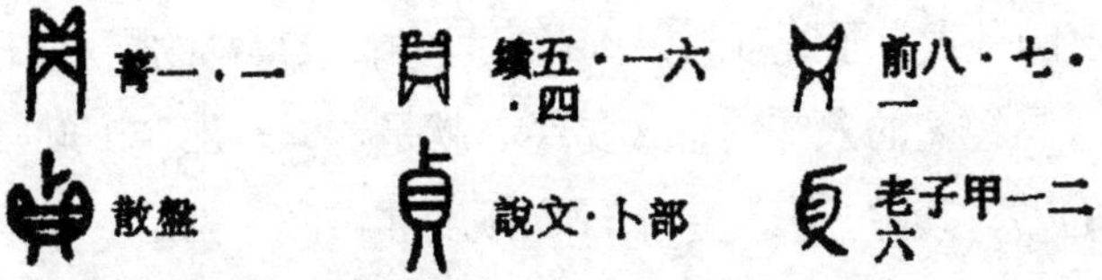

古文中的“贞”

“贞”由“卜”“贝”组成。“卜”就是“占卜”的“卜”。罗振玉《增订殷虚书契考释》解释说：“象卜之兆。卜兆皆先有直坼而后出歧理，歧理多斜出，或向上，或向下。”《说文》解释说：“灼剥龟也。象灸龟之形。一曰象龟兆之纵横也。”还有人认为“卜”是一个象声词，即占卜时所用龟甲经火烧灼

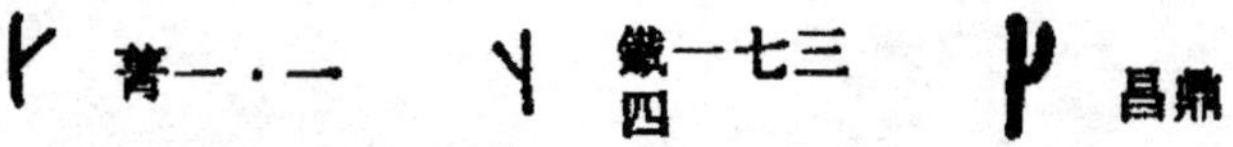

古文中的“卜”

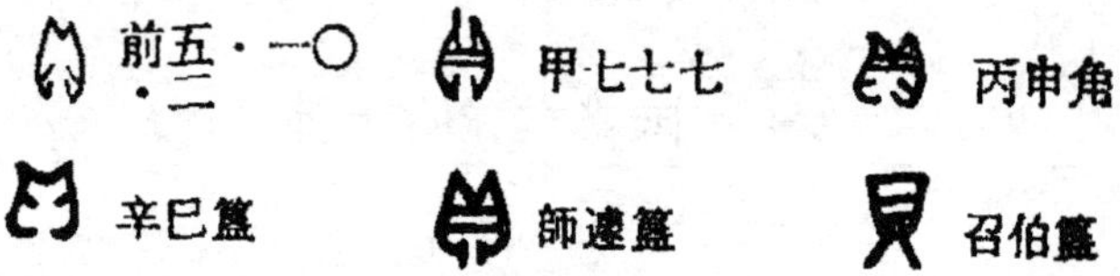

古文中的“贝”

后发出的“卜”“卜”的爆裂声。

“贝”在甲骨文、金文中都是龟甲的形状，《说文》解释说：“海介虫也。……古者货贝而宝龟，周而有泉，至秦废贝行钱。”段玉裁进一步解释说：“象其（龟甲）背穹隆而腹下歧。”

这样，“卜”“贝”合起来也就是用龟甲卜问的意思，所以《说文》解释说：“卜问也。从卜，贝以为贽。”

卜问是人有了疑难时以沟通人、神，求得神的指示和保佑。了解《易经》的人知道，《易经》就是这样一部在卜问基础上产生的书，其中“贞”字出现的频度非常高，都是“卜问”的意思。

“贞”是“卜问”的意思，那么“贞臣”就是负责卜问的大臣。“邦家昏乱焉有贞臣”意思就是说，国家昏乱才产生了卜问大臣。这又该怎么理解呢？

《左传·庄公三十二年》说：“国之将兴，听于民；将亡，听于神。”国家将要兴盛，那就听从民意；国家将要灭亡，那就听从神意。反过来说，听从民意，国家才会兴盛；听从神意，那就意味着国家即将灭亡。如上所述，占卜的目的就是为了沟通人、神，求得神的指示和保佑，所以说“邦家昏乱焉有贞臣”。

《尚书·西伯戡黎》记载，商纣王淫乱无德，周文王起而伐之，在攻克了黎、邗等商人的外围附属国后，紧逼殷商的首都朝歌。大臣祖伊经过占卜后，惊恐万状地向商纣王禀报说：“天子！天意恐怕要灭亡我们殷商了，贤人和神龟都不能察觉出一点吉兆。不是先王不保佑我们殷商后人，只是因为大王您纵酒好色自取灭亡。天意抛弃我们，不让我们安居生活。大王您不揣度天性，不遵循法典。现在没有百姓不希望殷商灭亡的，都说‘老天为什么不显威灵灭亡殷商呢？’现在老天惩罚的命令还没有下来，大王您打算怎么办呢？”——像祖伊就是这样一位掌管卜问的大臣，他在商朝混乱、行将灭亡之时进行占问，正是“邦家昏乱焉有贞臣”最好的注脚。

“贞”，河上公本、王弼本等作“忠”。《史记·赵世家》中有“且夫贞臣也难至而节见，忠臣也累至而行明”的说法，如此“贞”“忠”二字的意思还是有区别的，“贞”似乎主要从操守上讲，而“忠”不仅有操守，还表现在实际行动上。

上面说到，祖伊劝导商纣王，但商纣王不听劝，并且越发刚愎自用，淫乱不止。在这种情况下，纣王的叔父箕子为免遭迫害，装疯卖傻；纣王的同母庶兄微子与太师、少师等大臣开始谋求出路。而他的另一个叔父比干则死守忠道，说：“君主有过错而大臣不进谏，这不是忠；大臣怕死而不讲话，这不是勇。君主有过，大臣应该进谏，国君不采用则大臣受死，这是忠的最高表现。”于是，比干又进谏纣王，死缠软磨了三天，结果把纣王惹火了。纣王说：“我听说圣人的心有七个孔窍，你比干不是圣人吗？那我看看你的心到底是不是有七个孔窍。”于是把比干杀了，挖出他的心来看。

据上关于“贞”“忠”之义的辨析，如果说祖伊是一位贞臣，那么比干就是一位忠臣。

又据《旧唐书·魏徵列传》记载，宰相魏徵曾对唐太宗说：“希望陛下您使我做个良臣，不要使我做忠臣。”唐太宗听了很好奇，问道：“难道忠臣、良臣有什么不同吗？”魏徵说：“良臣是像商契、后稷这样的，忠臣是像龙逄、比干这样的。良臣使自身获得美名，使国君获得显贵的称号，子子孙孙永远流传，福禄无疆。而忠臣使自身受到杀害，使国君陷入大恶，使家、国一起丧亡，空有忠臣的名号。从这个角度上来说，良臣、忠臣的相别是很大的。”

按魏徵的解释，“忠臣”与“贞臣”一样，他们的产生都意味着国家开始走向混乱和灭亡。

兵：我不是丘八

战争是政治的继续。政治腐败、国家混乱是导致战争的主要原因之一。所以"除""贞"等字之后，我们再接着讲这个"兵"。

《太平御览》记载，东晋十六国时期，前秦的大将慕容垂行军前，梦见自己在赶路，走着走着没路了，突然看见路旁有孔子的坟墓，周围还围着八座坟。他醒后觉得很奇怪，就找占梦的人来解梦。占梦人说："前方没有路，说明此路不通。你又梦见孔子的坟和周围的八座坟，孔子名丘，周围有八座坟，'丘'和'八'合起来是个'兵'字，说明你要走的这条路一定有伏兵。"于是，慕容垂就改变了原定的行军路线，后来得知那条路上果然有伏兵。

从此以后，尤其在旧社会中，由于军队中的士兵经常横行霸道、欺压百姓，百姓往往将士兵蔑称为"丘八"。问题是，"兵"的本义是什么？是否真的可以像故事中解梦人那样解释？

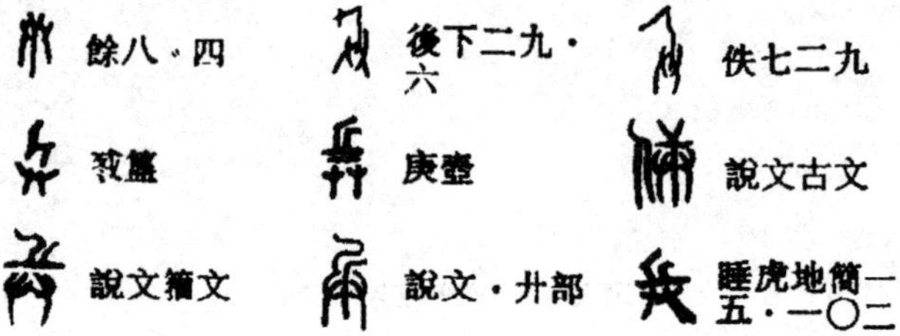

古文中的“兵”

在甲骨文、金文、篆文中，“兵”的形状基本一致，左右两边各一个“又”也就是手，中间是一个“斤”也就是斧头。杨树达《积微居小学述林》中说“按兵字从収持斤”，《说文》说“斫木器也”，徐锴《说文解字系传》说“斫木斧也”。会合其义，“兵”就是两只手持一把斧子的样子。

斧头的起源很早，在旧石器时代，石斧的使用已经相当普遍。作为一种重要的生产工具，斧头可以用来砍伐树木、猎杀动物、分割肉类、制作其他生产工具。在专门的兵器出现以前，斧子也是颇具杀伤力的武器，所以古人以“斤”作为“兵”字的构字部件。随着兵器的不断改进，用作兵器的斧头逐渐与用作生产工具的斧头分道扬镳，在斧的基础上又衍生出钺、戚等新兵器。

《说文》中还列有一个“兵”字的古文，左边一个“人”字，右边是两只手加一个有桠杈的树干，合起来就是人手持木棒的意思。

古代武器比较原始简单，往往就地取材、折木为兵，如《吕氏春秋·荡兵》中说：“未有蚩尤之时，民固剥林木以战

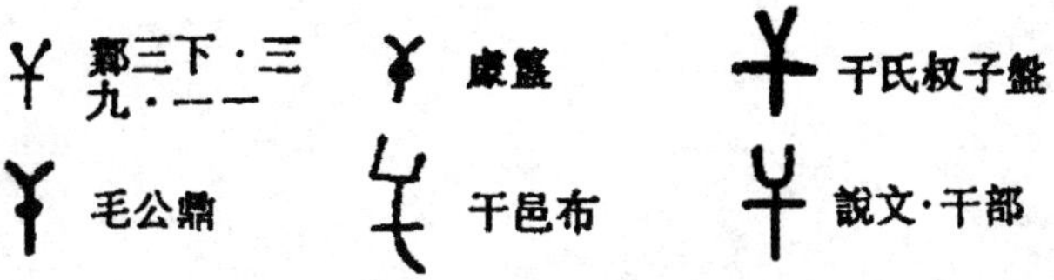

古文中的“干”

矣。”后来虽然有了更先进的武器，但在数量不足时，仍然折木为兵以为补充，如《左传·僖公二十八年》载，晋国与楚国开战，晋国“遂伐其木以益其兵”。贾谊《过秦论》中也说：“（陈涉）率罢散之卒，将数百之众，转而攻秦。斩木为兵，揭竿为旗。”《说文》中所列的古文“兵”，正是这种“斩木为兵”意义上的“兵”。

现在的“兵”字，上面还是一个“斤”，下面的“六”是两只手隶变以后的结果。故事中的那个解梦人把“兵”拆成“丘”和“八”字，把“兵”说成“丘八”，根本不知“兵”字的演变过程，纯属望文生训、随意附会，不足为凭。

综上，“兵”的本义是指手持斧头、木棒的人，如果这个人手持斧头、木棒参加战斗、战争，那这个人就是士兵，而斧头、木棒就是兵器，由此“兵”又引申出“士兵”“兵器”“军队”“战争”等相关的意思，这些义项在《老子》中都用到了。

《老子》中有很多的章节是论述用兵之道的，不少人因此认为《老子》是一部兵书，这种认识虽然未免有些过头，但也反映出战争在当时已经是家常便饭。

战：武器发展小史

“战”在《老子》中出现了 4 次，其繁体为“戰”，古字为“單”。《老子》中有的“战”字就是作“單”的，如第 75 章“天之道，不战而善胜”中的“战”，甲本原缺，乙本作“单”也就是“單”。

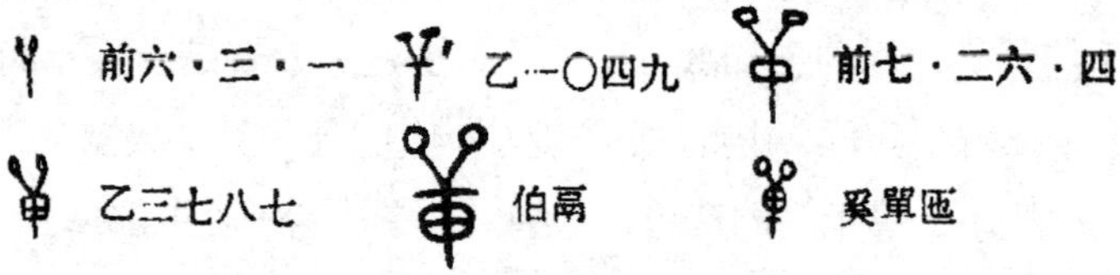

古文中的“单”

《说文》释“戰”说：“斗也。从戈，單声。”把“戰”解释为形声字，认为“戈”表意，“單”表音。其实，这里的“單”并不仅仅表示读音，也跟“戰”字的意义有密切的关系。

甲骨文中的“單”字，最早就是一个简单的树杈，也就是“干”字，后来发展为盾；树杈的两个顶端分别绑上圆形的石块，类似于后来的弹弓。无论是简单的树杈，还是在树杈上绑上石块，最初都是用作狩猎的工具。树杈作为防卫工具，可以用来敲击、戳刺野兽；而树杈绑上圆形的石块后，则可以在较远的距离攻击野兽并增加打击力量。

草木丛生之地是野兽的藏身之所，因此古人还经常采用焚烧草木丛生之地的方法来狩猎。如《甲骨文合集》10198片“翌戊午焚，禽”说，明天通过焚烧的方式打猎，能够擒获到猎物吗？《左传·定公元年》“魏献子……田于大陆，焚焉”说，魏献子通过焚烧在大陆（地名）打猎。《孟子·滕文公上》“舜使益掌火，益烈山泽而焚之，禽兽逃匿”说，舜帝使益掌管火种，益放火焚烧山野沼泽，禽兽四处逃避躲藏。放上一把火，一方面可以直接捡取那些被烧死、烤熟的动物吃，或者把动物驱逐出来，驱赶到便于围猎的地方，一方面烧光了的空地正好可以开垦出来作为农田种庄稼，所以“單”字中又增加了“田”字旁，“狩猎”又称为“田猎”。

又因为古代狩猎、田猎与战争有诸多相似之处，因此也往往以狩猎、田猎比喻战争。正如闻一多先生所说：

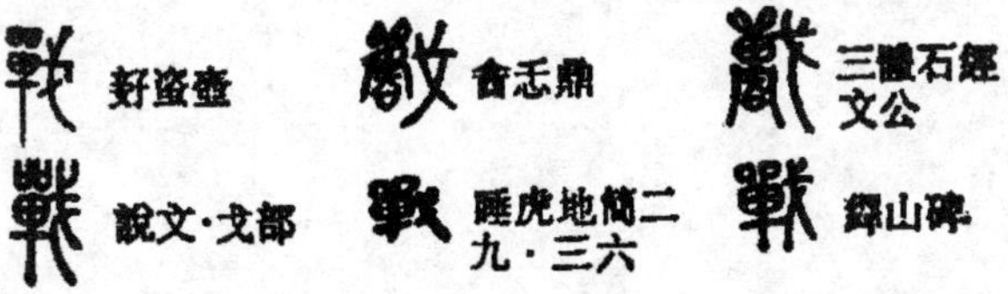

古文中的“战”

“古者田猎军战本为一事。观军战断耳以计功，田猎亦断耳以计功，而未获之前，田物谓之丑，敌众亦谓之丑；既获之后，田物谓之禽，敌众亦谓之禽，是古人视田时所逐之兽，与战时所攻之敌无异。禽与敌等视，则田而获禽，犹之战而执讯矣。《易》言‘田有禽，利执言’者，意谓田事多获，为军中杀敌致果之象。”（《周易义证类纂》）所以，作为狩猎的“單”也被用于人类之间的相互攻击，成了原始的战争武器。

随着金属冶炼技术的发明，战争的武器也得到了极大的改进，金属制作的武器戈、戟、矛、戚、钺等被大量使用，其中的戈可以刺、可以砍、可以削、可以钩，杀伤力很大，是古代很常见的一种兵器。于是人们又在“單”的基础上增添了“戈”的部件，从而形成了新的“戰”字。

由上述可见，从“單”到“戰”字的发展过程，是一个从原始武器到先进武器发展的过程，是一个从防御性武器到进攻性武器发展的过程，反映了古代战争武器的逐步改进、发展。武器改进、发展了，战争的激烈程度因之也逐渐升级，不仅反映了人类战争的大势，也是春秋到战国期间战争趋势的一个写照。

折：被误解出来的字

“折”只出现在《老子》第 78 章“坚强者死之徒也，柔弱者生之徒也。兵强则不胜，木强则折。强大居下，柔弱居上”中。

“折”在《老子》帛书甲本中原作“恒”、乙本中作“竞”，均于义不通。王弼本中作“兵”，勉强可通。《文子·道原》《淮南子·原道训》《列子·黄帝》中均引作“折”，比较有道理，故从之。

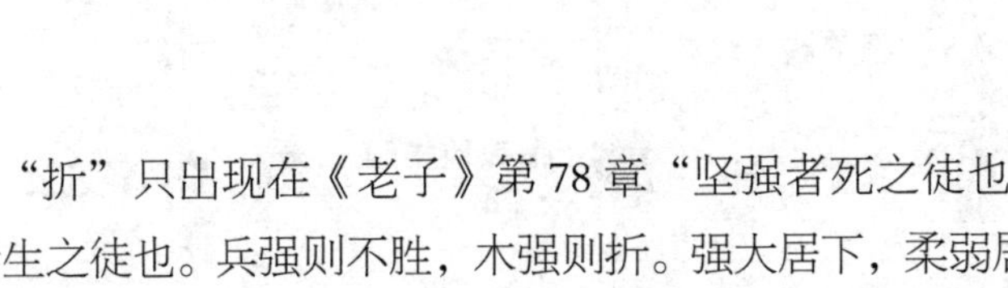

古文中的“折”

甲骨文中，“折”像用斧子把树木从中砍断的样子。如此，这个字其实应该是“析”字，因为“木”加“斤”刚好是一个“析”，并且字义上也吻合，如《诗经·齐风·南山》“析薪如之何？匪斧不得”，其中的“析”用的就是这个意思。

本来的“析”字怎么就成了“折”呢？这是因为金文（齐侯壶）、籀文中本是“析”中的“木”中间加了两道横线，因而导致《说文》的误解。

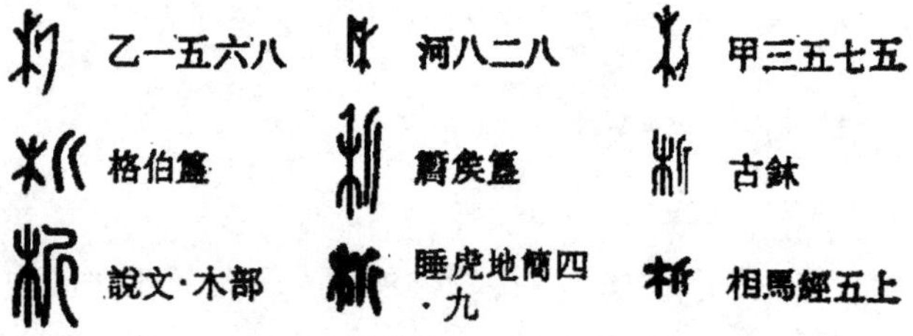

古文中的“析”

《说文》说：“折，断也。从斤从草……𣂚，籀文折，从草在仌中，仌寒，故折。㪿，篆文折，从手。”段玉裁注也附会云：“从手从斤，隶字也。”对于这种误解，王筠《说文解字释例》中已明其非：

> 㪿之重文“𣂚”，说解以为从仌，似非。若从斤、仌二字为义，则草之折也，斤断之邪？仌摧之邪？义无统属，是谓杂乱。且论其部位，是仌在草中，而云“草在仌中”，亦非以字形见字义之法。案：当为以会意兼指事。“二”非“仌”字，但以之界“屮”之间，以见其为已断。恐其传写既久，连屮为𠂹，不可解耳。

这也就是说，《说文》先是将表示树木已经被截断的两道横线误认作“仌”（即“冰”），然后又把“屮”认作草、认作手，然后又强以籀文、篆文、隶字误说，原本的“析”字就这样被误解为“折”，“折”因此也成了一个被误解出来的字，“析”“折”二字也被混为一谈，如《说文》释“析”中云：“破木也。一曰折也。”

单从文字上本身看，“析”“折”的意思有区别。“析”是一个“木”加一个“斤”，就是“用斧子砍伐树木”的意思；而“折”是一只“手”加一个“斤”，是“用斧子砍手”或者“以手运斤”的意思，砍伐的对象就不一定非得是树木了。

例如《庄子·徐无鬼》中说，郢地有个人，鼻尖上沾了一点白灰，让一个木匠给他清除掉。这个木匠运斤成风，挥动斧子呼呼作响，漫不经心地一挥，郢人鼻尖上的白灰没了，而鼻子一点没有受伤，站在那里也若无其事。这个故事中的木匠就是“以手运斤”，而所砍伐的对象是白灰。

但当在具体的语境中，“折”“析”与“木”有关联的时候，“折”“析”的意思可以认为是一样的，都指“砍伐树木”或“树木被砍伐”，第78章“木强则折”就是如此。所以，尽管“折”是一个被误解出来的字，我们还是按“折”字来理解。

古代的武器比较原始简单，往往就地取材，“折木为兵”或“斩木为兵”。既然是“折木为兵”或“斩木为兵”，而兵器是用来杀伤敌人的，所以这些被“折”、被“斩”的树木不能过于纤细、柔软，得达到一定粗壮、坚硬的程度，如此才可以砍伐来用作兵器，因此《老子》才说“木强则折”。

可能正是由于“木”“折”“兵”三者有这样的联系，所以《老子》中由“兵强则不胜”进而联想到“木强则折”；也可能正是由于这个原因，才有《老子》不同版本中作“兵”、作“折”的不同情况。

《庄子·人间世》中说：“夫柤梨橘柚果蓏之属，实熟则剥，剥则辱，大枝折，小枝泄……桂可食，故伐之；漆可用，故割之。”山楂树、梨树、橘树、柚子树、桂树、漆树等因为有用而遭到砍伐，这都是因为有用的缘故。

“木强则折”也是如此。正是因为树木粗壮、坚硬，才被砍伐用来做兵器；反之，如果树木细软、柔弱，是不会被人拿来作为兵器的，也就不会遭到被砍伐的厄运，因此《老子》第78章又说：“坚强者死之徒也，柔弱者生之徒也。……强大居下，柔弱居上。”

第30章说“以道佐人主，不以兵强于天下，其事好还”，第31章说“夫兵者，不祥之器也。物或恶之，故有裕者弗居”，第76章说“夫代大匠斫者，则希不伤其手矣”。“以兵强于天下”“夫代大匠斫”都是有悖于“道”的，“木强则折”以为兵器，自然也为《老子》所不取。

战争不仅有原因，也有各种不同的目的。联系《老子》成书的时代背景，各诸侯国之间战争的最终目的就是为了夺取周人的政权。那么，夺取政权以什么为标志呢？请看下条。

神器：国家政权的象征

“神器”只出现在《老子》第29章“夫天下神器也，非可为者也”中。

“神器”是什么？注释《老子》的书往往搪塞糊弄、避而不答，只是通过把“夫天下神器也”译为“天下是个神圣的器具”之类带过，事实上等于没解释。

顾名思义，“神器”就是祭神的器具。正因为是祭神的器具，所以才叫“神器”。那么，神器究竟是什么？又包括哪些东西呢？那就多了。

神器可以分为食器、饮器、乐器、玉器等，食器如鼎、簋、豆等，饮器如尊、壶、缶等，乐器如钟、磬、鼓等，玉器如璧、琮、圭等。但这诸多的神器中，有一种是最重要的。什么呢？那就是鼎。

《说文》说：“鼎……昔禹收九牧之金，铸鼎荆山之下，入山林川泽，螭魅魍魉莫能逢之，以协承天休。”从前夏禹收集九州进贡的金属，在荆山下铸造了九个大鼎。有了九鼎以后，再进入山林江河湖泽中，魑魅魍魉等不再作怪，人们以此获得上天的保佑。

商代青铜鼎

夏禹铸九鼎后的数千年之间，九鼎三迁，商革夏命而鼎迁于商，周革商命而鼎迁于周。从此，鼎的迁移成了国家政权更替的象征。

随着周王朝的没落，时代进入春秋时期。在这个时期，各诸侯国虽然仍表面上维持周天子“天下共主”的象征意义，在暗地里却是忙于争霸称雄，意欲取周人的天下而代之。因此，作为国家政权象征的九鼎，首先成了各诸侯国觊觎的对象，其中尤以楚国为甚。

为什么？这其中是有缘由的。在当时的诸侯国中，齐、鲁、晋、卫等国因为与周王室有裙带关系，在周立国之初就已封公封侯，并且所封之地都是相对发达的地区。而楚国的祖先熊绎直到周成王时才被封于“楚蛮”，并且是“封以子男之田”，是封爵中较低的一级。同时，齐、鲁、晋、卫等国在受封之时皆被赐予鼎之类的宝器，但是楚国没有享受到这种待遇。

对于这两件事，楚人一直耿耿于怀，感到周王室的做法很不公平，所以从内心里不服气周王室。既然周王室不封我公侯，那我自封，并且直接自封为王，与周王平起平坐。如熊渠封他三个儿子为王时，说“我蛮夷也，不与中国之号谥”，后来慑于周厉王的暴虐之威，才去掉了“王”号。后来的熊通讨伐随国，胁迫随国向周王室请求给楚国更高的名分时，也说“我蛮夷也”，摆出一副“我是流氓我怕谁”的架势。随国无奈，只得去请求周王室加封楚国，但并没有得到许可。恼羞成怒之下，熊通干脆自封为“武王”。

不过，楚人也的确争气。春秋期间，楚国吞并了大大小小的诸侯国四五十个，最终由小变大、由弱变强，成为可以与齐、秦相抗衡的大国、强国。由于先前仅被“封以子男之田”、未“受宝器”的恶气一直憋在心中，加上此时的周王室已经成了摆设，所以从楚庄王到楚灵王、楚襄王，楚国国君对于宝鼎的向往之情更是坦露无遗、直言不讳。

《史记·楚世家》记载，公元前 606 年，楚庄王攻伐陆浑之戎，来到洛水边，在靠近周王室疆界之地检阅军队，周定王派王孙满犒劳楚国军队，楚庄王向王孙满打听鼎的大小轻重情况，有迁移九鼎的意图。王孙满说：“谁能拥有天下，是根据德行决定的，不是由鼎决定的。”听了王孙满的话，楚庄王威胁说：“你不要试图阻止我迁移九鼎，我们楚国那些折断了的戟尖就足以铸造出九鼎。”言外之意，如果阻止他迁移九鼎，就要动用武力。然后王孙满又说：“如果君王的德行高明，鼎虽小也有分量；如果君王昏庸无道，鼎虽大也没分量。从前周成王定鼎于洛阳，占卜的预言说可传三十代七百年。周朝虽然衰落，但是天命未改，还是周人的朝廷，鼎的大小轻重不是你该问的。”

《史记·楚世家》还载，楚国打算与齐国、韩国联合讨伐秦国，并趁机灭掉周王室。周赧王派武公对楚国国相昭子说：“你们三个国家想灭掉周王室，把祭器运送到楚国，我认为你们这种做法不对。”听了武公的话，昭子辩解说：“虽然我们没有灭掉周王室的意图，但是周王室为什么就不可以被灭掉呢？”看看，不仅是楚国国君，就连楚国国相的亡周之心都是如此这般的坦露无遗。可见楚人对周王朝的这股气憋了多久，甚至一直到今天，原楚国旧地湖北一带的方言中仍把“不服气”叫作“不服周”。

如上所说，“神器”就是祭神的器具，“夫天下神器也”中的“神器”既然和“天下”连文，应该就是指象征天下的鼎。如此“夫天下神器也，非可为者也”应该理解为“祭祀天下的器具，不是可以靠武力夺取的”。至于为什么，王孙满所说的话就是最好的回答。

由上可见，《老子》第29章“将欲取天下而为之，吾见其弗得已。夫天下神器也，非可为者也。为者败之，执者失之”的话，也不是泛泛之言，而应该是针对当时各诸侯国凭借武力抢夺神鼎、欲取周人的天下而自代之的形势而发。

取：割下敌人的耳朵

“取”在《老子》中出现了13次。这个字，从甲骨文到现在，字形比较稳定，没有太大变化，都是一个“耳”加一个“又”。“耳”就是耳朵，“又”就是古代的“手”字。

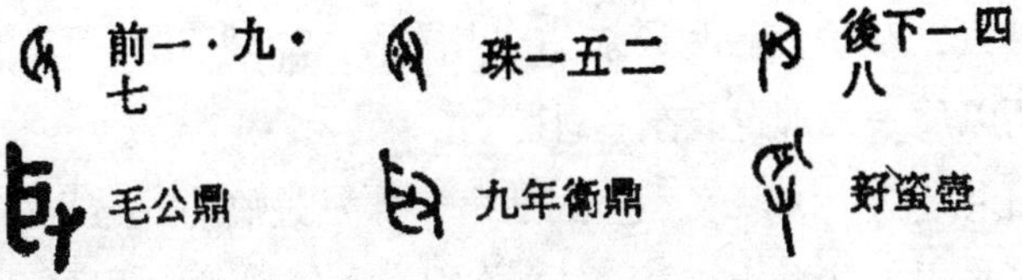

古文中的“取”

“手”加上“耳”表示什么意思呢？男女之间打情骂俏，女孩儿拽一下男孩儿的耳朵？孩子不听话，惹妈妈生气了，妈妈拧孩子耳朵？嗯，可没这么温柔、这么简单。

《说文》解释说：“取，捕取也。从又从耳。《周礼》：‘获者取左耳。’《司马法》：‘载献聝。’聝者，耳也。”《说文》的解释已经说明，“取”的本义就是古代战争中杀死敌人后割下耳朵。如《左传·宣公二年》记载，郑国攻打宋国，俘获宋国将领华元及二百五十个士卒，割下一百多个战死宋军的耳朵。

割下敌人的耳朵做什么用呢？用以报功请赏。战争嘛，总是鼓励自己的一方多杀敌人。一个士兵杀得敌人越多，军功就越大，升职就越快。作为战国七雄之一的秦国，之所以能最终统一天下，就与采取这样的激励政策有很大关系。

那么，怎么知道你杀了多少敌人呢？你说“我杀了二十个敌人”，他说“我杀了三十个敌人”，这不行，不算数，得有凭证。可是，如果长途远征，或者是俘获、杀死的敌人太多，无法把俘虏或者尸体带回来，怎么办呢？因此规定，把俘获或者是杀死的敌人的头颅割下带回。但头颅还是太重，所以后来又改为割下耳朵作为凭证。但人是有两只耳朵的，割哪一只呢？从“取”字甲骨文看，最早是割左耳、右耳都可以的，但这样容易被人钻空子，明明只杀了一个敌人，却割下两只耳朵以报功，所以后来又规定只割左耳。

如果是两个国家发生全面战争，那么失败的一方也就几近亡国了。男人战场上被杀了、被俘了，那女人呢？虽然不用割去耳朵，但顺理成章地成为胜方的战利品，往往成为人家的老婆。如《国语·越语上》记载，越国被吴国打败后，勾践就主动请求把自己的女儿给吴王当老婆，越国大夫的女儿给吴国的大夫当老婆，越国一般官员的女儿给吴国一般官员当老婆。

因为娶老婆与战争有这样的渊源关系，所以古代“娶老婆”

这个“娶”也用“取”字，如《易经》中常见“勿用取女”之辞，其中的“取”就是“娶”的意思。与娶亲相关，《易经》中还三次说“匪寇，婚媾”，不是强盗而是来娶亲的。对此，梁启超先生曾困惑不解：“夫寇与婚媾，截然二事，何相混？得无古代婚媾所取之手段，与寇无大异耶？”（《中国文化史·社会组织篇》）事实的确如此，“匪寇，婚媾”描写的是古代抢婚风俗，而这种抢婚风俗就是战争中掠取女人风气的孑遗。也正因为抢婚类似于强盗行为，所以《易经》中才特别申明“匪寇，婚媾”。

抢婚风俗在我国一些少数民族中至今还保留着。比如哈尼族在娶新娘时，男方会请上强壮的青年数人，佯装闯入女方家，背上新娘就跑，而此时新娘的女伴们也会上前假装掐、捏、捶打这些男青年，但抢亲的男青年不能还手，只能背着新娘夺路而逃，新娘的女伴们用芋头、橄榄枝抛掷这些抢亲的青年，直到他们逃出寨子大门方止。

如上所述，“取”的本义是战争中割下敌人的耳朵，至此回过头来看《老子》中的“取”字。除第12章、第74章、第77章、第79章的4个“取”字是广义的“拿来”外，其他9个“取”字所在章、节反映的内容都与战争有关，并且“取”字皆与“天下”“邦”连用，如第29章“将欲取天下而为之，吾见其弗得已”，第30章“师之所居，楚棘生之。善者果而已矣，毋以取强焉”。

结合“取”字的本义，联系《老子》成书的战争时代背景，这些章、节中的“取”字仅仅翻译为“争取”“夺取”还不够，而应该理解为“用武力夺取”才更准确。

败、贼：以毁坏宝器为标志

战争有胜利，有失败。胜利可以夺取对方的政权，失败的话，政权则被对方夺取。在“神器”字条我们讲过，鼎之类的神器就是象征国家政权的，而“败”“贼”的本义也与鼎、神器有关。

在甲骨文、金文中，“败”字左边本来就是一个鼎的形状，右边是手持棍棒的样子。会合其义，“败”就是手持棍棒击打、毁坏鼎的意思。

古文中的“败”

现在的“败”字左边一个“贝”、右边一个“攵”。“贝”在甲骨文、金文中都是龟甲的形状，属于贝壳类，在古代用作贷币，《说文》说：“海介虫也。……古者货贝而宝龟，周而有泉，至秦废贝行钱。”“攵”同“攴”，也是“击打”的意思，《说文》说：“攴，小击也。”

“败”字左边字形由原来的“鼎”到变成“贝”，可能是由于二者字形相似的缘故。无论是“鼎”还是“贝”，二者都属于宝贝，虽然表示的意思范围不同了，但所表示的意思还是一样的。

三星堆二号祭祀坑中毁坏、焚烧的神器

20世纪30年代开始，四川广汉三星堆古文化遗址被陆续发掘，尤其是1986年夏天发掘的两个祭祀坑震惊世界。在这两个祭祀坑中，发现了大量的金器、青铜器、玉器、象牙等精美的祭器。令人不解的是，这些神器都有被人为毁坏、焚烧的痕迹。为什么要毁坏、焚烧这些神器？看法不一。

有人认为是战败国怨恨这些神器及其所代表的神未能保佑

自己，因而毁坏、焚烧这些神器以发泄不满；有人认为是战胜国为了从根本上消灭战败国，因而毁坏、焚烧和掩埋这些象征战败国的神器。这些看法在文献中都能找到依据。

例如《国语·周语》中说，一个国家灭亡后，别人就要毁灭其宗庙，火焚其祭器。据此，有可能是战胜国毁坏了战败国的神器。

再如《史记·越王勾践世家》载，吴、越交战，越国败归，吴国乘胜追击，勾践派文种前往求和，但吴国不答应，勾践因此要杀掉妻子，焚烧宝器，与吴国决一死战。据此，有可能是战败国自己毁坏了神器。

又如《孟子·梁惠王下》记载，齐人讨伐燕国，攻取了燕国，其他诸侯国共同谋划救燕。于是，齐宣王问计于孟子。孟子说："现在燕国虐害他们的民众，大王前去征讨，民众认为是把他们从水深火热之中拯救出来，所以用筐盛着饭、用壶盛着水迎接大王的军队。但如果杀掉他们的父兄，拘禁他们的子弟，毁坏他们的宗庙，抢走他们的神器，这样做怎么可以呢？普天之下本来就害怕齐国的强大，现在又扩张疆土而不施行仁政，因此招惹了天下的军队。请大王赶快发布命令，放回他们的老人、小孩，归还他们的礼器珍宝，与燕国人商议选立一位国君，然后撤离燕国，这样还来得及避免战争。"据孟子的说法，一个国家战败了，战胜国就会把战败国的神器据为己有。

无论出于何种原因，属于哪一种情况，鼎之类的神器是一个国家的象征，而毁坏这些宝贝、神器，都意味着一个国家失败、灭亡，这是确定无疑的。因此，"败"才由"击打、毁坏宝贝"

之义引申出“失败”的意思。

“败”在《老子》中出现5次，第29章说“夫天下神器也，非可为者也。为者败之，执者失之”，第64章说“为之者败之，执之者失之。是以圣人无为也，故无败也；无执也，故无失也。民之从事也，恒于几成而败之。故慎终若始，则无败事矣”，前三个“败”字从上下文看，皆与“神器”相关，应从其“击打、毁坏宝贝”的本义上理解；后两个“败”字则是广义上的失败。

与“败”字意思相同的，《老子》中还有个“贼”字，出现了3次。

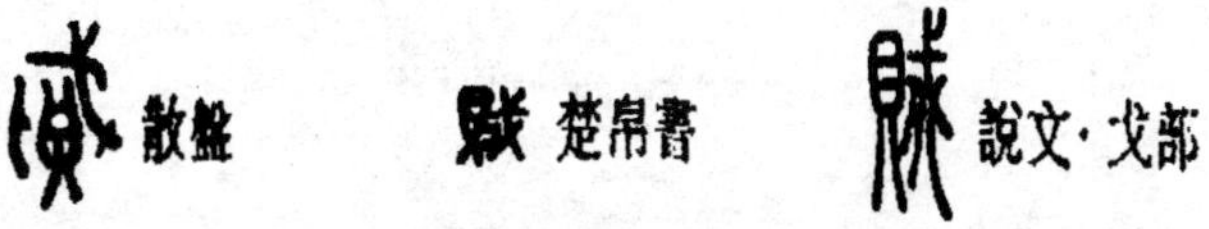

古文中的“贼”

金文中的“贼”左边是一个“刀”，中间是一个“贝”，右边是一个“戈”，表示用刀、戈将宝贝毁坏，《说文》说：“贼，败也。”

《老子》第65章说“故以知治邦，邦之贼也；以不知治邦，邦之德也”，所以用智慧治理国家，是国家的大贼；不用智慧治理国家，是国家的功德之臣。其中“以知治邦”“以不知治邦”相反、相对，则“贼”“德”也应相反、相对。“贼”是毁坏宝贝，那么“德”应该有保护宝贝的意思。

“德”通“得”，如《荀子·解蔽》“宋人蔽于欲而不知得”俞樾《诸子平议》注云：“古德、得通用。”《老子》中的“德”

本来就有“得”的意思，也可以解释为“得”，如王弼《老子道德经注》第38章云“德者，得也。……何以得德？由乎道也”，第51章云“道者，物之所由也；德者，物之所得也，由之乃得……”

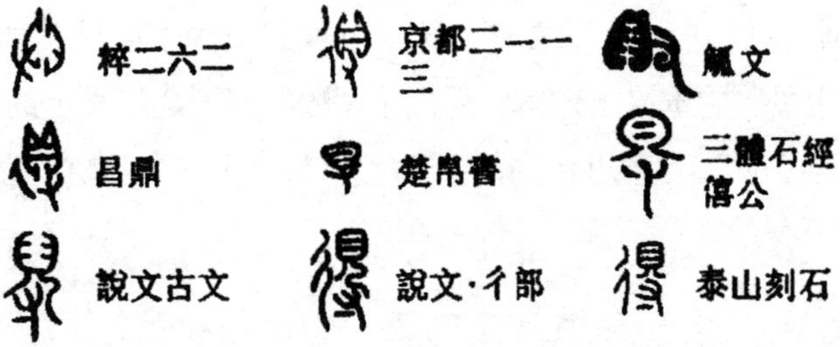

古文中的“得”

有趣的是，再考察一下古文“得”字，还真是人手持贝的形状。所以第65章的“德”解释为“得”，或许更合乎《老子》的本义、原义。

反思篇

——拿什么拯救社会

眼看着朝廷腐败、社会混乱、战争连连，杀人、破家、亡国的惨祸天天发生，《老子》的作者在思考：究竟是什么原因导致了这种惨祸发生？答案是：人们欲望的膨胀、对名利的追逐、对事物表象的执着、过多违背自然本性的有为等。

欲：灾祸的根源

“欲”字在《老子》中出现了30次，大体上有以下三种用法：

第一，做名词，当“欲望”讲，这种用法有6处，如第1章“故恒无欲也，以观其眇”、第3章“恒使民无知无欲也”。

第二，也是做名词，当“引起欲望的东西”讲，这种用法有2处，即第3章“不见可欲，使民不乱”、第46章“罪莫大于可欲”。

第三，做能愿动词，“想……”“要……”的意思，这种用法最多，有22处，如第29章“将欲取天下而为之”、第46章“咎莫憯于欲得”。

甲骨文、金文中未见“欲”字。诅楚文、《说文》中左边都是一个“谷”字，右边形状稍有差异：诅楚文中，右边下面像一个人，上面像一个张开的口；《说文》中则是下面一个人，上面是一团气。

《说文》解释说“欲，贪欲也。从欠，谷声”，把“欲”解释为“贪欲”过于局限，用带有“欲”的词汇解释“欲”，也等于没解释；说“谷声”，这意味着“谷”是“欲”的声符，与意义无关。

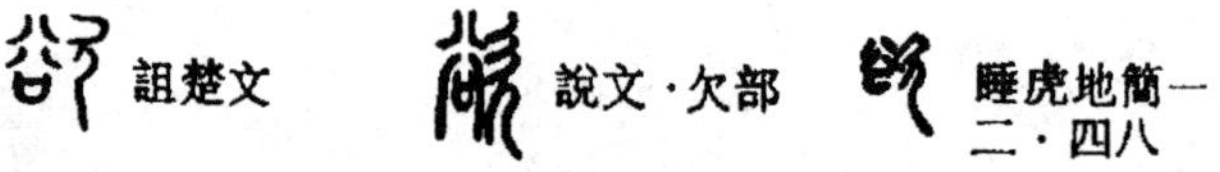

古文中的“欲”

段玉裁《说文解字注》中说“从欠者，取慕液之意；从谷者，取虚受之意”，这是认为“谷”不仅表示声音，而且也表示意义。

与段注大同小异，徐灏《说文解字注笺》从气的角度解释“欠”：“从欠，非‘慕液’也。人心所欲，皆感于物而动，故从欠。欠者，气也。欠之义引申为欠少，欲之所由生也。”

《老子》第6章说“谷神不死，是谓玄牝。玄牝之门，是谓天地之根”，其中“不死”的“谷神”与“玄牝”是互喻的，都是比喻宇宙万物的本源。而“谷”又有无水之谷、有水之谷之分，无水之谷虽然无水，但可有气（参“谷”字条）。

把“欲”中的“谷”理解为有水之谷，那么“欲”就像段玉裁所说，“从欠者，取慕液之意”，这意味着人从万物本源的谷中汲取了一点能量而有了生命。

把“欲”中的“谷”理解为无水、有气之谷，那么“欲”就像徐灏所说，“欠者，气也”，这意味着人从万物本源的谷中汲取了气而有了生命。

人还是胚胎、婴儿的时候，在母体内靠羊水提供养分而发育生长，羊水就可以理解为段玉裁“取慕液”的“液”；婴儿降生时“哇”的一声哭出来，这口气就可以理解为徐灏“欠者，气也”的“气”。从这个角度上说，人本身是因欲而生，也就是因父母之性欲而生。

气又分先天之气、后天之气。先天之气又称为“肾气”，是父母先天遗传给我们的；后天之气又称“水谷之气”，是靠每个人后天通过饮食水谷不断补益的。从这个角度上说，欲也是维持生命活动不可缺少的，所以《礼记·礼运》中说：“饮食男女，人之大欲存焉。”

人因欲望而生，本身就是欲望的结果，又靠欲望来维持生命活动，所以人是不能没有欲望的。那么《老子》为什么提倡“无欲”呢？又怎么理解《老子》所说的“无欲”呢？第3章说：

是以圣人之治也，虚其心，实其腹；弱其志，强其骨；恒使民无知无欲也……

——圣人治理天下，使人民心虚，使他们肚子吃得饱；使人民的志向抑制，使他们的筋骨强健；经常使他们处于无知无欲的状态……第19章说：

见素抱朴，少私而寡欲。

——表现出本来的样子，守住我们的本源；减少私心，降低欲望。

可见，《老子》也并不是一味地反对欲望，只是希望人们能够降低欲望；对于正常的生理欲望也不反对，要不然怎么会说“实其腹”“强其骨”呢？《老子》所说的“无欲”是指不要有正常生理必需以外的过度的欲望。如第 12 章说：

五色使人目盲，驰骋田猎使人心发狂，难得之货使人之行妨，五味使人之口爽，五音使人之耳聋。是以圣人之治也，为腹不为目，故去彼取此。

——五色使人眼瞎，纵情围猎使人心发狂，稀罕的财物使人的行动受到妨碍，五味使人的胃口败坏，五音使人的耳朵变聋。所以圣人在治国的时候，只是使百姓满足基本的饮食，而不满足其他的需求和享受，所以选择前者而摒弃后者。

欲望因为“五色”“五味”“五音”等外物的不断刺激而过度，因此与其说《老子》提倡“无欲”、反对欲望，毋宁说《老子》提倡减少欲望，反对引起欲望的东西。所以第 3 章说：

不上贤，使民不争；不贵难得之货，使民不为盗；不见可欲，使民不乱。

——不崇尚贤人，使百姓不争；不看重难得的财物，使百姓不偷盗；不显露能够引起人们欲望的东西，使百姓不产生混乱。第 46 章说：

罪莫大于可欲，祸莫大于不知足，咎莫憯于欲得。故知足之足，恒足矣。

——罪过没有比引起欲望的罪过更大的，灾祸没有比不知足更大的，过错没有比想得到更令人心痛的。因此知道满足的满足，才是长久的满足。第 79 章说：

是以圣人为而弗有，成功而弗居也，若此其不欲见贤也。

——所以圣人有所作为而不占有，成就了功业而不居功自得，像这样做就是为了不想显摆他的多能、多财。

“知足之足，恒足矣”（第 46 章），话虽如此说，要真正做到知足却很难，没有几个人能做到。正像“欲”的构字所显示的那样，它里面有个“欠”字，好像总是欠点儿什么似的。因为欠缺，所以总是感到不足，总是不断地想要，难怪《老子》中的“欲”大部分都是能愿动词“想……”“要……”的意思。

“想”“要”的心理动机是一样的，“想”“要”的东西却是不一样的，是可以选择的。选择什么、不选择什么，这就规定了我们的行为方向，规定了我们的价值取向，也规定了我们行为的成败。

要降低欲望，甚至做到没有欲望，这是《老子》所提倡的、应该达到的正向价值目标。正如第 57 章说：

我无为而民自化，我好静而民自正，我无事而民自富，我欲不欲而民自朴。

——我无为而人民自我化育，我好静而人民自然走正道，我不多事而人民自然富裕，我要是没有欲望那么人民自然淳朴。

反之，欲望过度，欲壑难填，饱暖思淫欲，人心不足蛇吞象，欲望不断地升级，则是《老子》极力反对和贬斥的。如第29章说：

将欲取天下而为之，吾见其弗得已。

——如果想要夺取天下而统治它，我看他不能达到目的。

虽然达不到目的，但就像春秋战国时期一样，在欲望的驱使下，很多诸侯国都想取周人的天下而为之，由此引发杀人、破家、亡国的惨祸和悲剧，给人们带来无尽的痛苦，所以《老子》说“祸莫大于不知足，咎莫憯于欲得”，佛家也说欲望是一切痛苦的根源呀！

名：表象的表象

“名”在《老子》中出现 25 次。其字上面一个“夕”，下面一个“口”，《说文》解释说：“自命也，从口夕，夕者，冥也，冥不相见，故以口自名。”

什么意思呢？“夕”就是晚上，“口”就是嘴巴。黑暗的晚上，因为相互间看不清对方，于是一个人高声呼叫“你是谁呀”，另一个人高声回答“我是张三”或者“我是李四”。

“名”字示意图

《说文》的解释实际上已经说出了“名”的两个义项：命名、名称。《老子》中的“名”也不外乎这两个意思。如第 1 章说：

名可名也，非恒名也。

其中，第一个“名”泛指“名称”，第二个“名”是动词“命名”，第三个“名”是“恒名”。全句的意思是说：名称如果可以命名的话，就不是长久的名称。

反过来就是说，长久的名是不能被命名的。这也就意味着，在《老子》看来，根本不可能有一个长久的名。这又该如何理解呢?

第一，《老子》这么说有一个前提：事物的名称应该是反映事物本质的，是应该和事物的本质统一的，也就是名副其实。但是，实际上呢?

荀子说“名无固宜”“名无固实”。一个事物用什么来命名，本来是没有内在必然规定的。比如，把马叫作“马”，只不过是因为先民们一开始就把它叫作“马”，而我们也就这么一直延续地叫下来了。但正如老子说“昔者子呼我牛也而谓之牛，呼我马也而谓之马”（《庄子·天道》），昨天你称我为牛，我就答应是牛；你叫我是马，我就答应是马。又如“泰氏……一以己为马，一以己为牛”（《庄子·应帝王》），伏羲氏一会儿把自己当作马，一会儿把自己当作牛。如果我们在一开始把“马”叫作“牛”，把“牛”叫作“马”，也未尝不可。

第二，正如古希腊哲学家赫拉克利特所说，人不能两次把脚踏进同一条河流。也就是说，运动、变化是绝对的，任何事物都是处在不停的变化之中的。表面上看，河流还是那条河流，其实不然。“子在川上曰：逝者如斯夫！不舍昼夜”（《论语·子罕》)，不论是白天还是晚上，河流一直是在流淌、在运动的。有运动就有变化，如果事物已经发生了变化，还用原来的名称去称呼它，这就是名不副实。

仍以牛、马为例，马小的时候叫“驹”，长大后才叫“马”；牛小的时候叫“犊”，大了以后就叫“牛”了。如果马、牛已经长大了，你还叫它“驹”，叫它“犊”，那就名不副实了。

牛、马如此，人也是如此。一个人出生以后，父母给他起个名叫“张三”，但叫“张四”也未尝不可。而姓张的又不只你一家，你可以叫“张三”，别人也可以叫“张三”。再说，父母给你起“张三”这个名的一刹那间，你的名和你这个人是相符的，但是过了这一时呢？你的名就不能真实准确地反映和代表你了，因为此一时的你已经不是彼一时的你。

所以，要想名、实永远对应，做到真正的名副其实，那必须每分每秒每毫都得换一个名。这样的话，任何事物都得有数不尽的名。然而，即使如此，这些数不尽的名也都是暂时的而不是长久的，所以《老子》说“名可名也，非恒名也”。

接下来的问题是：“道”难道也不是一个“恒名”吗？是的。为什么？

第一，“道”没有名，这一点《老子》自己就多次强调过，如第32章、第37章都说“道恒无名”，第40章也说“道褒无名”。

第二，“道”只是一个“字”而不是“名”，第25章说得明白：“有物混成……吾未知其名，字之曰道。”

第三，作为宇宙万物本源的“道”也是一直不停地处在运动之中，而凡是运动、变化的东西就不可能有一个长久的名，因而“道”也不是一个“恒名”。

第四，“道”和宇宙万物的本源是合二为一的(参“道”字条)，在“道”没有化生宇宙万物之前，本来是无一物的，更没有人的存在，自然也不会有人给任何事物起一个名称，此也即《坛经·般若品第二》所说的“若无世人，一切万法本自不有”。

也正因为“道”不是一个“恒名”，所以它才有很多其他的名，如阮籍《通老子论》中说：“道法自然，《易》谓之太极，《春秋》谓之元，《老子》谓之道也。”

《老子》之所以要否定“名”的存在和恒久性，其实就是告诉我们，相对于事物本身来说，“名”是不确定的，是不可依靠的。

《庄子》中经常把名比作影子，如《寓言》篇中说：影子的影子问影子道：“你先前低着头现在仰起头，先前束着发髻现在披散着头发，先前坐着现在站起，先前行走现在停下来，这是什么原因呢？”影子回答说：“我自己也不知道为什么。我与事物本身相似却又不是事物本身。火与阳光使我聚合而显明，阴与黑夜使我得以隐息。那有形之物是存在的依赖吗？何况它们本身也是有所依赖呢！有形之物到来我便随之到来，有形之物离去我也随之离去，有形之物运动我就随之不停地运动。变化不定的事物有什么可问的呢！”

德国哲学家叔本华说，世界上一切事物都是欲望的表象。如此的话，那么事物的名称就是表象的表象，是依附、从属于事物本身的，事物本身没有了，“名”自然也就不存在了。

然而，自古迄今，太多的人把“名”当成了自己本身，甚至本末倒置，把“名”看得比自己本身还重要，把“名”与“利”“誉”“声”等挂钩，为了追求名利、名誉、名声，不惜伤害、牺牲自己的身体。所以《老子》第13章反对“宠辱若惊，贵大患若身”（参“患”字条）。第44章则要我们好好想一想：

名与身孰亲？身与货孰多？得与亡孰病？

——名声和身体相比，哪一个更亲？身体和财富相比，哪一个更应该看重？得到和失去相比，哪一个更令你担忧？

是的，我们的确应该好好地想一想了！

利：天下为我往来

现代城市中车多，白天多，晚上也不少。面对川流不息、呼啸而过的车辆，我经常在那儿傻想：“他们都是要去哪儿？都是干什么去？”

想来想去，最终答案还是不外乎两千多年前司马迁《史记·货殖列传》所说的：“天下熙熙，皆为利来；天下攘攘，皆为利往。”

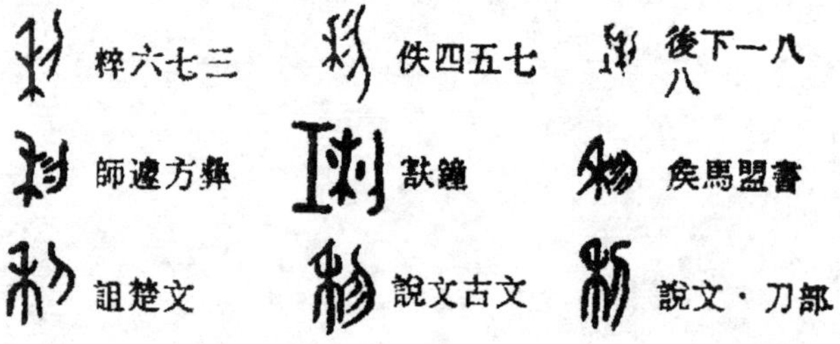

古文中的“利”

从甲骨文开始，“利”字基本上就是现在的形状，左边一个“禾”，像成熟了的谷穗、麦穗下垂；右边一把刀，就是用刀收割的意思。

我上初中的时候，帮着父母在生产队割麦子、挣工分。有一次，已近夜里十二点，人困力乏，年纪尚轻的我实在是割不动了。父亲割五六垄，我就割一垄，但还是落在后面。我不断地抱怨“镰刀不快了”，刚磨过镰刀，一会儿又说“镰刀不快了”，父亲打趣地说：“不是镰不快了，是人不快了吧？”

割麦子的镰刀得锋利，所以“利”又有“锋利”的意思；割下麦子可以给人带来利益、好处，所以“利”又有“利益”“对……有好处”的意思。“利”的这三个义项相互关联，都是基于用刀割麦子这一行为而发生。《老子》中的10个“利”字，基本上就是这三种用法：

第一，锋利。如第36章“鱼不可脱于渊，邦利器不可以示人”、第53章“带利剑，厌饮食”、第57章“民多利器，而邦家滋昏”中的“利”。

第二，利益。如第11章“故有之以为利，无之以为用”、第19章“绝圣弃知，民利百倍……绝巧弃利，盗贼无有”中的“利”。

第三，对……有好处，给……带来好处。如第8章“水善利万物而有静”、第56章“不可得而利，亦不可得而害”、第68章“故天之道，利而不害”、第75章“此两者或利或害，天之所恶，孰知其故”中的“利”。

当年孟子见梁惠王，梁惠王问孟子：“老先生不远千里而来，大概会有什么对我国有利的事吧？”孟子说：“大王何必说利呢？只有仁义罢了。如果大王说如何对我国有利，大夫说如何对我家有利，读书人和一般百姓说如何对我自身有利，上上下下交相争利，那国家就危险了。大王您说仁义就好了，为什么一定要说利呢？”（《孟子·梁惠王上》）

人家梁惠王就问了那么一句“何以利吾国”，就惹来孟子连珠炮般一番反诘的话，把梁惠王噎了个够呛。

儒家反感“利”，道家更是反感。儒家反感“利”，是因为“利”与仁义相悖；道家反感“利”，是因为“利”与为道相悖。

《老子》第15章说“古之善为道者……沌呵其若朴”，其中的“沌”，竹简本作“屯”，王弼本作“敦”。“屯”是草木艰难地冲破厚厚土层后刚冒出地面的样子，而“敦”也有“质朴”“厚实”的意思，与“迟钝”的“钝”的意思相通。

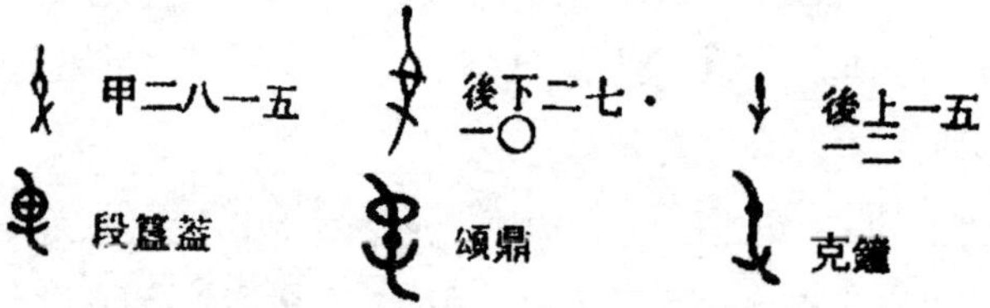

古文中的“屯”

“古之善为道者……沌呵其若朴”是说，古代那些善于为道的人，质朴、迟钝就像未剖开的葫芦。而“利”有“锋利”的意思，与“沌”的意思正好相反，所以《老子》反感“利”。

《老子》不仅反感“利”，凡是与“利”之意相关的词都反感，如“知”（参“知”字条）、“利器”（参“利器”字条）、

“割”、“杀”、“斫”等。如第28章说：

朴散则为器，圣人用之则为官长。夫大制无割。

——葫芦剖开就成了器具，圣人用它作为官长。大制是不可以被分割的。第76章说：

夫代司杀者杀，是代大匠斫也。夫代大匠斫者，则希不伤其手矣。

——代替负责杀人的人去杀人，这是像代替木匠去砍削木头。代替木匠砍削木头的人，很少有不伤了自己手的。

“朴”“大制”（参“大制”字条）“司杀者”“大匠”都是指自然、自然未分的状态。而“道法自然”（第25章），《老子》之“道”是自然之道。但是“利”“割”剖开、破坏了这种自然混沌的状态，“代司杀者杀”“代大匠斫”亦以人为代自然，所以都在《老子》反感之列。《老子》唯独提倡天道、自然之“利”，所以第8章说“水善利万物而有静”，第68章说“故天之道，利而不害”。

患：一连串的心

“患”在《老子》中出现了 4 次，集中在第 13 章中：

宠辱若惊，贵大患若身。何谓宠辱若惊？宠之为下，得之若惊，失之若惊，是谓宠辱若惊。何谓贵大患若身？吾所以有大患者，为吾有身也；及吾无身，有何患？故贵为身于为天下，若可以托天下矣；爱以身为天下，如可以寄天下矣。

其中“宠辱若惊……宠之为下，得之若惊，失之若惊，是谓宠辱若惊”是说，受宠或者受辱都好像受到惊吓的样子，受宠是因为地位低下，得宠好像受到惊吓，失宠好像受到惊吓，这就叫“宠辱若惊”。

“宠辱若惊”是人们的普遍心态，《庄子 · 在宥》中曾经具体描述过：

人心排下而进上，上下囚杀。淖约柔乎刚强，廉刿雕琢，其热焦火，其寒凝冰。其疾俯仰之间而再抚四海之外，其居也渊而静，其动也县而天。偾骄而不可系者，其唯人心乎！

——一般人的心理，受到抑制时就情绪低落，受到推崇时就情绪高涨，如此情绪忽上忽下、大起大落，就像被囚禁绞杀一般难受。柔弱的人屈服、顺从于刚强的人，因此变得尖刻狡诈，内心时而焦灼如火，时而寒冷如冰。这种心理变化之快，仰俯之间就能海内海外巡游两个来回。人心静止的时候如同深渊一样沉默，活动时如同挂在天空中飞扬，放纵疾驰而无法约束的大概只有人心吧！

“贵大患若身”表面意思是说，把大的祸患看得像身体一样重要。在这里，《老子》只是指出了这种现象。问题是：什么是“大患”？《老子》对“贵大患若身”又持一种怎样的态度？我们先往下看。

“何谓贵大患若身？吾所以有大患者，为吾有身也；及吾无身，有何患？”这是一个自问自答的设问句，但是给人答非所问的感觉。问的是什么叫“贵大患若身”？问答的却是为什么会有“大患”：我们之所以有祸患，是因为我们有身体；如果我们没有这个身体，怎么还会有祸患呢？也就是说，正是由于我们自身导致了祸患。这也就是苏轼《思无邪斋铭并叙》中所说的“大患缘有身，无身则无病”。

那么，我们自身又是如何导致祸患的？一是我们自身有过多的欲望，如第 12 章所说的“五色使人目盲，驰骋田猎使人心发狂，难得之货使人之行妨，五味使人之口爽，五音使人之耳聋”就是这种情况。二是我们过于考虑自身，过于考虑自身的名利荣辱，如“宠辱若惊，贵大患若身……得之若惊，失之若惊”就属于这种情况。

“患”字的金文、《说文》古文之义不可得。从现在的字形来看，就是一连串的心、太多的名利之心。可见，从根本上说，“患”就是由太多的心——名利之心引起的祸患。

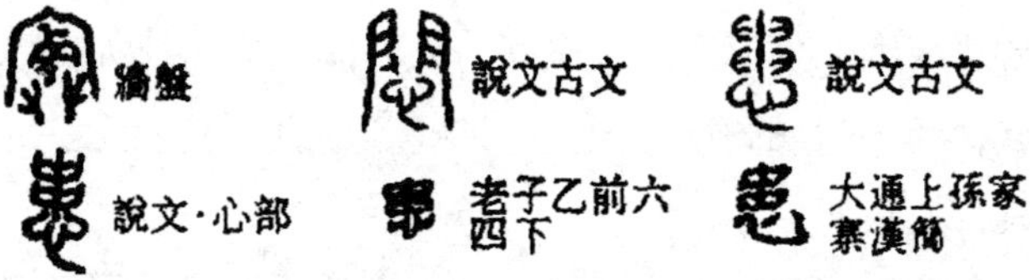

古文中的“患”

这种祸患，开始的时候可能只是个念头，是一种无形的存在，但久而久之，就开始有气，变成气郁，气郁时间一长，就变成有形的结块，结块开始时可能是个良性的肿瘤，但以后可能变成真正的“大患”——恶性的肿瘤。

那么，如何避免这种祸患？那就要减少自身的欲望，避免过多地考虑自身的名利荣辱。对此，《老子》第7章说“退其身而身先，外其身而身存”，把自身置之度外，反而能保全自己；嵇康《养生论》中说“忘欢而后乐足，遗生而后身存”，忘记欢乐才有充足的欢乐，丢开生命的顾虑才能保全身体；白居易《自觉》诗云“不畏复不忧，是除老病药”，不害怕、不担忧，这就是抗病祛老的好药。

因为没有理解“贵大患若身”，陈鼓应先生《老子今注今译》中把“大患”“身”的次序颠倒了一下，翻译成“重视身体好像重视大患一样”，恰恰与《老子》的原意相反。

至此，再回过头来看“宠辱若惊，贵大患若身”句，原来《老子》对此也是持反对、批评态度的。“宠辱若惊”实际上是提示我们要宠辱不惊，不要把宠、辱当作一回事儿，无论是受宠还是受辱都泰然处之，所谓“举世誉之而不加劝，举世非之而不加沮”（《庄子·逍遥游》），“宠辱不惊，看庭前花开花落；去留无意，望天上云卷云舒”（《菜根谭》）。

举个例子。1960年3月31日，因《新人口论》被狂风暴雨般批斗了几个月后，马寅初被免去了北京大学校长的职务。儿子回家把这个坏消息告诉他，他漫不经心地“哦”了一声，便不再言语，继续神态自若地看书。事隔二十年后的1979年9月14日，北京大学隆重召开大会，宣布为马寅初平反、恢复名誉，并对他进行高度的评价。此时马寅初已是97岁的老人，但依然身体健康、头脑清醒。当儿子回家告诉他这一喜讯时，他还是心不在焉地“哦”了一声，不置一词，照旧闭目养神，好像这事与他压根儿没什么关系似的。——这就是宠辱不惊。

避免“宠辱若惊，贵大患若身”，这样的心态才是真正地看重自己的身体，真正爱惜自己的身体，才是真正的养生之道。推而广之，把这种养生之道用在治国上，才能治理好国家。所以下文说“故贵为身于为天下，若可以托天下矣；爱以身为天下，如可以寄天下矣”，能把这种珍惜爱护自身的养生之道用在治理天下上，这样才可以把天下托付给他。反之，欲望过多，心机过重，甚至不惜以伤害身体博取功名利禄，不仅违背人的本性，违背自身养生之道，也不能担当治国的重任。

例如《史记·齐太公世家》载，管仲临终之前，齐桓公问他："群臣之中，谁可以接替你做相国？"管仲没有直接回答，只是说："没有人能够像国君那样了解大臣。"于是，齐桓公先后提出了三个人选：易牙、开方、竖刀。问管仲这三人行不行，管仲说，都不可用。原因何在？

易牙为讨齐桓公的欢心，不惜杀死自己的孩子，烹调好了献给齐桓公品尝；开方原是卫国的太子，父亲死了都不回去奔丧；竖刀为了当宦官以亲近齐桓公，自己把自己给阉了。这三个人的行为都是别有用心，不合乎基本的人情。一个连自己的身体、自己的亲人都不爱的人，怎么能爱惜天下之人，怎么能够治理天下，又怎么可以把天下托付给他呢？因此，管仲判断此三人不可用。

汉画像石中的管仲与齐桓公

然而，齐桓公并没听从管仲的话。管仲死后，齐桓公还是委以三人重任。后来齐桓公病倒了，易牙、竖刀共同作乱，协助公子无诡争夺王位，围困王宫。齐桓公要吃没得吃，要喝没得喝，后悔没听管仲的话，感叹道："唉，圣人的见识果真是深远呀！如果死者有知，我有什么脸面去见管仲呀！"以衣袖遮脸羞愧而死。齐桓公死后六十七天，都无人知晓理会。直到尸体腐烂生蛆，有人见很多蛆虫从门缝爬出，才知道他死了。

齐桓公之所以落得如此悲惨的下场，春秋战国时期天下之所以大乱，都是因为不知"故贵为身于为天下，若可以托天下矣；爱以身为天下，如可以寄天下矣"道理的缘故。

介：茅塞因此顿开

“介”字在《老子》中出现了3次，即第53章“使我介然有知，行于大道。大道甚夷，而民好径”，第81章“是以圣人执右介，而不以责于人。故有德司介，无德司彻”。

从甲骨文到小篆，“介”的字形变化不大，都是中间一个人、两边各一竖画，罗振玉《增订殷虚书契考释》以为“象人着介（甲）形”。

不错，文献中是有这种用法。比如，因为披挂铠甲的人不便于曲膝下跪，所以《礼记·曲礼》中说“介者不拜”；又如《史

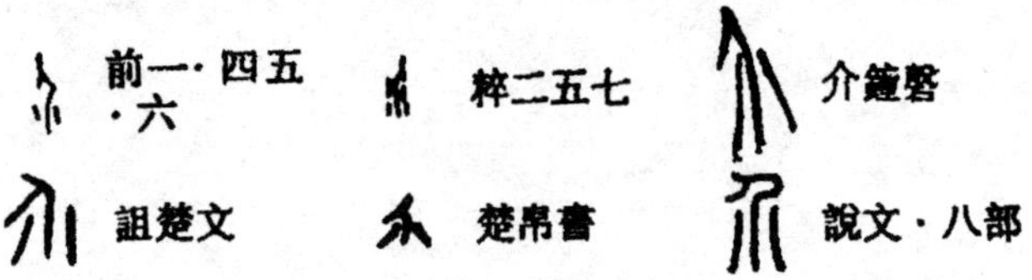

古文中的“介”

记·平津侯主父列传》“介胄生虮虱”，是说长时间征战以致铠甲生了虱子。

铠甲分胸前、背后两大片，披挂的时候要分开，因此“介”有“分开”的意思，如《说文》解释说：“介，画也。从八，从人。”

但从“介”的字形来看，把两边的竖画说成是铠甲，实在很牵强；再说，甲骨文中已有“介”字，如果“介”的本义真像罗振玉所说的“象人着介（甲）形”，难道甲骨文时代已经有了铠甲？因此，究竟是因为“介”字“象人着介（甲）形”然后才有了“分开”的意思，还是因为“介”本来是“分开”的意思然后才指人分开铠甲而披挂，这是颇令人生疑的。

但无论如何，“介”有“分开”的意思是没问题的。如《孟子·尽心下》中说：

> 山径之蹊间，介然用之而成路，为间不用则茅塞之矣。

——山上的那些小路，本来是被茅草遮蔽的，你把茅草分拨开，走在上面，它就是路了。但如果过一段时间不用的话，茅草又把路塞上了。

把铠甲分开穿在身上，人处于铠甲的中间；把茅草分拨开走路，人是走在茅草中间。所以“介”又由“分开”引申出“处于二者之间”“介绍”的意思，如《集韵·怪韵》说“介，间也”，《玉篇·人部》说“介，绍也”。如果是把田地、土地分开呢？那就是“疆界”的“界”，正好是上面一个“田”、下面一个“介”，所以徐灏《说文解字注笺》中说“古疆界字只作介”。

《老子》第81章说“是以圣人执右介，而不以责于人。

故有德司介，无德司彻”，其中的2个“介”字王弼本都作“契”。“契”就是契约，与“介”意思不同，但又有联系。订立契约，首先得划分疆界；先有土地疆界的划分，然后才会有契约的出现。所以，“执右介”的“介”当从王弼本解作“契”，指契约；“故有德司介”的“介”当从帛书本“介”字理解，指划分、分开，与“彻”的意思恰好相反（参“彻”字条）。这样，“有德”“无德”相对，“司介”“司彻”相对。“司彻”指撤销土地的疆界，“司介”就是划分土地的疆界。

第53章说“使我介然有知，行于大道，唯迆是畏。大道甚夷，民甚好径”，其中“介然”取王弼本，帛书甲本作“挈”。“挈”有“携带”的意思，李零先生《人往低处走》一书中就取这个义项。这样“使我挈有知，行于大道，唯迆是畏”就是说，假如让我携带着知识走在大道上，唯恐害怕走歪了。

这样来理解、来翻译勉强可通，但总有点儿怪怪的、别扭的感觉。知识是装在脑子里的，不是什么具体的物件儿，怎么能说“携带”呢？如果是小学生这样来造句，老师肯定要判为病句，给打个叉。

《庄子·应帝王》中著名的浑沌开窍寓言说：南海的帝叫儵，北海的帝叫忽，中央的帝叫浑沌，儵与忽经常在浑沌的地盘上见面，浑沌对它们很好。儵与忽商量着报答浑沌的恩德，说“别人都有七窍，用来视、听、吃饭、呼吸，而浑沌没有，我们就试着给他凿上七窍吧”，于是一天凿一窍，七天之后七窍凿好了，浑沌却死了。

如前所述，“介”有“划分”“分开”的意思。就像浑沌开窍一样，人没有知识的时候，也是处于混沌未分的状态，而一旦有了知识，混沌状态就被划分开了，所以才说“介然有知”。而人一旦有了知识，也就更容易走歪门邪道，所以《老子》第53章才说：

使我介然有知，行于大道，唯弛是畏。大道甚夷，而民好径。

——假如使我有了知识，行走在大道上，唯恐害怕走歪了。大道非常平坦，而人们喜欢走斜径。

《老子》说“大道甚夷，而民好径”，孔子也说“谁能出不由户？何莫由斯道也！”（《论语·雍也》）谁能外出不经过门？为什么大家都不能顺道而行！

大路不走走小路，大门不走爬墙头，往往是杀人越货、避人耳目的盗贼、强盗才这么干。所以《老子》第53章下文又说“朝甚除……是谓盗竽，非道也哉！”而“盗竽”也就是盗贼、强盗（参“盗竽”字条）。

虽然《老子》帛书本从总体上说优于王弼本，但如果联系上下文及《老子》全书，第53章“使我挈有知”的“挈”还是依王弼本取“介然”更为通顺一些，也更合《老子》之义。

利器：不可以示人

“利器”在《老子》中出现了2次。第36章说：

> 将欲翕之，必固张之；将欲弱之，必固强之；将欲去之，必固与之；将欲夺之，必固予之：是谓微明，柔弱胜强。鱼不可脱于渊，邦利器不可以示人。

——要想合上它，一定要先打开它；要想削弱它，一定要先使它强大；要想去掉它，一定先要赞助它；要想夺取它，一定要先给予它：这叫作微明，柔弱胜过刚强。鱼儿不可脱离渊水，国家的利器不可以给人看。第57章说：

> 夫天下多忌讳，而民弥贫；民多利器，而邦家滋昏；人多智巧，而奇物滋起；法物滋彰，而盗贼多有。

——天下的禁忌和避讳多，老百姓更加贫穷；老百姓的利器多，国家就产生混乱；人们的智慧技巧多，稀奇古怪的东西就产生；法律条令越多越明白，盗贼就越多。

“利”前面讲过了，“利器”又是什么呢？韩非子解释为赏罚措施，河上公解释为权柄，还有人解释为知识、智慧。究竟哪个解释对呢？

“利”有“锋利”的意思，“利器”中的“利”是修饰“器”的，从字面上看，“利器”就是锋利的器具。就像割麦子，镰刀越锋利，割得就越快，效率就越高。因此，只要是先进的、可以提高效率的器具，都可以说是“利器”。如《老子》第67章说：

小邦寡民，使有十百人之器而毋用，使民重死而远徙，有舟车无所乘之，有甲兵无所陈之……

——小的国家、少的民众，使他们有先进工具也不使用，使百姓看重死亡而不迁移，虽有船只车辆而没有乘坐的时候，虽有兵器而没有摆出来的时候……

其中“十百人之器”就是功效十倍、百倍的器械、器具，“舟车”就是船只、车辆，“甲兵”指铠甲、兵器。相对于徒步涉水、系着葫芦渡河、折木为兵而言，“十百人之器”、舟车、甲兵都是先进的器具，都属于“利器”。

《庄子·天地》篇载，子贡到楚国游历，返回晋国时经过汉阴，见一老丈在菜园里整地开畦，打了一条地道直通到井边，抱着水瓮取水浇地，吭哧吭哧地很费力，效率很低。

子贡说：“如今有一种机械，每天可以浇灌上百个菜畦，用力很少而效率很高，老先生不想试试吗？”老人抬起头来看

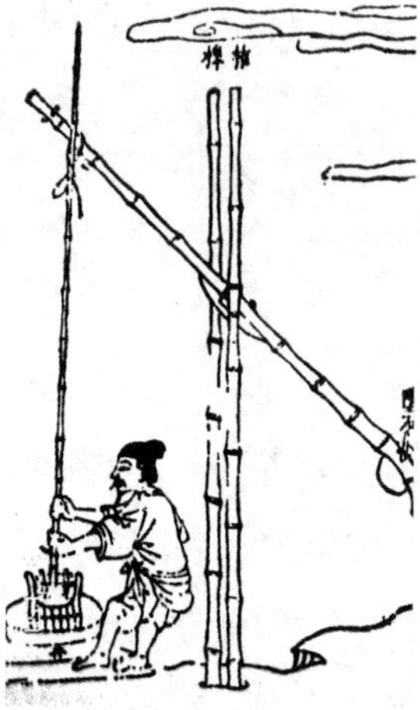

桔槔操作图

看子贡说："那应该是怎么做的呢？"子贡说："用木料加工成机械，后面重而前面轻，提水就像从井中抽水似的，速度之快犹如沸腾的水向外溢出一样，这种工具的名字叫桔槔。"

老人听了很不高兴，然后讥笑地说："我听我老师说，有了机械必定会出现机巧之类的事，有了机巧之类的事必定会出现机巧之类的心思。机巧的心思存在胸中，纯洁空明的心境就不完备了；纯洁空明的心境不完备，精神就不专一安定；精神不专一安定的人，就会被道抛弃。我不是不知道你说的桔槔取水方法，只是感到羞耻而不愿那样做呀。"这个故事中所说的"桔槔"就属于"十百人之器""利器"。

从第 36 章"将欲翕之……必固予之"的话来看，这几句话的确是有几分权谋、权术的意味，起码在历史上的确被当作权谋、权术用过。

例如春秋初年，郑武公去世，其长子寤生也就是郑庄公继位。但庄公的母亲武姜不喜欢这个大儿子，而是宠爱其小儿子共叔段。郑武公在世时，武姜就曾多次要求武公传位于共叔段，但武公没有同意。庄公继位后，武姜又与共叔段密谋政变。先是由武姜出面，提出把足以与郑国都城抗衡的京邑封给共叔段。大臣祭仲认为不妥，加以劝阻。庄公对他说："多行不义必自毙，你等着瞧吧！”有了京邑这块根据地后，共叔段招兵买马，不断扩张势力。对此大臣们曾多次建议庄公尽快除掉共叔段，有人甚至说：“如果陛下不想做这个国君了，就让我们早日投奔共叔段吧！”但郑庄公都没理会。直到他得知共叔段已准备就绪，打算与武姜里应外合袭击自己时，才以迅雷不及掩耳之势，囚禁武姜，攻杀共叔段。郑庄公用的这一招，其实就是《老子》所说的“将欲翕之……必固予之”，因此“利器”也可以理解为“权谋”“权术”。

从第 36 章“邦利器不可以示人”的话看，刑法、法律等赏罚措施也可以说是“利器”，因为在老子那个时代，刑法、法律等被认为是“不可以示人”的。

例如《左传 · 昭公六年》载，郑国的执政者子产打算把刑法铸造在金属器物上公之于众，晋国的名臣叔向当即写信批评：“起初我寄希望于您，如今我不这么想了。从前先王都是根据事情的轻重来议罪，而不制定刑法。之所以要这么做，是害怕百姓知道了刑法的成文而产生争竞之心，更加难以驾驭。……人民知道有法律，就会对上没有忌讳，产生争竞之心，征引刑法为根据，只要能侥幸成功，就没有什么不做的。”

从“利器”发明的角度来看，知识、智巧、智慧以及由此发明的先进工具也都属于“利器”。

我们知道，人类最早使用的工具往往就地取材，是很落后的。有点儿棱角的石块就拿来当锥子用，薄点儿的石块就拿来当刀斧用，折根木棍就当武器用。后来才慢慢知道打磨，使这些工具“揣而锐之”（第 9 章），再后来有了青铜、铁质的刀、斧、剑、戟，再后来就是枪、炮、原子弹等，越来越锋利，越来越厉害。而这些锋利、厉害的工具、武器的出现，正是知识、智巧、智慧的结果。

综上，从广义上说，锋利的工具、知识、智慧、刑法、惩罚措施、权力、权谋等都属于“利器”，都在《老子》反对之列，所以第 31 章说：

> 兵者不祥之器也，不得已而用之。

——兵器是不吉祥的器具，在迫不得已的情况下才使用。第 57 章说：

> 民多利器，而邦家滋昏；人多智巧，而奇物滋起；法物滋彰，而盗贼多有。

——老百姓的利器多，国家就越发地混乱；人们的智慧技巧多，稀奇古怪的东西就产生；法律条令越多越明白，盗贼就越多。第 65 章说：

> 民之难治也，以其知也。故以知治邦，邦之贼也；以不知治邦，邦之德也。

——人民之所以难以治理，是因为他们知识、智慧多。所以，用知识、智慧治理国家，是国家的大贼；不用知识、智慧治理国家，是国家的功德之臣。

正是由于“利器”的运用，对利益的无限追逐，才导致社会一天天地混乱，所以《老子》在反感“利”的同时也反感“利器”。

知：白天不知夜的黑

在甲骨文、金文中，“知”与“智”本来是一个字，由“矢”“口”“亏”组成，后来又增加了一个“日”字。到了小篆中，这个“日”又变成了“白”，《说文》解释说：“𥏼，识词也。从白，从亏，从知。”徐灏笺注云：“知𥏼本一字，𥏼隶省作智。”

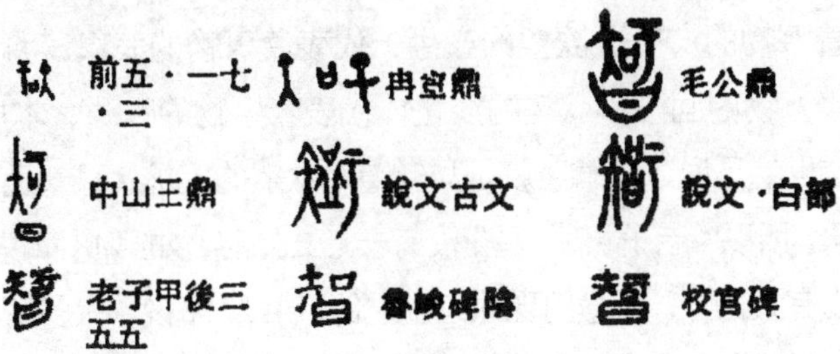

古文中的“智”

“矢”就是箭，“亏”，《说文》解释说“于也，象气之舒云”，会合其义，“知”就是人张口说话吐气的意思；说话是为了表达关于事物的认识，所以徐锴《系传》进一步解释说“凡知理之速，如矢之疾也，会意”。《老子》中“知”出现了65次，有以下四种用法：

第一，用作动词，“知道”的意思。如第2章“天下皆知美之为美，恶已；皆知善，斯不善已”、第3章“使夫知不敢”、第4章“吾不知其谁之子也”的“知”。

第二，用作名词，指知道的内容，也就是“知识”。如第3章“恒使民无知无欲也”、第19章“绝圣弃知”的“知”。

第三，与“智”字通用。如第10章“爱民治国，能毋以知乎……明白四达，能毋以知乎”、第27章“虽知乎大迷”等“知”字，既可理解为“知”“知识”，也可以理解为“智”“智慧”。

如上所述，“智”“知”本为一字，或从日，或从白。按“从日”理解的话，“智”的字形之义就是第28章所说的“知其日”；按“从白”理解的话，就是第28章所说的“知其白”。

日与月相对，白与黑相对。从阴阳属性上说，日、白为阳，意味着万物的产生、欲望的产生，代表着事物的表象；月、黑意味着万物的回归、欲望的淡化，代表着事物的本源、本质。

这也就是说，“智”就是只知道对欲望的追求、只知道事物的表象。所以《老子》对“智”没有一点儿好感，如第18章说“智慧出焉有大伪”，智慧出现才有了虚伪；第57章说“人多智巧，而奇物滋起”，人们的智慧技巧多，稀奇古怪的东西就产生。

第四，除了上面三个义项外，“知”还有“转变”“转化”

的意思。如《素问·刺疟篇》“一刺则衰，二刺则知，三刺则已”，第一次针刺后病势就衰弱了，第二次针刺后病势就向好的方向转化了，第三次针刺后疾病就痊愈了。其中的“知”处于“衰”“已”之间，就是指病情向好的方向转变、转化的意思。

《老子》中的“知”固然大多可以解释为“知道”“知识”“智”，但第28章“知其雄，守其雌，为天下溪……知其日，守其辱，为天下谷……知其白，守其黑，为天下式”、第52章“既知其子，复守其母”中的4个“知”字，应该解释为“转变”“转化”之义。那么，这是一种什么意义上的“转变”“转化”呢？《老子》第25章说：

有物混成，先天地生，寂呵寥呵，独立而不改，可以为天地母。吾未知其名，字之曰道，吾强为之名曰大。大曰逝，逝曰远，远曰反……

这是描述作为万物本源的“有物”化生万物的过程，也就是由阴到阳的过程。第16章说：

致虚极也，守静笃也，万物并作，吾以观其复也。夫物芸芸，各复归于其根。归根曰静。静是谓复命。

这是描述万物化生以后又返回到本源的过程，也就是由阳到阴的过程。

这样，从作为万物本源的“有物”化生万物，再到万物返回到本源，刚好形成了一个圆环之“道”，而这个“道”就是阴、阳往复循环之“道”（参“道”字条）。

从阴、阳属性上说，第28章、第52章所说的“雄”“日”“白”“子”皆属阳，“雌”“辱”“黑”“母”皆属阴，而所谓的“知其雄，守其雌，为天下溪……知其日，守其辱，为天下谷……知其白，守其黑，为天下式”“既知其子，复守其母”都是“使阳向阴转化以回归本源”意义上的“转化”“转变”。

第27章说“虽知（智）乎大迷，是谓眇要”，虽然自以为聪明，其实是个大糊涂蛋；能够认识到这一点，才是为“道”的关键。如果只“知其雄”“知其日”“知其白”，而不能“守其雌”“守其辱”“守其黑”，同样也是只知事物的表象、痴迷于事物表象的糊涂蛋、白痴。

举个例子。春秋时期，晋国大夫势力强大而国君家族的势力衰弱，晋国实际上被智氏、赵氏、韩氏、魏氏、范氏、中行氏六家瓜分了，而这六家之间也是相互勾心斗角。

先是范氏、中行氏 VS 赵氏，双方激战正酣之时，智氏联合韩氏、魏氏，裹挟着晋国国君，以平叛为名，想把赵氏、范氏、中行氏三家一起干掉。打着打着，范氏、中行氏打昏了头，居然发兵进攻晋国国君，形势演变为智氏、赵氏、韩氏、魏氏 VS 范氏、中行氏，力量对比很明显，范氏、中行氏注定失败，因此先退出了游戏。

剩下的四家之中，智氏的势力明显强一些。当时智氏家族的掌门人智瑶贪心不足，以晋国国君的名义向其他三家索要土地，韩氏给了，魏氏也给了，但赵氏就是不给。于是，智瑶又联合韩氏、魏氏二家攻伐赵氏。

就在赵氏快招架不住时，谋士张孟谈冒死出城游说韩、魏两家：“大家不就是想多要些土地吗？我们为什么不联合起来把智氏灭了？智氏的土地可比我们赵氏的土地多多了。我们三家合作，灭掉智氏，均分其地，多好呀！再说，智氏那么强势，那么蛮横，就算灭了我们赵氏，也未必会分给你们两家土地。你们不仅分不到土地，恐怕下一个灭亡的就是你们呀！”

张孟谈的这番话打动了韩、魏两家。于是韩、魏两家与赵氏里应外合，打了智氏一个措手不及。智氏的军队大败，智瑶也被活捉，被羞辱一番之后杀掉。

智瑶姓“智”，从文献的记载来看，也的确是一个很聪明的人。但当他这种聪明被欲望牵引、心智被欲望充塞时，这个“智”姓对他来说就成了一种讽刺。

智瑶姓“智”，又名“伯”，这个“伯”该不会和“白”还有什么关系吧？原来，“伯”还真就作“白”，只不过后来才在“白”的基础上加了一个“人”字旁成了“伯”。

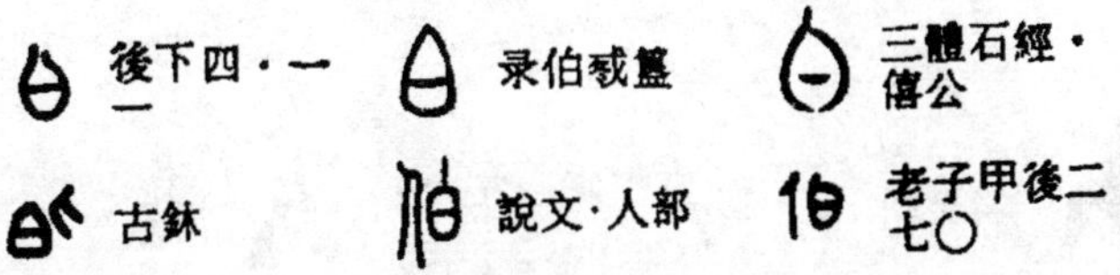

古文中的“伯”

“你永远不懂我伤悲，像白天不懂夜的黑”。像智伯那样只“知其日”“知其白”，痴迷于“日”“白”，被欲望、事物表象牵着走的人，就是一个典型的糊涂蛋，就是一个令人感到伤悲的白痴。

父：惹祸的男人们

金文中“父”像一个人手里拿着一把石斧，表示从事劳动的男人，后来指父亲。郭沫若《甲骨文字研究》中说：“父乃斧之初字。石器时代，男子持石斧以事操作，故孳乳为父母之父。”

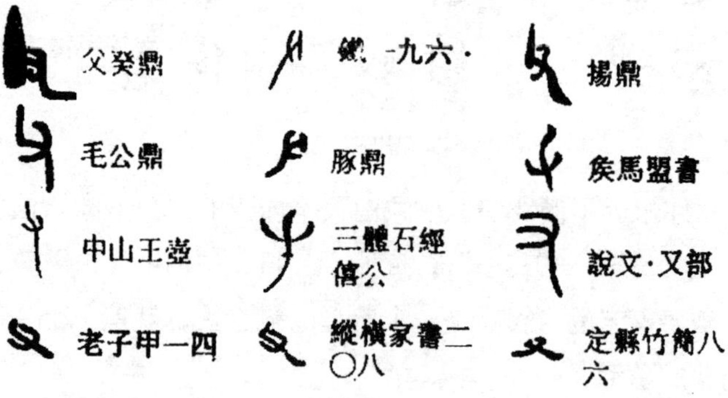

古文中的“父”

《说文》说："父，矩也，家长率教者。从又举杖。"许慎虽然把石斧误解为权杖，但说"父，矩也，家长率教者"，还是符合父权时代实际情况的，由此"父"又引申出榜样、样板的意思。

"父"在《老子》中出现3次，即第21章、第42章中。第21章的"父"就是指"父亲"，第42章中的"父"是"榜样""样板"的意思。第21章说：

道之物……自今及古，其名不去，以顺众父。吾何以知众父之然也？以此。

——"道"这个东西……自现在到古代，它的名字没有消失，而跟着众多的父亲姓。我怎么知道众多父亲的样子？就是根据这个。第42章说：

故强梁者不得其死，吾将以为学父。

——所以强暴的人不得好死，我要把这样的人当作学习的样板。

翻译是翻译了，但这究竟是在说什么呢？还是不理解。所以我一向认为，要理解像《老子》这样的经典著作，只是从字面上翻译一下，根本无济于事。

对于《老子》中这两句涉及"父"字的话，我也是翻看了很多参考书，但不是不理解，就是不满意，所以下面我根据自己的理解来解释一下。

先看第21章。要理解这几句，得先明白其中的"其"指什么。

联系上文看，“其”应该是指“道之物”，也就是作为宇宙本源的“有物”及“道”（参“道”字条）。

在“名”字条我们讲过，“道”本来是没有名的，也不应该有名。“道”尚且如此，其他事物更是如此。一旦有了“名”，就意味着产生了对名利、名誉、名声的追求，因此第21章说“其名不去”，已经是一种不满、不屑的口吻。

从人类发展过程来说，母系氏族社会时期，人类刚摆脱动物界不久，男女之间随意性交，一个女人可以与多个男人发生性关系，生下的孩子往往只知其母、不知其父，因此孩子们都是姓母姓，所以《说文》说：“姓，人所生也。……从女从生。”

“道”是天下万物之母，即便它有了“道”这个名，即便“其名不去”，第21章也应该说“其名不去，以顺道母”才对，为什么说“其名不去，以顺众父”呢？这意味着，随着人类社会的发展，男人在社会生产中地位日益提高，已经在社会中占据了主导地位，人类已经由母系氏族社会进入了父系氏族社会，孩子们都开始跟着父亲姓了。

“众父之然”也就是“众多父亲的样子”。那么，“众多父亲的样子”又是什么样子呢？

母系氏族社会时期，由于生产力水平低下，没有剩余产品，大家要活下去，得团结互助，和睦共处，只满足于填饱肚子，没有太多的想法。这个时代用孔子的话说，就是“大道之行也，天下为公。……谋闭而不兴，盗窃乱贼而不作”（《礼记·礼运》）的时代。

但进入父系氏族社会后，由于生产力水平的提高，产品有了剩余，于是多吃多占的想法产生了。尤其是父系氏族社会后期，人类开始进入阶级社会，为争名夺利，开始了尔虞我诈、打打杀杀。这个时代用孔子的话说，就是“今大道既隐，天下为家。……谋用是作，而兵由此起”（《礼记·礼运》）的时代，这也就是“众父之然”。

“以此”就是“根据这个”，“这个”又是指什么呢？就是指“名”。“名”意味着对名利、名誉、名声的追求，而争名夺利免不了争强好斗、打打杀杀，而争强好斗、打打杀杀是男人们的天性、强项。父当然是男人，因而也是争强好斗的。在很大程度上，正是男人们的争强好斗，才导致了“大道既隐，天下为家。……谋用是作，而兵由此起”的局面。有是因必有是果，因此《老子》据“名”这个因，推出发生在“父”身上的果，说“吾何以知众父之然也？以此”。

第 21 章就讲这么多，再看第 42 章。孔子曾说“唯女子与小人为难养也，近之则不孙，远之则怨”（《论语·阳货》），对女人、小孩，孔子是不太喜欢的。但老子恰恰相反，他喜欢女人、小孩而不喜欢男人，因此屡屡以女人、小孩喻“道”而鄙视“众父之然”，第 42 章所说的“故强梁者不得其死，吾将以为学父”也证明了这一点。

“强梁”指强悍、强暴的男人，因为只有男人才是强悍、强暴的。《老子》说“故强梁者不得其死”，可见老子对男人尤其是强悍、强暴的男人之反感。《山海经·海外北经》载：

> 夸父与日逐走，入日，渴欲得饮，饮于河、渭；河、渭不足，

北饮大泽。未至，道渴而死。

夸父逐日图

以前我们都说，这则神话表达了古代劳动人民对光明的向往，表达了人类征服自然的雄心壮志，歌颂了夸父英勇无畏的精神，等等。但如果从《老子》的角度来解读这则神话，我们会得出完全相反的结论：“日”是太阳，太阳是光明的，而光明代表欲望，夸父逐日实际上是对欲望的追逐，是逞强好斗的表现，是“强梁不得其死”的典型例子。

既然《老子》反感“强梁”，那为什么又说“吾将以为学父”呢？这是要我们把强悍、强暴的人作为反面教材，让我们学习和做到强悍、强暴的反面——柔弱。

这么来解释、理解，是不是更明白些了呢？是不是更符合《老子》的本义呢？请各位读者评判。

为：别把我当猴子

我曾看过一个电视片：

一头小象踩上了猎人下的捕猎夹子，夹齿深深地嵌入小象的皮肉中，导致严重化脓。很显然，再不进行人工救治，小象早晚会死掉。

动物保护人员从望远镜中观察到这一情况，心急如焚，但一时束手无措。要知道，把这头小象从象群中隔离出来进行救治，并不是一件容易的事情。

第一次，捕到小象，对小象伤口初步治疗后，没想到一不留神，小象挣脱铁索跑掉了。再一次捕到小象，人们加固了铁索，小象再难挣脱。人们喂它食物时，小象不仅拒绝接受，还大声咆哮以示愤怒，一天过去了，两天过去了，三天过去了……最终，小象变得温顺了，也开始接受人们的食物了，但同时也流下了眼泪。——不是因为感激，而是因为无奈。

讲“为”字，怎么扯到小象的身上去了？因为“为”的本义就与象有关。

在甲骨文、金石文中，“为”的上方或左上方的“爪”表示一个人伸出一只手，下边是一头朝左、拖着长鼻子、尾巴向下的大象。如果将这个字形向左旋转 90°，那就是人牵着大象的形状。对此，罗振玉《增订殷虚书契考释》中说：“（为）从爪从象……卜辞作手牵象形……意古者服象以助其劳，其事或尚在服牛乘马以前。”

甲骨文是 20 世纪初在河南安阳被发现的，生活在东汉的许慎不可能见到，因此他在《说文》中只能根据小篆字形对“为”望文生训，把大象解释成了母猴，说“为，母猴也，其为禽好爪。爪，母猴象也。下腹为母猴形”，闹了个大笑话。我上大学的时候，郭在贻老师举过这个例子，所以印象很深。

古文中的“为”

众所周知，黄河流域是中华民族的发祥地。研究表明，古时黄河流域温度、湿度、雨量远高于现在，相当于亚热带气候，草木因此也生长茂盛，动物也繁殖的多。《孟子·滕文公上》中追述这种情景说：尧帝的时候，天下仍然不太平，洪水横流，泛滥于天下。草木畅茂，禽兽繁殖，五谷不丰，禽兽逼人，到处都是禽兽的足迹。这些禽兽中也应包括大象。

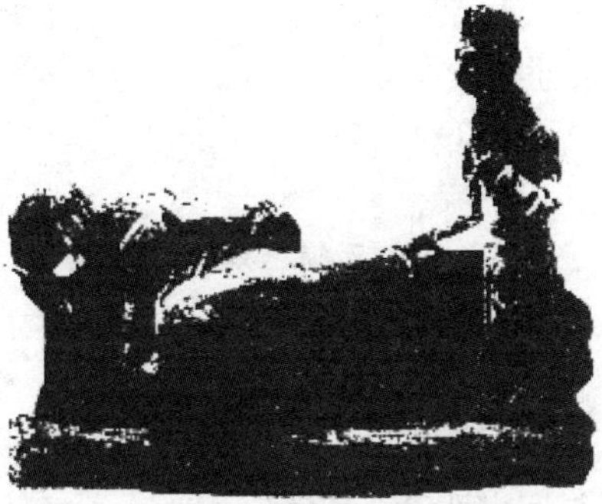

金代大舜耕田砖雕画。山西稷山马村出土

甲骨文有不少猎象、驯象和向宫廷进贡大象的记载，殷墟也有象形的雕刻器出土，还发现埋有大象、象骨的象坑。《史记·龟策列传》中载“教为象廊，象箸而羹”，《吕氏春秋·古乐》中载“商人服象，为虐于东夷”，《论衡·书虚》中载“舜葬于苍梧下，象为之耕”等。这些都表明，最晚在商代，黄河流域仍有大象生存，并且大象已被驯化用于生产和战争等活动中。

大象本来是自由自在、怡然自得地生活在森林之中的，你现在把人家抓来给你干活、替你打仗、为你表演，这就是“为”。“为”的结果是违背自然，违背事物的本性，所以《老子》反对“为”而提倡“无为”。如第 29 章说：

> 将欲取天下而为之，吾见其弗得已。夫天下神器也，非可为者也。为者败之，执者失之。

——想要夺取天下而为之，我看他不能达到目的。以神器象征的天下是不可为的。为的人失败，想把持它的人反而失去它。第 48 章说：

损之又损，以至于无为。无为而无不为。

——减少再减少，一直到无为。无为而没有什么不可为。

大象是如此，其他事物又何尝不是如此呀！《庄子》中早就讲过很多例子。

比如，从前一只海鸟飞到鲁国都城郊外停息下来，鲁国国君让人把海鸟接到太庙里供养，为它演奏“九韶”之乐，给它“太牢”作为膳食。面对着雅乐美味，海鸟却是眼花缭乱、忧心伤悲，不敢吃一块肉，不敢饮一杯酒，结果三天就死掉了（《庄子·至乐》）。

又如，伯乐说：“我善于驯马。”于是给马烙火印，修剪马鬃，削平马蹄，戴上笼头，用绳索把它们拴起来，用马棚把它们圈起来。这样一来，马便死掉了十分之二三。然后，饿了不给吃，渴了不给喝，让它们飞驰疾跑，训练它们步伐整齐、行动划一，前有衔木和马络的限制，后有皮鞭和竹条的威逼。这样一来，马就死掉一半了（《庄子·马蹄》）。

还有，制陶工匠说，我最善于整治黏土，我用黏土制成的器皿，圆的合乎圆规，方的应于角尺；木匠说，我最善于整治木材，我用木材制成的器皿，弯曲的合于圆规的要求，笔直的跟墨线吻合（《庄子·马蹄》）。

……

所以《老子》虽然反对“为”，但又不得不在书中大量使用“为”，没办法呀！因为“为”的东西已经太多了，离开了“为”，简直就没法开口、无从下笔。

《老子》第25章说“人法地，地法天，天法道，道法自然”，归根结底一句话，人应该效法自然。而“为”是人为的，“为”再加上“人”字那就是“伪”，人为的东西多了，不仅违背了事物自然的本性，就连我们人类自己也活在虚假之中了，所以《老子》第18章又说“故大道废焉有仁义，智慧出焉有大伪”。

尤：地球上的肿瘤

“尤”只出现在《老子》第8章“水善利万物而有静……夫唯不争，故无尤”中。

“尤”，《说文》中解释说“异也。从乙，又声”，如此“尤”就是“不同”“特异”“突出”的意思，但怎么个“不同”“特异”“突出”呢？

在甲骨文中，“尤”就是人手上多了个东西，多了个什么东西呢？朱芳圃《殷周文字释丛》中说：“盖尤为初文，从又、一。又，手也；一，指赘肬。字之结构与‘寸’相同。”孔广居《说文疑疑》中说：“尤，古肬字。从又、乙，象赘肬，‘又’亦声。”这个东西就是“肬”“赘肬”。

“肬”也作“疣”，桂馥《札朴·览古·食肬》中说“肬、疣古今字，谓赘肬也”，用科学语言说，就是因病毒感染而引起的皮肤病；用通俗的话说，就是肉瘤、瘊子。

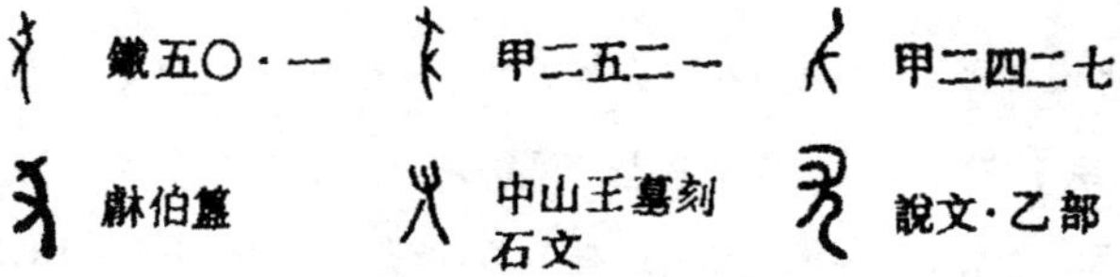

古文中的“尤”

《老子》第22章将“企”“自视”“自见”“自伐”“自矜”比喻为“余食赘行”：

> 企者不立，自视者不章，自见者不明，自伐者无功，自矜者不长。其在道曰余食赘行，物或恶之，故有裕者弗居。

——踮起脚尖站不安稳，自我欣赏的人不彰显，自我表现的人不明智，自我炫耀的人没有功劳，摆谱、端架子的人不能长久。它们从“道”的角度来说都是多余的食物和行为，人们都感到厌恶，所以有“道”的人不这样做。

食物不足，人吃不饱，营养不良，容易导致疾病产生，固然不好，但过犹不及，吃得过多、过饱也不好。吃多了营养过剩，导致发胖，浑身一堆肥肉、赘肉，还导致高血压、糖尿病等一系列疾病，危害身体健康。

同样，“企”“自视”“自见”“自伐”“自矜”等多余的行为，也会给人带来灾祸。这样的例子很多，如《三国演义》第三十三回描写道：

> 却说曹操统领众将入冀州城，将入城门，许攸纵马近前，以鞭指城门而呼操曰：“阿瞒，汝不得我，安得入此门？”操大笑。众将闻言，俱怀不平。……一日，许褚走马入东门，

正迎许攸，攸唤褚曰："汝等无我，安能出入此门乎？"褚怒曰："吾等千生万死，身冒血战，夺得城池，汝安敢夸口！"攸骂曰："汝等皆匹夫耳，何足道哉！"褚大怒，拔剑杀攸……

许攸因功而"自视""自见""自伐""自矜"，结果害得自己丢了性命。

第22章"赘行"的"行"，也有人认为通"形"，指肢体而言，也讲得通。《庄子·骈拇》中就是从这个角度阐述的：

骈拇枝指，出乎性哉？而侈于德。附赘县疣，出乎形哉？而侈于性。

——脚的大趾和二趾连在一起，一只手生六个手指，是出于自然本性吗？附着在身上的赘肉和悬坠的肉瘤，是出自于本形吗？当然不是了，这都超出了人的本性所应得的东西。

《庄子·大宗师》中还讲：一个叫子桑户的人死了，还没下葬，孔子派子贡前去吊唁。子贡去了一看，子桑户的朋友们却正在弹琴、唱歌祝贺呢！子贡大为不解，回来问孔子，孔子说："人家是逍遥于尘世之外的，我们是生活在尘世之内的，人家是把生命看作是'附赘县疣'，把死亡看作是破开溃烂的痈疽出脓呀！"

居然把生命也看作是"附赘县疣"，是不是太过分？但仔细想一想，还真是有一定的道理。一个"人"加一个"尤"是"优"字，而我们人类不正是一直认为自己是万物之灵、万物之"尤"吗？

万物之“尤”，那也就是“尤物”了。比如《红楼梦》第六十六回中，贾宝玉说尤二姐、尤三姐“真真一对尤物，可巧他又姓尤”。不过，要说“尤物”，春秋时的夏姬是不能不说的。

夏姬是郑穆公之女，生而美貌。她初嫁堂兄子蛮，不到三年，子蛮便因房劳而死。再嫁陈国皇族夏御叔，生下儿子夏征舒，儿子十二岁时夏御叔也死了。夏御叔死后，夏姬又和陈国大夫孔宁、仪行父以及陈灵公淫乱。更有甚者，陈灵公、孔宁、仪行父三人还以此打趣、戏谑夏征舒。一次，陈灵公对孔宁、仪行父说“夏征舒长得像你们两个”，孔宁、仪行父两人则说“像我们，也像你”。碰巧听到这话的夏征舒怒火中烧，埋伏弓箭手射杀了陈灵公，孔宁、仪行父则狼狈逃亡到楚国，而夏征舒自立为陈侯。楚庄王以夏征舒弑君自立为借口，率领诸侯攻打陈国，在杀死夏征舒后，顺手牵羊把陈国据为已有，而把夏姬赐给了楚国连尹襄老。但没出三年，连尹襄老在晋楚邲之战中被杀。

子蛮、夏御叔、连尹襄老、陈灵公、夏征舒五人皆因夏姬而死，陈国因夏姬而灭亡，孔宁、仪行父因夏姬而逃亡，所以《左传·昭公二十八年》说夏姬“杀三夫一君一子，而亡一国二卿矣”。当然，这里所说的“杀”，是用女人的温柔刀来杀的。

连尹襄老死后，楚国另一位重臣屈巫又带着夏姬私奔晋国，生下一个女儿，晋国国君晋平公要将此女赐给大臣羊舌氏的儿子叔向做妻子。鉴于夏姬“杀三夫一君一子，而亡一国二卿矣”的经验教训，叔向之母不同意叔向娶夏姬之女为妻，并劝诫说：“我听说很美的东西一定有很恶之处，那些美貌异常的女人，足以使人改变性情，如果不是有道德正义的人娶了，一定会遭受灾祸。”

叔向虽然认同母亲所说的话，但在晋平公的一再要求下，最终还是娶了夏姬之女，并生下了儿子伯石，最后羊舌氏果然因伯石之故而遭灭族之灾。从此，“尤物”就与“灾祸”挂上了钩。

“夫唯不争，故无尤”，只有不争，才能没有灾害。人类自以为是万物之优，可是看看我们人类在创造了文明的同时，又干了些什么呢？竞争、争斗、战争……都是“争”，结果争得水质败坏，争得大气污染，争得地球千疮百孔。

只要“争”，就免不了“尤”。“尤”有恶性的、有良性的，恶性的就是癌了。难怪西方一位哲人说：地球上生了癌。其实，这癌就是我们人类自己。

妄：丢失了道

“妄”在《老子》第 16 章中出现了 2 次：

不知常妄，妄作凶。

——不能认识“道”这个永恒的规律就会胡乱行动，胡乱行动就会产生凶险。

笼统地讲，“妄”就是“胡来”“乱来”的意思。那么，究竟是怎么个“胡来”“乱来”呢？

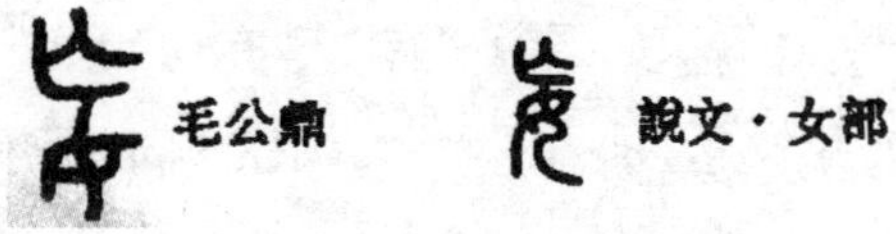

古文中的“妄”

“妄”上面一个“亡”、下面一个“女”，“亡”是“失去”“丢失”的意思（参“无”字条），这个“女”是少女（参“始”字条），会合其义，“妄”就是“失去了少女”的意思。那么“失去了少女”又意味着什么呢？《老子》第1章说：

无名，万物之始也；有名，万物之母也。

——没有名的时候，这是万物的开始；有了名以后，它就成了万物的本源。

这是以未孕的少女比喻宇宙万物起源中“无”“无名”的阶段，以已生孩子的母亲比喻宇宙万物起源中“有”“有名”的阶段（参“始”字条）。第25章说：

有物混成……可以为天地母……字之曰道……

——有种东西浑然而成……可以看作是生成天地万物的根源……给它取个字叫“道”……

这是说“有”“有物”也就是“道”，它是生成天地万物的根源。第41章又说：

天下之物生于有，有生于无。

——天下万物生于有，有生于无。

联系以上三章看，如果说“有”“有物”“母”“道”是宇宙万物的次生本源，那么“无”“始”就是宇宙万物的终极本源。

“始”是少女的意思，那么“失去了少女”也就意味着失去了宇宙万物的终极本源。而作为天下万物的次生根源“母”

是少女长大之后变成的，“道”又是“有物”“母”所生（参“字”字条），如此“失去了少女”也就失去了“有物”，失去了“母”，更失去了“道”。

“妄”是“失去了‘道’”，而“常”就是“道”“恒道”（参“恒”字条），所以第16章的“不知常妄，妄作凶”就是说，不知道遵“道”而行就是失去了“道”，失去了“道”，行为就会产生凶险。

要想不“凶”，就不能“妄作”，就要“无妄”。如何做到“无妄”？《易经》中有一卦，卦名就叫“无妄”：

䷘无妄：元亨，利贞。其匪正有眚，不利有攸往。

初九：无妄，往吉。

六二：不耕获，不菑畬，则利有攸往。

六三：无妄之灾，或系之牛，行人之得，邑人之灾。

九四：可贞，无咎。

九五：无妄之疾，勿药有喜。

上九：无妄行，有眚，无攸利。

翻译过来是这样的：

䷘无妄：很通顺，利于占问。如果违背正道，有灾害产生，不利于有所行动。

初九：不违背正道，行动吉。

六二：要想不耕种而想收获，不垦荒而想种熟田，则应从事其他活动（如外出经商）。

六三：不违背正道而产生灾害，这就像牛丢失被过路人捡到、就是丢牛人的灾害一样。

九四：（在遵循正道的前提下）可以占问，没有过错。

九五：不违背养生之道而得的疾病，不用治疗就会痊愈。

上九：不违背正道行动，（违背正道行动）有灾害，没有什么好处。

卦象震下乾上䷘，震为动，乾为天，卦象就是顺从天“道”而行动的意思。卦爻辞中的“正”就是“止于一”，就是遵“道”回归到“一”，也就是“始”（参“正”字条）。“妄行”就是第16章的“妄作”，用《老子》中的另一个词来说，那就是“迷”。总之，全卦皆可与“不知常妄，妄作凶”相互发明（详拙著《易经读本》）。

“远方的人，请问你来自哪里？你可曾听说过阿瓦尔古丽，她带着我的心，穿越了戈壁，多年以前，丢失在那遥远的伊犁……”不要妄行，循“道”而行，你就会回到初始，找到你心中的“少女”。

祥：吉凶自取

“祥”在《老子》中出现了4次，都有哪些意思？在《老子》中分别如何解释？

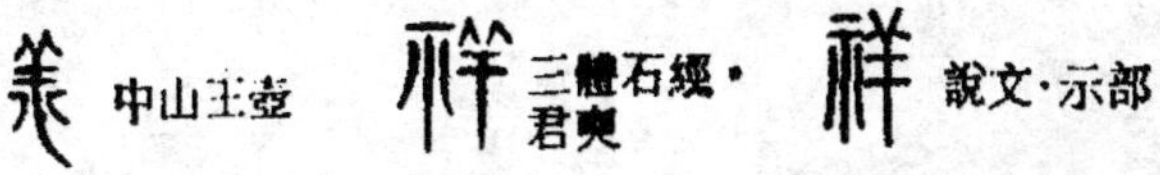

古文中的“祥”

金文中的“祥”作“羊”，王国维《观堂集林》中说：“祥，古文作羊。”小篆中“祥”由“示”“羊”组成。“示”，《说文》解释说：“天垂象，见吉凶，所以示人也。从二。三垂，日、月、星也。观乎天文以察时变。示，神事也。”也就是说：“示”是上天向人们显现的某种征兆。而征兆有吉有凶，这就决定了“祥”有三义：一是中性词“征兆”，如《吕氏春秋》“天必先见祥”的“祥”；二是褒义词“吉祥”，如《中庸》“必有祯祥”的“祥”；三是贬义词“凶兆”“凶险”，如《左传》“将有大祥”的“祥”。

《老子》第 31 章说“夫兵者，不祥之器也……兵者不祥之器也，不得已而用之”，第 80 章说“受邦之不祥”，这三个“祥”的意思很清楚，都是“吉祥”的意思，而“不祥”也就是不吉祥、凶险。

需要多说几句的是第 55 章“益生曰祥”的“祥”。这个“祥”字不少人也理解、解释为“吉祥”，如张松辉《老子译注与解析》把此句译为“有益于生命就叫作吉祥”，这就错了。何以见得呢？《老子》第 7 章说：

汉代画像砖上的“大吉羊”

> 天地所以能长且久者，以其不自生也，故能长生。

——天地之所以能够长生，是因为它们不是因为自己的生存而生存。第 50 章说：

> 而民生生，动皆至死地之十有三。夫何故也？以其生生。

——百姓使生命生存，动不动就进入死亡的区域，这些因素也占十分之三。什么缘故呢？因为他们太想使生命生存。

第 55 章所说的“益生”，其实就是第 7 章所说的“自生”、第 50 章所说的“生生”，都是指在自然之外增加了诸多人为的因素（参“死地”字条）。而这些因素犹如“余食赘形”（第 22 章），又如同揠苗助长，不仅无益于生命，反而危害生命健康，都是《老子》所反对的。

《庄子·德充符》中惠子和庄子的一段对话，也证明《老子》第 55 章“益生曰祥”的“祥”指“凶兆”而言。

庄子说：“圣人具有人的形体，但是没有人的感情。因为有人的形体，所以能合于人群；因为没有人的感情，所以人世间的是与非都不能侵扰他……”

惠子问庄子说：“人本来就没有感情吗？”

庄子说：“是的。”

惠子问：“人如果没有感情，怎么能称得上是人呢？”

庄子说：“道赋予了人以容貌，天赋予了人以形体，怎么能说不是人呢？”

惠子问：“既然称之为人，怎么可以没有感情呢？”

庄子说：“这不是我所说的情呀！我所说的无情，是说人不能因自己的喜好、厌恶而伤害自己的身体，‘常因自然而不益生’——总是顺应自然而不是人为地益生。”

惠子问：“不益生，如何保有自己的身体？”

庄子还是那句话：“道赋予了人容貌，天赋予了人形体，不因自己的喜好或厌恶而伤害自己的身体。”

庄子所说的“不益生”是不因自己的喜好或厌恶而伤害自己的身体，那么“益生”就是因为自己的喜好或厌恶而伤害自己的身体。

正如《老子》第 42 章说“物或损之而益，益之而损”，有些事物你减损它，反而是增益它；有些事物你增益它，反而是减损它。这种损、益的辩证思想，反映在养生中，也反映在“祥”的一字三义中，所以是吉还是凶，关键取决于我们自己怎么做。

救世篇

——社会混乱的原因

与周王朝式微、社会混乱同时，思想价值体系也存在着混乱。要拯救混乱的社会，首先要重建思想价值体系。为此，诸子百家纷纷开出了自己的救世之方：儒家主张“仁”，墨家主张“尚贤”，法家主张“法”，当然还有道家主张的“道”。

帝：曾经的老大

“帝”只出现在第 4 章“道盅而用之，又弗盈也。渊呵似万物之宗。……湛呵似或存。吾不知其谁之子也，象帝之先”中。

在甲骨文、金文中，“帝”字大都由两部分组成，上部为代表天的“一”或“二”，下部为三根木柴捆束在一起，合起来就是祭祀上天的意思，古代称为“燔祭”“燎祭”“烟祭”。还有一个“帝”字，最下部也有一横，大概是代表地。所以，“帝”最早的意思是以祭天为主同时兼及祭地的一种祭祀，也就是《礼记》注疏中所说的“燔柴于泰坛，祭天地……积薪于坛上，而

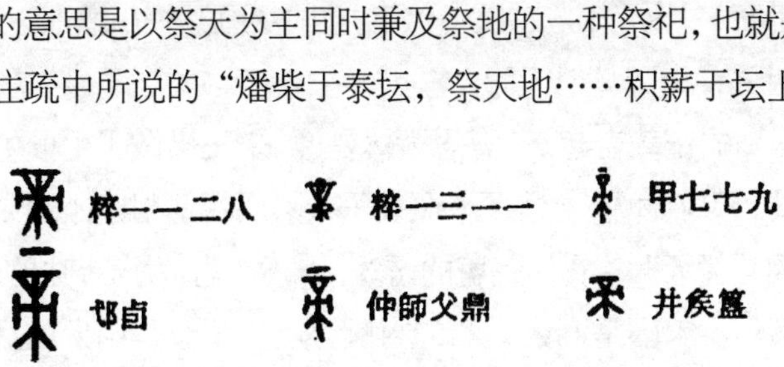

古文中的“帝”

取玉及牲置柴上燔之，使气达于天也”。由祭天为主的祭祀之义，“帝”又引申出祭祀的对象——“天”“天神”的意思；又因为人间最高统治者是“天”“天神”在人间的代表和投影，因此后来又用作帝王的“帝”。

从《尚书》等文献中可以看出，在商代的时候，“帝”被认为是能够决定祸福吉凶、生死寿夭的最高神，也是人间帝王在天上的保护神，最高统治者死后也被寄予这种希望，因此也称之为“帝”。周人长期与商处于敌对状态，所以在灭商以后，为了刻意表示自己在信仰上与商人的区别，虽然表面上仍信奉天神，但往往径称这个最高神为“天”而很少称之为“帝”，同时也不认同商代的最高统治死后为“帝”。而且，礼法规定周人最高统治者死后也不称“帝”。

“帝”曾是商人信奉的最高神，但这个最高神最终没能保护殷商，殷商还是被信奉“天”的周人灭掉了。对此，商人又是一种怎样的心情呢？

《吕氏春秋·贵直》中记载：“宋王筑为糵帝，鸱夷血，高悬之，射著甲胄，从下，血坠流地。”同样的一件事，《史记·宋微子世家》中记作：“君偃十一年，自立为王。……盛血以韦囊，县而射之，命曰‘射天’。”

两书的记载合起来，意思大体是说，宋王偃做了个模仿“帝”的木偶，又在木偶上挂了个血袋子，然后用箭射这个血袋子，称之为“射天”。看似荒唐的游戏，却透露出耐人寻味的信息。

第一，宋国是商人后裔的封国，而宋王偃是商人的后裔。商人一直奉“帝”为最高神，但是“帝”没有保佑商人免于灭亡，所以作为商人后裔的宋王偃要报复这个“帝”，要射这个“糵帝”！

第二，明明是射“帝”，但又不说是射“帝”，而称之为“射天”，这一方面反映出“天”与“帝”本有的关系，一方面反映出商人后裔对灭掉了殷商而以“天”为最高神的周人的仇视。

周人灭商以后，逐渐以“天”替代了“帝”最高神的地位。但自东周以来，随着周王朝的没落，“天”也遭遇了与“帝”同样的命运，人们也逐渐开始怀疑、抱怨甚至是责骂“天”，这在《诗经》中有大量反映。

尽管人们怀疑、抱怨、责骂“天”“帝”，但没有人公开否定“天”“帝”的存在，贬低“天”“帝”至高无上的地位，更不用说用另一个东西来代替它了，而《老子》做到了，第4章说：

> 道……吾不知其谁之子也，象帝之先。

——我不知“道”是谁的儿子，但她像“帝”的祖先。

在这里《老子》卖了个关子，没有直接说谁是“道”的母亲，只是说她像“帝”的祖先。那么，“道”的母亲、“帝”的祖先究竟是谁呢？是“有物”。既然“道”是“有物”的儿子，那“有物”当然是“道”的母亲，而“道”的母亲又“像帝之先”，因此“有物”就是“帝”的祖先（参“字”字条）。

天上的“帝”是人们虚构出来的，怀疑、抱怨、责骂“帝”，否定“帝”至高无上的地位，甚至以“有物”作为“帝”的祖先，“帝”固然不能奈你何。但是，别忘了，天子、君王就是

刑天图

天上之“帝”在人间的投影和代表，骂“帝”等于骂天子、骂君王，挑战“帝”的地位等于挑战天子、君王的地位，后果很严重。例如，《山海经·海外西经》记载，刑天与帝争夺至高无上的神位，结果被砍了头。——“刑”就是刑具，“天”就是头，因为被砍了头，所以叫“刑天”。

虽然当时周王朝趋向没落，气数将尽，已经顾不上这么多，但《老子》以“有物”代替“帝”，并把“有物”封为“帝”的祖先，还是要冒很大的风险，仍表现出极大的勇气，因此老子赢得了后人不少的称赞和表扬。如徐复观先生《中国人性论史》中说：

老子思想最大贡献之一，在于对自然性的天的生成、创造，提供了新的、有系统的解释。在这一解释之下，才把古代原始宗教的残渣，涤荡得一干二净，中国才出现了由合理思维所构成的形而上学的宇宙论。

陈鼓应先生《老子今注今译》中说：

> 老子关于宇宙创生的说法，在思想史上也是具有重大意义的。……他说“道”为“象帝之先”，他不给“上帝”留下地盘；他说“天法道，道法自然”，人格神的观念在他哲学的园地上销声匿迹。

《老子》以“有物”替代“帝”，在中国思想史上的确意义重大。不过，说《老子》“把古代原始宗教的残渣，涤荡得一干二净”“人格神的观念在他哲学的园地上销声匿迹”，似乎有些过了；说“‘道’为‘象帝之先’”，也是不妥帖的。何以言之?

《老子》第81章说“夫天道无亲，恒与善人”，天道是没有偏爱的，总是赞助善人。可见，《老子》中的“天道”还是有一定感情色彩，还是有一点儿人格神意味的。

又如上所述，“象帝之先”的东西就是“有物”而不是“道”，所以说“‘道’为‘象帝之先’”也是不妥帖的。其中的原因之一，陈先生书中所用《老子》版本“吾不知其谁之子也”句中漏了“其”字，影响了对句子的理解；原因之二，是没有理解“字之曰道”的意思，不知道“道”实为“有物”所生。

德国哲学家尼采曾说“上帝死了”。春秋战国时代，中国的上帝虽然还没死，但已经奄奄一息，已经逐渐被人们抛弃，思想信仰的世界即将出现真空，于是才有了“德”“仁”“贤”“道”等的登场。

德：凭什么降我级？

最先登场的是“德”。

在《老子》之前的《易经》《尚书》《诗经》等文献中，“德”一直是很红火的。但到了《老子》提出“道”的概念后，情况改变了。《老子》第 38 章说：

> 故失道而后德，失德而后仁，失仁而后义，失义而后礼。

——因此丧失了道然后才有了德，丧失了德然后才有了仁，丧失了仁然后才有了义，丧失了义然后才有了礼。

原来很红火的“德”，现在被降级了，只能退而居其次，屈从于“道”之下。凭什么？

在甲骨文、金文中，“德”是由“彳”或“行”加一只上有直线的大眼睛构成，“彳”“行”表示道路，上有直线的大眼睛表示直视前方、正视前方。后来，金文中又加上了

古文中的“德”

“心”字旁，并且上有直线的大眼睛逐渐演变成了“直”，会合其义，“德”就是“直心而行”的意思，简本《老子》中“德”就是上面一个“直”、下面一个“心”，证明了这一点。

从字形上比较，“德”“道”相同的地方有三：一是都有“行”这个组成部分，二是都有一只突出的大眼睛，三是都有走在路上的意思。不同之处有二：一是“德”字中有“直”，有直心而行、走直道的意思，而“道”是圆“道”（参“道”字条）；二是“德”字中有“心”作为构字部件，而“道”字中没有。

“德”这两点不同于“道”的地方决定了它在《老子》中只能屈居“道”之下。

《净名经》中说：“直心是道场，直心是净土。莫心行谄曲，口但说直；口说一行三昧，不行直心。但行直心，于一切法勿有执著。”直心就是佛的处所，直心就是西方极乐世界。不要心存谄媚邪曲，口中却说直心；口中宣称一行三昧，却不奉行直心。但行直心，对一切事物现象没有执著。

佛教提倡“行直心”，但为什么有“直”有“心”、“直心而行”的“德”在《老子》中就得屈居“道”之下呢？

先说“直”。

在《老子》中，“道”是圆环之“道”，而宇宙万物都是循圆环之“道”而行，所以宇宙万物也应该都是圆的、曲的、弯的。因此第23章说：

曲则全，枉则直。

——凹曲才能全面，弯曲才能正直。第45章说：

大直如诎。

——真正的直就像弯曲。《周易·系辞上》也说：

知周乎万物而道济天下……范围天地之化而不过，曲成万物而不遗。

——转化遍及万物而圆环之道成就天下的事物，包罗天地间万物的变化而不过度，道的圆曲化成万物而没有遗漏。

“弯曲才能正直”“真正的直就像弯曲”。乍一听，这种说法很雷人，又该如何理解呢？

日本人福永光司小学五年级的时候，一天刚从学校回家，母亲给他出了一道奇妙的习题：后面城隍庙里那棵弯弯曲曲的大松树，怎么看才能看成直的？福永光司一直寻思到第二天，终于认输了，只得去向母亲寻求答案。妈妈告诉他：弯曲的树，就看作弯曲的树，这样就能看成直的了。

“弯曲的树，就看作弯曲的树，这样就能看成直的了”，这叫“大曲若直”。反过来，我们同样可以说“大直若曲”。《老子》第40章中就说了一连串这样的话：

明道如昧，进道如退，夷道如类，上德如谷，大白如辱，广德如不足，建德如偷，质真如渝，大方无隅，大器晚成，大音希声，大象无形，道褒无名。夫唯道，善始且善成。

——光明的“道”好像昏暗，前进的“道”好像后退，平坦的“道”好像偏斜，崇高的“德”好像深谷，真正的白色好像黑色，广大的“德”好像不足，刚健的“德”好像软弱，本质纯真好像污浊，真正的方正没有棱角，大的器具最后才完成，大的声音没有声音，大的形象没有形状，“道”是隐藏而没有名的。只有“道”善于开始并且善于成功。

在古人的观念中，天是圆的，地是方的，因此有“天圆地方”之说。又如《易经》中《坤》卦是象征大地的，所以其六二爻辞说“直、方、大，不习，无不利”。正因为大地是方的、直的、大的，是我们应该效法的，所以《老子》第25章又说：

道大，天大，地大，王亦大。……人法地，地法天，天法道，道法自然。

——道大，天大，地大，王亦大。……人取法于地，地取法于天，天取法于道，道取法于自然。

但“地”毕竟只是人效法的第一个对象、第一个阶段，仅仅效法“地”，做到“直”“方”还不够。就像桌子、椅子等常用的家具，如果过于方正、过于正直、棱角分明，一不小心磕碰到上面，不仅会伤害别人，也容易使自己受伤。所以《老子》

第58章说：

是以方而不割，廉而不刺，直而不肆。

——因此方正而不能伤害人，有棱角而不能刺伤人，正直而不能过于放肆。

要做到“方而不割，廉而不刺，直而不肆”，“直”“方”的“地”还要效法“天”“道”之圆，寓方、直于圆之中。也唯有如此，才可以保持其直、方。

再说“心”。

《老子》第41章说：

弱也者，道之用也。

——弱是道的功用。第55章又说：

心使气曰强。

——用心使气叫作强。

对比这两章的说法，我们不难得出，用心是与“道”的功用相违背的。正因为用心与“道”的功用相背，所以《老子》反对有心、反对用心。如第3章说：

是以圣人之治也，虚其心，实其腹；弱其志，强其骨。

——因此圣人治理天下，使人民心虚，使他们肚子吃得饱；使人民的志向抑制，使他们的筋骨强健。第49章说：

圣人恒无心，以百姓之心为心……圣人之在天下，歙歙焉为天下浑心，百姓皆属耳目焉，圣人皆孩之。

——圣人始终没有自己固定的思想意志，以百姓的思想意志为自己的思想意志。……圣人处在天下，收敛自己的思想而浑同天下人思想，百姓都听他的、看他的，圣人把百姓像孩子一样对待。

正如常言说：有心栽花花不活，无心插柳柳成荫。一旦有心，一旦用心，就与“道”相违背，与“自然”相违背。

揠苗助长的故事说，有个宋国人老是担心禾苗长得不快、长得不高，于是跑去地里把禾苗拔高。劳碌了一天，他疲惫不堪地回到家，对家人说：“今天可把我累坏了，我帮禾苗长高了。”他儿子跑到地里一看，禾苗已经全枯萎了。

宋人蔡絛《铁围山丛谈》载，有个叫蔡君谟的人，胡须长得长而美，一次宋仁宗偶尔问他：“你的胡须这么长，这么美，晚上睡觉时是放在被子里面呢，还是放在被子外面？”蔡君谟以前从未关心、考虑过这个问题，所以一时不知怎么回答。但经皇上这么一问，晚上就寝时他特别留心注意胡须的位置。结果，把胡须放在被子里面，觉得不对劲；把胡须放在被子外面，还是感觉别扭。因此翻来覆去地折腾，一晚上也没睡踏实。

那个揠苗助长的宋国人之所以吃力不讨好，蔡君谟之所以睡不好觉，都是因为他们有心了、用心了。

综上，因为“德”字中有“直”、有“心”，所以决定了其在《老子》中被降级，只能屈居于“道”之下。

仁：被扔掉的刍狗

“仁”在《老子》中出现了7次。众所周知，“仁”是儒家极力提倡的核心思想概念。

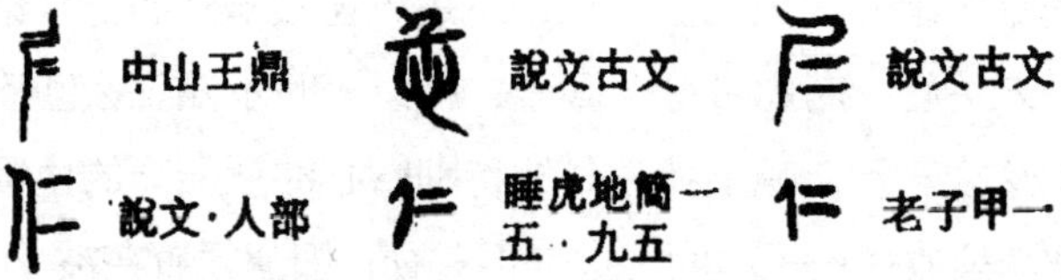

古文中的“仁”

“仁”的内涵是什么？《论语》中孔子在不同场合、针对不同的人、不同的事有不同的问答，但“爱人”是其主要的内涵，如《论语·颜渊》篇载，学生樊迟问孔子什么是“仁”，孔子说“爱人”。

孔子提倡“仁”，但《老子》反对“仁”，如第5章说：

天地不仁，以万物为刍狗；圣人不仁，以百姓为刍狗。

——天地没有仁爱之心，把万物当作刍狗；圣人也应该没有仁爱之心，把百姓当作刍狗。

其中的“刍狗”，王弼《老子道德经注》云“天地不为兽生刍，而兽食刍；不为人生狗，而人食狗”，这显然是把“刍狗”误认为是草、狗两种东西。

其实，“刍狗”就是草扎的狗，祭祀、丧事中用的，与后来的纸人、纸马之类用途一样，祭祀、丧事一旦结束，就扔掉了、烧掉了，在《老子》第5章中比喻“仁”。

《老子》用“刍狗”比喻“仁”，是有其渊源的。“仁”，古与“人”“尸”“尸”通用，都是指古代祭祀时代表死者受祭的人，也就是“神主”“神像”。

在战国以前，这种“神主”“神像”是由死者的臣下或者晚辈来充当的，也就是用活人充作“神主”“神像”，并且这种“神主”“神像”有立、坐姿势上的不同，如《公羊传·宣公八年》何休注云：“礼，天子以卿为尸，诸侯以大夫为尸，卿大夫以下以孙为尸。夏立尸，殷坐尸，周旅酬六尸。”白奚先生《“仁”字古文考辨》中也说：“‘尸’字亦是由一个人形

坐尸示意图

‘尸’与‘二’字构成，其与后来通行的‘仁’字的区别只是对同一个人形的不同写法而已……无论是构成‘仁’的‘亻’，还是构成‘尸’的‘尸’，其实都是‘人’的象形，区别只是前者是一个立着的人形，后者是一个坐着的人形罢了。”以活人为“尸”，也正是“尸”“尸”“仁”“人”之间能够通用的原因。

但以活人为“尸”仅是战国以前的事，并未流传下去，如唐代李华《卜论》中云：“夫祭有尸，自虞夏商周不变。战国荡古法，祭无尸。”其中所说的“尸”也是指活人之“尸”，而“祭无尸”并不是说战国以后祭祀中不再设置神主，只是说不再以活人为神主，而代之以其他材料和形制的神像，如泥人、木人、草人、纸人等，这是我们所熟悉的了。

《老子》把“仁”比作“刍狗”，《庄子》也把“仁”比作“刍狗”，并且就是拿最喜欢讲“仁”的孔子作为讽刺、嘲笑的对象。

孔子将要去卫国游说，他的弟子颜渊关心老师，于是询问鲁国的太师：“我们老师此次卫国之行会怎么样？”

太师直言不讳地说：“不怎么样，你的老师大概要倒霉了！”

颜渊不理解地问：“为什么呢？”

太师没有从正面回答，而是说道：“用草扎成的狗，祭祀之前，用竹笼装着，用丝巾盖着，斋戒祷告后把它陈列供奉起来。但祭祀过后，就扔在一边了，过路人踩踏它的头颅和脊背，拾草的人拾回去烧火煮饭。如果有人再重新拿来放在竹笼里装着，用五彩花纹丝巾盖着，不论是外出游历还是居住在家，都卧睡在它的下面，即使不做噩梦，也会一次次地从梦中惊醒。如今，你老师正在拾起先王们已经陈列过的刍狗，并且聚集了众多弟子，不论游历还是居住，都卧睡在它的下面。所以在宋国大树下讲习礼法时，大树被砍伐；到卫国去游说，被禁止入境；在陈国和蔡国之间遭到围困，整整七天没能生火吃饭……这不就是那样的噩梦吗？”（《庄子·天运》）

这个故事中太师所说的“先王已经陈列过的刍狗”正是指孔子所提倡的“仁”，而这也进一步证明了“仁”与古代祭祀的渊源关系，证明《老子》所说的“刍狗”就是比喻“仁”。

“好雨知时节，当春乃发生”（杜甫《春夜喜雨》），“感时花溅泪，恨别鸟惊心”（杜甫《春望》）。读惯了这样一些诗句，往往使我们产生了一种错觉，误认为天地自然真是有情有义的。读到《老子》“天地不仁，以万物为刍狗”，方才醍醐灌顶，瞬间清醒。

是的，天地的确是没有感情、没有仁爱之心的。天固然降雨滋润人类万物，但降得过多也为害人类；太阳照在好人身上，但也同样照在坏人身上。天地无论是造福人类，还是为害人类，其实都是出于无心。认为天地有感情，那不过是人类自作多情，由多情而移情罢了。

正如苏轼《念奴娇·赤壁怀古》诗云“多情应笑我，早生华发”，毛泽东《七律·人民解放军占领南京》诗云“天若有情天亦老”，多情使人衰老，如果天地有感情的话，那天地早就衰老了。

天地既然没有仁爱之心，而“人法地，地法天，天法道，道法自然”（第25章），因此圣人也应该取法于地、取法于天、取法于道、取法于自然，也不应该有仁爱之心。

《吕氏春秋·贵公》中有个故事说，一个楚国人丢了一张弓，但不急着去寻找，别人问他为什么不去找，他说：“我一个楚国人丢了弓，又被楚国人捡到了，何必去寻找呢？”孔子听说此事后说：“不一定非得楚国人捡到，只要是人捡到就行。”而老子听说这件事后则说：“不一定非得是人捡到，没有人捡到，留在自然界中也是一样的。”——如果说那位楚人是一个爱国主义者，那么孔子就是一个人类主义者，而老子则是一位自然主义者。

“东边日出西边雨，道是无晴却有晴”（刘禹锡《竹枝词》）。《老子》说“天地不仁，以万物为刍狗；圣人不仁，以百姓为刍狗”，乍一听似乎冷酷无情，其实透出一种更为自然、更为广泛、更为深沉的爱，而“仁”的出现只不过是“道”“德”丧失后的结果，是“道”“德”丧失后一种退而求其次的替代品。

正因为“道”“德”的丧失，所以才有孔子这样的人出来提倡“仁”，就像捡起别人扔掉的“刍狗”一样。正如《老子》第38章说：

> 故失道而后德，失德而后仁，失仁而后义，失义而后礼。

——丧失了道才出现了德，丧失了德才出现仁，丧失了仁才出现了义，丧失了义才出现了礼。第18章说：

> 故大道废焉有仁义，智慧出焉有大伪，六亲不和焉有孝慈，邦家昏乱焉有贞臣。

——因此大道废弃才有了仁义，智慧出现才有了虚伪，六亲不和才出了孝慈，国家昏乱才产生了卜问大臣。

因此，《老子》认为，只有抛弃仁、义、礼、孝等，社会才能回到正常状态。所以第 19 章说：

> **绝圣弃知，民利百倍；绝仁弃义，民复孝慈；绝巧弃利，盗贼无有。**

——灭绝圣明、摒弃知识，人民才可以获利百倍；灭绝仁爱、摒弃礼义，人民才能回归孝慈；灭绝机巧、摒弃利益，才能没有盗贼。

《史记·孔子世家》记载，孔子去郑国兜售自己的主张，和学生们走散，独自在郑国城东门等候，子贡等学生则到处寻找老师。有个郑国人对子贡说："东门外站着个人，脑门长得像尧，脖子长得像皋陶，肩膀长得像子产，腰以下比禹短了三寸，垂头丧气，像条丧家狗。"找到老师后，子贡把那个郑国人的话一五一十地告诉了孔子。谁知孔子不仅不生气，反而笑着说："说我像尧、像皋陶……不一定准确，但说我像丧家狗，是这样的，是这样的！"

不仅儒家所提倡的"仁"在当时成了被人扔掉的刍狗，就连提倡、兜售"仁"的孔子也被讥讽为没人理睬的丧家狗，"仁"之不能施行、"仁"之不能拯救当时社会，由此可见！

贤：争出来的宝贝

“贤”在《老子》中出现了3次。崇尚贤人、任用贤人是儒家、墨家尤其是墨家所提倡的拯救社会的方法之一。如《论语·子路》载：

仲弓为季氏宰，问政。子曰：“先有司，赦小过，举贤才。”

——仲弓做了季氏的家臣，问孔子怎样管理政事。孔子说：“先责成手下负责具体事务的官吏，让他们各负其责，赦免他们的小过错，选拔贤能的人才来任职。”

墨家经典《墨子》中专门有《尚贤》上、中、下三篇，如《尚贤上》一开始墨子就说：如今的王公贵族，在国家朝廷中执政的，都希望国家富强、人丁兴旺、政治安定。然而不能得到富足，反而贫困；人口不是增加，反而减少；社会得不到安定，反而混乱；往往失去原来所期望的，而得到原来所厌恶的，这是什么缘故呢？墨子说：原因就在于王公贵族，在朝廷里执政的人，不能把尊重贤才、任用能人作为一项政治措施。因为国家拥有的贤良之士多了，国家的统治基础就坚实；贤良之士少了，国家的统治基础就薄弱。所以，掌权人物的主要任务，就在于增加贤良之士而已。

儒家、墨家“尚贤”，但道家反对“尚贤”。如《老子》第3章说“不上贤，使民不争”，那么，什么是“贤”？《老子》为什么提倡“不上贤”？

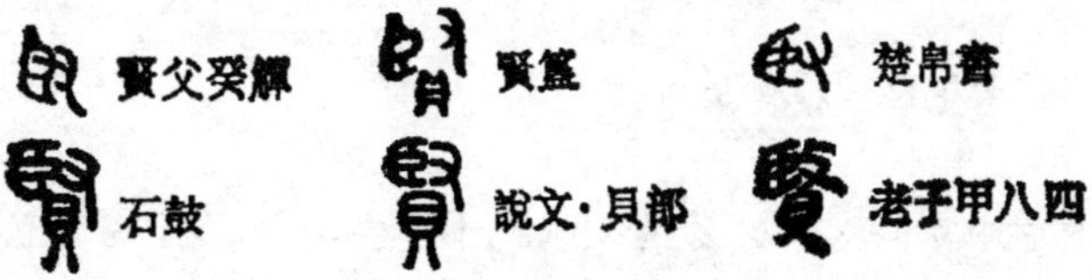

古文中的“贤”

“贤”字繁体作“賢”，古文字中有的由“臣”“又”组成，有的由“臣”“又”“贝”组成。“臣”，《说文》说“牵也。事君也。象屈服之形”，郭沫若《甲骨文字研究》说“臣民均古之奴隶也”，在古代君王的眼里，臣与民其实一样，都是财物，都是奴隶。“贝”就是贝壳，是中国最早的货币，代表着财物。“又”就是古“手”字。会合其义，“贤”就是用手抓取财物、宝贝。

鲁迅先生《灯下漫笔》中说，中国历史上其实只有两个时代，一是想做奴隶而不得的时代，二是做稳了奴隶的时代。臣、民虽然都是奴隶，但有大、小的区别。臣是大奴隶，民是小奴隶。

臣有机会接近君王，享受国家俸禄，还有机会贪污受贿，在钱财、地位上慢慢与民拉开了距离，所以“贤”的意思也随之有所变化，如《说文》说“贤，多财也”，《六书故》说“贤，货贝多于人也”。

套用鲁迅先生《故乡》“其实地上本没有路，走的人多了，也便成了路”的话，这世界上本来是没有所谓的宝贝的，争的、抢的人多了便有了宝贝。因此“民”都争着抢着当“臣”，小奴隶都争着抢着去当大奴隶，所以便有了所谓的“贤”，由此“贤”又有了“贤人”的意思。所以第3章说：

不上贤，使民不争。

——不崇尚贤人，才能使人民不产生争斗。第79章说：

是以圣人为而弗有，成功而弗居也，若此其不欲见贤也。

——所以圣人有所作为而不占有，成功而不居功，像这样做是不想表现他的贤能。《庄子·庚桑楚》中也说：

举贤则民相轧，任知则民相盗。

——荐举贤人，人民就会相互倾轧争斗；任用有智慧的人，人民就会相互欺诈偷盗。

宝贝多的人认为自己比宝贝少的人富有，大奴隶觉得自己比小奴隶有优越感，总是喜爱抬高自己，因此相互之间比较、攀比、显摆，所以“贤”又有了“比……好”之义，第77章的“贤”就是这个意思：

夫唯无以生为者，是贤贵生。

——只是因为人民没办法活下去，所以他们才把死亡看得比生存好。

事实上，正是由于崇尚贤人、任用贤人，才加剧了战国时期社会的混乱动荡，如《史记·孟子荀卿列传》中说：

当是之时，秦用商君，富国强兵；楚、魏用吴起，战胜弱敌；齐威王、宣王用孙子、田忌之徒，而诸侯东面朝齐。天下方务于合从连衡，以攻伐为贤。

——当时秦国任用商鞅，使国家富强；楚国、魏国任用吴起，通过战胜削弱敌人；齐威王、齐宣王任用孙膑、田忌等人，而诸侯国东面臣服齐国。天下正忙着合纵连横，把攻伐当作“贤”。

看看，这就是所谓的“贤”，这就是“上贤”“尚贤”的结果！因此《老子》才反对“上贤”，提倡“不上贤”。

法：国将亡，必多制

“法”在《老子》中出现了5次，即第25章“人法地，地法天，天法道，道法自然”，第57章“法物滋彰，而盗贼多有”。

“法”的篆文、异体字都作“灋”，由“水”“廌”“去”几部分构成。

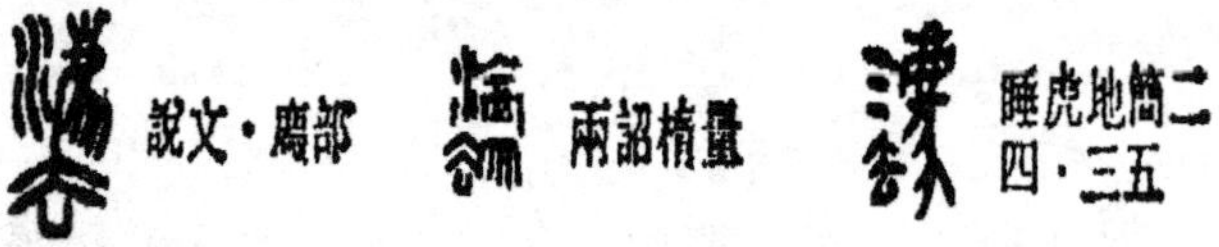

古文中的“法”

水有多种特点，常态下平、静就是其特点之一，如《老子》第8章说“上善若水，水善利万物而有静”，真正的公平、公正就像水一样，水的公平、平静给万物带来利益而悄无声息。水是公平、公正的，因而可以作为衡量事物是否平、正的标准，所以《说文》说：“水，准也。”段玉裁注云：“准，平也。天下莫平于水，故匠人建国必水地。”《庄子·德充符》说：“平者，水停之盛也。其可以为法也……”

“廌”又称为“獬豸”，是传说中一种神羊，能够明辨是非曲直，象征公平、公正（参“善”字条）。獬豸能够明辨是非曲直，所以传说舜帝时执掌司法的大臣皋陶经常用这种神羊帮助自己审理案件；古代法官所戴的帽子也做成獬豸角的形状，如《后汉书·舆服志》中说：“法冠，执法者服之……或谓之獬豸，神羊，能别曲直……故以为冠。”司法衙门也多饰以獬豸图案，如河南开封包公祠前的照壁上，就是一个很大的獬豸图案。

“去”在甲骨文、金文中，上面的“土”原是一个“人”字，下面的“厶”原是表示居住的城邑，合起来就是人离开甲地去乙地的意思，由此引申出“除去”的意思。

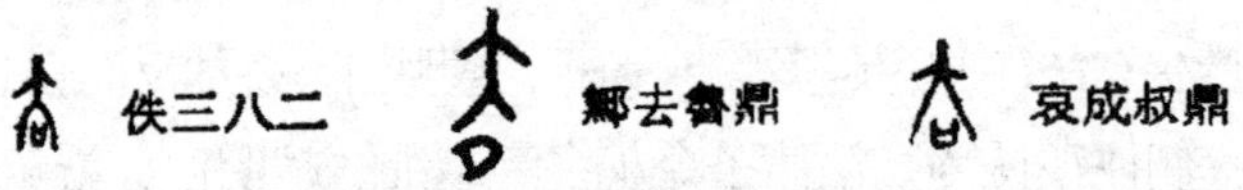

古文中的“去”

由上可见，“灋”的三个构字部件——“水”“廌”“去”，在造字本义上指向一个共同的价值取向：法律、施法要公平、公正。所以《说文》解释说：“灋，刑也。平之如水，从水；廌，所以触不直者，去之。”

“法”的公平、公正之义是由水、神羊象征的，所以要做到公平、公正就要以水为标准，以神羊为榜样，由此引申出“取法”“效法”的意思，《老子》第25章4个“法”都是这个意思；后来“法”又由动词转变为名词，指法律、法令、制度等，第57章中的“法”就是这个意思。

《老子》提倡“无为”而反对“为”，其实质就是提倡效法自然而反对人为，在“法”的问题上同样如此，所以第25章说：

人法地，地法天，天法道，道法自然。

——人取法于地，地取法于天，天取法于道，道取法于自然。归根结底一句话，人只要取法自然就可以了。第57章说：

夫天下多忌讳，而民弥贫；民多利器，而邦家滋昏；人多智巧，而奇物滋起；法物滋彰，而盗贼多有。

——天下的禁忌避讳多，老百姓更加贫穷；老百姓手中的利器多，国家就产生混乱；人们的智慧技巧多，稀奇古怪的东西就产生；法律条令越多、越清晰、越明白，盗贼反而会越多。

我们往往认为，法律条令越多、越细、越明白，就可以更好地预防犯罪行为、打击犯罪行为。《老子》却说“法物滋彰，而盗贼多有”，道理何在？

《左传·昭公六年》载，公元前536年，郑国的执政者子产打算把刑法刻写铸造在金属器物上公布于众。晋国的名臣叔向当即写信批评，信中说：“起初我寄希望于您，如今我不这么想了。从前的先王都是根据事情的轻重来议罪，而不制定刑法。之所以如此，是害怕百姓知道了刑法的成文而产生争竞之心，更加难以驾驭，所以用道义来防范，用政令来约束，用礼仪来奉行，用信用来保持，用仁爱来奉养，设置禄位来勉励顺从的人，严格执行刑罚来威慑行为放纵的人。担心如此还不能禁止犯罪，所以用忠诚来教诲，有善行的实施奖励，教导人们专业技术，用调和的方法使用他们，用敬重面对他们，用威严管理他们，用坚决的态度判定他们的罪行。还要访求圣明贤哲的卿相、清正廉明的官员、忠诚守信的乡长、慈爱和惠的老师，人民这才可以使用，而不发生祸乱。人民知道有法律，就对上没有忌讳，大家都有争竞之心，征引刑法为根据，只要侥幸能够成功，就没有什么不做的。夏朝政治混乱，所以制定《禹刑》；商朝政治混乱，所以制定《汤刑》；周朝政治混乱，所以制定《九刑》。这三部刑法的产生，都是由于社会处于末世。……人民知道了争端所在，将会抛弃礼仪而以刑法为依据。法律条文字句之间微小的差别，都将尽力争论明白。触犯法律的案件日益增加，贿赂日渐盛行。在您活着的时候，郑国大概就要衰败了吧！我听说'国将亡，必多制'——国家将要灭亡，一定会有很多的制度法令。说的大概就是这个吧！"

叔向批评子产公布法律条文，落脚点虽然与《老子》所提倡的"法自然"不同，却道出了"法物滋彰，而盗贼多有"的原因，并且也列举了夏、商、周三代"国将亡，必多制"的例子。

曾几何时，我们羡慕西方一些国家法律制度健全，今天的中国也越来越强调法治的作用。看来，无论法律多么健全，也不可能从根本上解决所有问题。要从根本上解决所有问题，还得道德教化、法治两手抓才行。

志：讨厌的有心人

“志”在《老子》中出现了3次，在现代主流文化语境下，这绝对是一个好词，是不断被提倡、激励和强化的。那么，“志”是什么意思？《老子》对“志”又持怎样的态度？

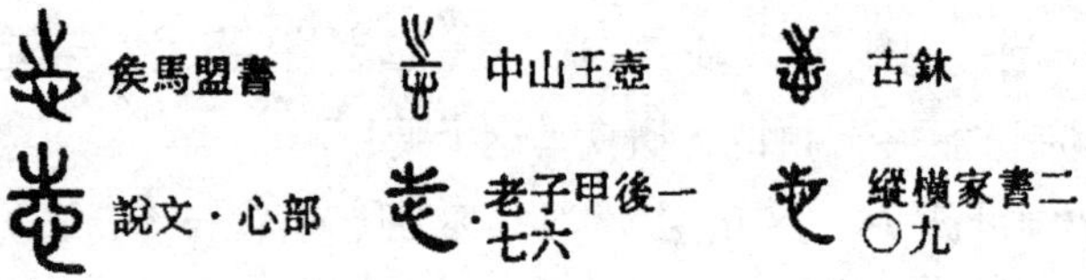

古文中的“志”

“志”由“士”“心”组成，《说文》解释说：“意也。从心，之声。”段玉裁注：“此篆小徐本无，大徐以‘意’下曰‘志也’补。”在古文字中，“士”原来是作“之”的，“之”有“运动”的意思，“之”“心”合起来，就是有意而为的、在一个方向的运动，有“执着”“固执”的意思。

《老子》反对有“为”（参“为”字条），也反对有心、执着、固执，如第49章说“圣人恒无心，以百姓之心为心”，第29章说“夫天下神器也，非可为者也。为者败之，执者失之”，这意味着《老子》也是不待见这个“志”的。

如第3章说“虚其心，实其腹；弱其志，强其骨”，使人民心虚，使他们肚子吃得饱；使人民的志向抑制，使他们的筋骨强健。第31章说“夫乐杀人，不可以得志于天下矣”，喜欢杀人，不可能得志于天下。第33章说“强行者有志也”，逞强行事的人有“志”。

《老子》反对“志”，《庄子》也反对。如《庄子·庚桑楚》说“兵莫憯于志，镆铘为下”，没有比“志”更锋利的兵器了，和“志”相比，锋利的莫邪宝剑也甘拜下风。可见，在《老子》《庄子》看来，有心、有志都是欲望太过、逞强的表现，都在不齿和反对之列。

前面我们讲过“贤”，说到商鞅、吴起、孙膑、田忌等人。而正是这样一些有心、有志的贤士，才使天下大乱的。《老子》提倡“虚其心”“弱其志”其实就是“不上贤”的另一种说法。所以，要想安定身心、安定天下，就要“虚其心”“弱其志”，应“如是降伏其心”（《金刚经·善现启请分》）。

关于“志”，段玉裁注：“许《心部》无‘志’者，盖以其即古文‘识’而‘识’下失载也。”也就是说，“志”是古文“识”字。而“识”是有思想、意识的意思，如《南史·齐本纪》“我识灭后，身上着夏衣尽天衣”的“识”。

《老子》第38章说“前识者，道之华也，而愚之首也”，相对于“道”来说，“前识”只不过是浮华之辞，是愚民的开始。其中“前识”就是指古籍所记载的前人思想、言论等。

《孟子·尽心上》载，齐国王子垫问孟子，士人崇尚什么事情，孟子说“尚志”。王子垫又问什么叫“尚志”，孟子说“不过就是仁、义罢了”。——按孟子的说法，“仁”“义”也属于“志”、属于“前识”。

《老子》讥讽仁、义等为“刍狗”（参“刍狗”字条），《庄子》更是指斥前人的思想、言论为“古人之糟粕”。如《庄子·天道》篇讲了这么个故事：

齐桓公在堂上读书，一个制作车轮的人——轮扁在堂下砍削制作车轮，他放下椎子和凿子走上朝堂，对齐桓公说：“冒昧地问一下，您读的书说的是些什么呢？”

齐桓公说：“是圣人的话语。”

轮扁又问：“圣人还在世吗？”

齐桓公说：“已经死了。”

轮扁说：“这样的话，那么国君您所读的书，全是古人的糟粕啊！”

听了这话，齐桓公非常恼火，说：“寡人读书，你一个制作车轮的人怎么敢妄加评议！有什么道理说出来还可以原谅，没有道理可说那就得处死。”

轮扁从容不迫地说：“那我就从我从事的工作角度讲讲这个道理吧。制作车轮时，榫眼宽了，榫头就松滑而不坚固；榫眼窄了，榫头就紧涩而难以插入。要做到不松不紧、恰如其分，这种技巧我虽然说不出来，但是心里有数。我无法把这种技巧传授给儿子，儿子也无法从我这儿学到这一技巧，所以我虽然已经七十岁，但没人接我的班，因此只能自己一直这么干下去。同样的道理，古代的人和他们那些不可言传的道理一块儿死亡了，所以国君所读的书只能是古人的糟粕而已。”

对于“志”字，注译《老子》者往往不注不译。如第33章“强行者有志也”一句，陈鼓应先生《老子今注今译》中仅译为“努力不懈就是有志”，张其成先生《大道之门》中仅译为“顽强前进的人有志气”。虽然我们无法确切地判断译者究竟是如何理解“志”的，但在提倡“有志”“立志”的现代主流价值观念下，像这样的翻译至少是很容易使人误解的。

《老子》反对有心、有志，反对前言、前识，其主旨就是希望人们不要执着。用《老子》第10章的话说，就是“涤除玄鉴，能毋疵乎”；用《庄子·应帝王》的话说，就是“用心若镜，不将不迎，应而不藏”（参“鉴”字条）；用《金刚经》的话说，就是“应无所住而生其心”（《庄严净土分》），“过去心不可得，现在心不可得，未来心不可得”（《一体同观分》）；用《菜根谭》的话说，就是“雁过寒潭，雁去而潭不留影；风穿疏竹，风过而竹不留声”；用现在时兴的话说，就是“活在当下”。

什么人能够真正活在当下？原始人。卢梭《论人类不平等的起源》中说：原始人心里完全只考虑现在的感受，丝毫不为将来作打算，即使是不远的将来。这也就是《老子》希望回归“古始”（第14章）、回到“小邦寡民”（第67章）状态的原因之一。

绝：为来圣绝继学

“唧唧复唧唧，木兰当户织”（《木兰辞》），“鸡鸣入机织，夜夜不得息”（《孔雀东南飞》）……咦，讲“绝”怎么织起布来了？因为“绝”与纺织有关系。

甲骨文中，“绝”像是连在一起的两束丝；金文、《说文》古文“绝”字的形状差不多，有一把刀插在两束丝中，是以刀断丝的意思。到了小篆中，左边变成了“糸”，右上为“刀”、右下为“卪”（节），《说文》解释说：“断丝也。从糸从刀

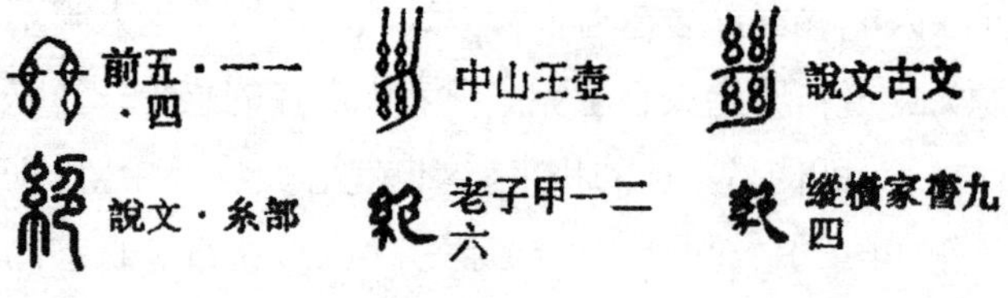

古文中的“绝”

从卪……象不连体，绝二丝。”后来又因为“绝”字小篆右边的部分与“色”字近似，所以就演变成现在这个样子，原义反而看不出来了。

纺织是一项极需要耐心且花费漫长时间的辛苦工作，因此常被用作发奋努力的励志比喻。又因为在男耕女织的古代社会，纺织是女人们的活，如《诗经·小雅·斯干》云“乃生女子，载寝之地，载衣之裼，载弄之瓦”，女孩落生伊始，就决定了其一生与纺织相伴。所以，女人对纺织的辛苦体会尤其深刻，所以又多是女人们用纺织之事来教导丈夫、儿子。

孟母“断织教子”的故事说：孟子小时候，有一次放学回家，母亲正在织布，见儿子回来问道：“今天学习怎么样呀？”孟子漫不经心地回答说：“就那样呗！跟过去一样。”孟母见他一副无所谓的样子，十分恼火，拿起剪刀“咔嚓”把正在织的布剪断了。孟子见状害怕极了，问母亲为什么要把布剪断。孟母说：“你荒废学业，如同我剪断这布一样。有德行的人学习是为了树立名声，而多学多问才能增长知识。所以才能平时平安无事，做起事来可以避开祸害。如果现在荒废了学业，就不免于做下贱的劳役，而且难于避免祸患。”不好好学习，后果居然这么严重。孟子听后吓了一跳，自此早晚勤学不止，终于成了天下著名的大儒。

乐羊子妻“断织教夫”的故事说：乐羊子在妻子的激励下外出求学，但刚学了一年就回家了，妻子问：“怎么这么快就回来了？”乐羊子说：“出门久了，心里想家、想孩子、想你了呗，没有其他特别的原因。”听了这话，妻子拿起剪刀，快步走到织布机前，剪断了纺织中的丝线，说："这上面的织物，一丝一丝地积累起来，才达到一寸；一寸一寸不停地积累，才能织成一丈的布匹。现在如果割断这些丝线，就会前功尽弃，白费时光。您只有不断地积累学问，每天学到自己不知道的东西，才能成就您的美德；如果半途而废，不就像剪断这些丝线一样吗？"乐羊子被妻子的话感动，于是回去继续学习。

东汉画像石中的织布图

有"绝"就有"继"。孟母、乐羊子妻子剪断了丝线，这是"绝"；孟子、乐羊子因此受到激励而继续学习，这是"继"。

"继"，《说文》说："续也。从糸㡭。"段玉裁《说文解字注》说："续也。从糸㡭。㡭，古文继，反㡭为㡭。""反㡭为㡭"有两层意思：一是从字形上说，将"绝"的古文翻转180°，就是"继"的古文；一是从词义上说，"继"和"绝"的意思正好相反，就是将断开的丝线重新接上。

在"继"和"绝"之间，儒家、道家也正好是相反的。儒

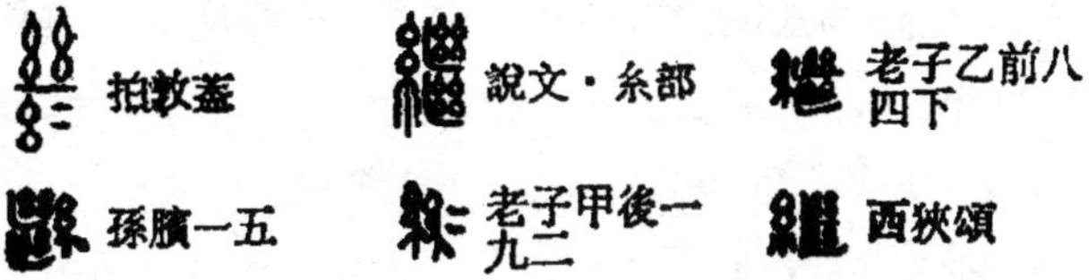

古文中的“继”

家是“继”的，如孟子属于儒家，他是“继”的；张载是儒家，他要“为往圣继绝学”，也是“继”的。而道家是主张“绝”的，如《老子》第19章中一口气用了4个“绝”，并且个个都是冲着儒家去的：

绝圣弃知，民利百倍；绝仁弃义，民复孝慈；绝巧弃利，盗贼无有……绝学无忧。

——灭绝圣明，摒弃知识，人民才可以获利百倍；灭绝仁爱，摒弃礼义，人民才能回归孝慈；灭绝机巧，摒弃利益，才能没有盗贼……断绝学习没有忧愁。第48章还说：

为学者日益，闻道者日损。损之又损，以至于无为。

——学习具体知识的人，可以一天天地增加他的知识；但要闻“道”的人，必须一天天地减少他的知识。减少再减少，一直减少到无为的境界。《庄子·养生主》中也说：

吾生也有涯，而知也无涯。以有涯随无涯，殆已。已而为知者，殆而已矣！

——我们的生命是有限的，而知识却是无限的。以有限的生命去追求无限的知识，就疲惫不堪了。已经疲惫不堪却还不停地追求知识，那可真是十分危险了！

“绝学无忧”“闻道者日损”之类的话，厌学、逃学的学生肯定喜欢听，听了肯定很高兴，这下可有逃学的理由了：既然抛弃学习没有忧愁，要闻“道”还得减损所学的知识，那就干脆不用学了，直接闻“道”去喽。

是不是真的可以这样呢？《庄子·大宗师》中有一段南伯子葵与女偊的对话，我们来看看：

南伯子葵问女偊道：“您的岁数已经很大了，可是你的容颜还像一个小孩儿，这是什么缘故呢？”女偊回答说：“那是因为我得‘道’了。”南伯子葵问女偊：“您是怎么得‘道’的呢？”女偊回答说：

闻诸副墨之子，副墨之子闻诸洛诵之孙，洛诵之孙闻之瞻明，瞻明闻之聂许，聂许闻之需役，需役闻之於讴，於讴闻之玄冥，玄冥闻之参寥，参寥闻之疑始。

其中，“副墨”指文字，“洛诵”也就是背诵，“瞻明”指目视明晰，“聂许”是附耳私语，“需役”是勤行不怠，“於讴”是吟咏，“玄冥”是深远虚寂，“参寥”是高旷寥远，“疑始”是迷茫之初。

这段话大意是说，我从文字的儿子那里听到的，文字的儿子从背诵的孙子那里听到的，背诵的孙子从目视明晰那里听到的，目视明晰从附耳私语那里听到的，附耳私语从勤行不怠那里听到的，勤行不怠从吟咏领会那里听到的，吟咏领会从深远虚寂那里听到的，深远虚寂从高旷寥远那里听到的，高旷寥远从迷茫而无所本那里听到的。

在这一段拟人化的描述中，文字、背诵、目视明晰、附耳私语、勤行不怠、吟咏领会，都是我们传统的学习方法，而“闻诸副墨之子，副墨之子闻诸洛诵之孙，洛诵之孙闻之瞻明，瞻明闻之聂许，聂许闻之需役，需役闻之於讴”也就是《老子》第 48 章所说的“为学”；深远虚寂、高旷寥远、迷茫而无所本，说的都是“道”的境界，而“於讴闻之玄冥，玄冥闻之参寥，参寥闻之疑始也”也就是《老子》第 48 章所说的“闻道”。

按照女偶的描述，他的得“道”是遵循“文字→背诵→目视明晰→附耳私语→勤行不怠→吟咏领会→深远虚寂→高旷寥远→迷茫而无所本”的次序和步骤的。这也就意味着，要达到深远虚寂、高旷寥远、迷茫而无所本的“道”的境界，也是必须先经过文字、背诵、目视明晰、附耳私语、勤行不怠、吟咏领会等过程的。这说明“为学”与“闻道”并不矛盾，“闻道”是建立在“为学”的基础上而又是对“为学”阶段的超越。

孔子是儒家的祖宗，是受人景仰的万世师表。他在晚年总结自己的一生说：

> 吾十有五而志于学，三十而立，四十而不惑，五十而知天命，六十而耳顺，七十而从心所欲不逾矩。（《论语·为政》）

这个过程其实也是由“为学”到“闻道”的过程，即四十岁以前是“为学”的阶段，四十以后才是“闻道”的阶段（参“圣”“命”字条）。

所以，同学们，不要高兴太早哦！千万别以“绝学无忧”“闻道者日损”为厌学、逃学的理由。要想闻“道”，得先像孟子、乐羊子那样，乖乖地听妈妈、老师们的话，别惹妈妈、老师们生气，好好学习，先继后绝，然后才能由儒而道。

道：不同寻常的路

如前所述，在《老子》看来，“德”“仁”“贤”“法”等都拯救不了这个世界，于是它提出了“道”。

金文“道”

“道”在《老子》中出现了71次。作为诸子百家之一的道家以之命名，作为宗教的道教也以之命名，后世又称《老子》为《道德经》，“道”无疑是《老子》中的核心概念。

《老子》第1章的第1句就是“道可道也，非恒道也”，短短的一句话中就用了三个“道”字，像绕口令，很容易把人给绕进去。

要读懂《老子》，先得知道“道”的意思；要知道“道”

的意思，先得弄懂此句中三个“道”字；要弄清这三个“道”字的意思，又要从“道”的本义及其意义的引申、变化说起。

在金文中，“道”字由“首”“止”“行”三部分组成。其中“首”就是头，头上又特别突出了眼睛；“止”就是脚趾的“趾”的古字，代表着脚；“行”如非形，最初的意思是十字通衢。

古文中的“道”

“首”“止”“行”三部分合在一起，那就是一个会意字。会意，顾名思义，就是古人造字的时候，会合了几个字的意思来表示一个新意。相应地，我们现在要知道这个字的意思，也要靠“会”的方法。

那么，“首”“止”“行”合在一起表示什么意思呢？一般认为，是表示“人行走在路上”的意思，这也就是“道”的本义。竹简本《老子》中很多“道”字就是“行”字中间一个“人”字，证明了这一点。

鲁迅《故乡》中说：“其实地上本没有路，走的人多了，也便成了路。”也就是说，路是人走出来的。因此由“人行走在路上”又自然地引申出“道路”的意思，“道”也由动词变成了名词，《说文》“道，所行道也”就是从这个角度解释的。

走路得讲规矩，不能随便乱走。就像现在交通规则规定，行人、车辆要靠右边走，要绿灯走、红灯停，不能翻越护栏等，古代走路的规矩更多，不仅有交通规则，还有大量带礼仪色彩的走路规矩，这在《周礼》《仪礼》《礼记》“三礼”中记载得很详细。

如《周礼·秋官》中记载，古代有“野庐氏”“掌道禁”，“禁野之横行径逾者”，其中“野庐氏”相当于现在的交通警察，“道禁”就是交通规则禁止的事，“横行”类似于现在闯红灯、横穿马路，“径逾”类似于现在翻越护栏，都是违反交通规则的行为。所以，由“道路”又引申出“规矩”“规则”“道义”等意思。《孟子·告子下》说：“夫道若大路然，岂难知哉？”就透露出“道”这层意义的演变路数。

“人行走在路上”“道路”“规矩”“道义”……这些“道”字的义项在《老子》之前的文献中都已经发生、存在了，“道可道也，非恒道也”中第一个“道”字就是这些意义上的“道”，属于泛泛而指。

再看第二个“道”字。这个“道”字以前通常解释为“说”“言说”，但是南怀瑾先生《老子他说》中说：

> 其实，这是不大合理的。因为把说话或话说用“道”字来代表，那是唐宋之间的口头语……如果上溯到春秋战国时代，时隔几千年，口语完全与后世不同。那个时候表示说话

的用字，都用“曰”字，如“子曰”“孟子曰”等等。如此，《老子》原文“道可道”的第二个“道”字是否可以作“说”字解释，诸位可以触类旁通，不待细说了。

南怀瑾先生的这种说法是否属实？回答是否定的。唐、宋以前“道”字就有了“说”“言说”的意思，如《荀子·非相》“学者不道也”，《荀子·儒效》“客有道曰”，《史记·李将军列传》“万户侯岂足道哉”等，其中的“道”都是“说”“言说”的意思。

如果说《荀子》《史记》成书于《老子》之后，还不足以证明《老子》中的“道”有了“说”“言说”的意思，那么我们再看《老子》之前的文献。

粗略地考察，《老子》之前的文献中，“道”字用作“说”“言说”的情况的确不多，但不多不等于没有。只要有一条，我们就不能排除《老子》中的“道”也有“说”“言说”的意思。

春秋时期，卫宣公霸占儿媳宣姜，卫宣公死后，他的庶长子公子顽又和宣姜私通。《诗经·国风·鄘风》有一首诗叫《墙有茨》，据说就是讽刺这件事的。诗中有云：

墙有茨，不可埽也。中冓之言，不可道也！所可道也？言之丑也。

——墙上的蒺藜，简直没法扫呀！帐帷中的淫秽之语，简直是没法说呀！有法说吗？都是些不堪入耳的话。——其中的两个“道”字，分明都是“说”“言说”的意思嘛。

《老子》成书时间不会早于《诗经》，既然《老子》之前的《诗经》中“道”字已有“说”“言说”的意思，那就不排除《老子》的“道”也有这个意思。这就意味着，第二个“道”字是可以解释为“说”“言说”的。

不过，这不是第二个“道”字唯一的解释。如上所述，金文中的“道”字本来就是“人行走在路上”的意思，而由“人行走在路上”自然可以引申出“行走”“践行”的意思，因此第二个“道”字还可以解释为“行走”“践行”。

至于第三个“道”字，《老子》中已经加了定语“恒”，也就是“恒道”。“恒”是长久之义，“恒道”就是长久之“道”，是《老子》赋予了新的意义的“道”。

《老子》中的“道”字，除了“道可道也，非恒道也”句中第一、二个意思不一样外，其他的“道”字都是指这个“恒道”。

“恒道”显然是和其他的“道”不一样的，不一样在什么地方呢？第25章说：

> 有物混成，先天地生，寂呵寥呵，独立而不改，可以为天地母。吾未知其名，字之曰道，吾强为之名曰大。大曰逝，逝曰远，远曰反……

——有种东西浑然而成，先于天地而生，寂静呀，空廓呀，超然独立而永恒不变，可以看作是生成天地的根源。我不知道它的名，给它起个字叫“道”，勉强给它起个名叫“大”。“大”则表明“有物”的运动，运动则表明“有物”远离本位，远离本位到了极点就要返回……第16章又说：

致虚极也，守静笃也。万物并作，吾以观其复也。夫物芸芸，各复归于其根。归根曰静。静是谓复命。

——达到极度虚无，守住深度的静。万物同时产生，我观看它们的回归。回复到根本叫作“静”。达到了静，这就叫作回复到“命”。

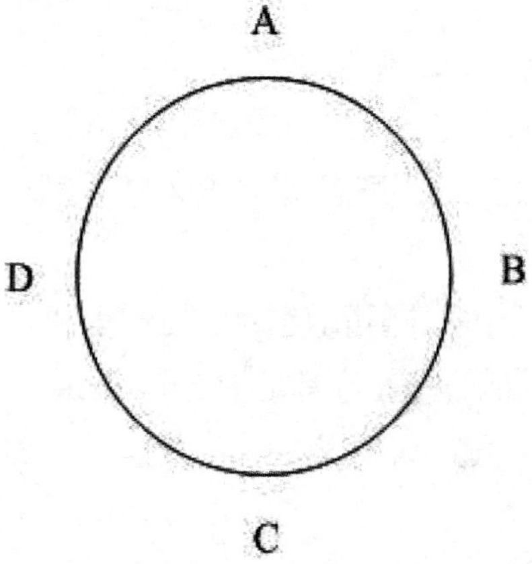

“有物”运动示意图

由第25章可知，“道”其实就是“有物”，就是宇宙万物的本源；再结合第16章可知，从“有物”化生万物到万物再返回到“有物”，刚好转了一个圆圈，形成了一个“随而不见其后，迎而不见其首”（《老子》第14章）的圆环之“道”，也就是“恒道”。

如图示之，假定A点为“有物”，那么由A到B到C就是“逝”的过程；C点处于A的对立面，意味着“有物”的运动到了极点，所谓“物极必反”，因此C点就是“反”的开始，这个“反”在第16章又称为“复”，都是“返回”“回归”的意思，由C到D万物又返回到了A，刚好形成了一个圆环，这就是“恒道”。

由上可见，“恒道”既是宇宙万物的本源“有物”，又是宇宙万物所遵循的总规律，二者合二为一，是一个东西。这就是《老子》的“恒道”不同于其他“道”的特别之处。

如果我们再进一步问,《老子》中这个不同于其他“道”的“恒道”是否完全就是《老子》的独创而没有一点渊源呢？不是的。

《老子》的“恒道”是在《周易·复》卦辞“反复其道，七日来复”之“道”以及帛书《周易·系辞》“《易》有太恒”的基础上提升而来。说“提升”，是因为《周易·复》卦辞“反复其道，七日来复”的“道”还只是指阴、阳之气往复循环的规律，而《老子》中则进一步把它提升到宇宙本源的高度。

三个“道”字的意思明白了,“道可道也,非恒道也”就是说:“道”如果可以言说，或可以在上面行走、践行的话，那就不是长久的“道”。反过来也就是说，“恒道”是不可说、不可行的。

“恒道”是不可说、不可行的，甚至是不可见、不可闻的，也是不用说、不用见、不用闻、不用行的，这一点在《老子》中屡有表述，如第 14 章说：

> 视之而弗见，名之曰微；听之而弗闻，名之曰希；播之而弗得，名之曰夷。三者不可致诘，故混而为一。

——看它而看不见,称之为“微”; 听它听不到,称之为“希”; 摸它摸不到，称它为“夷”。通过看、听、摸不能探得“道”的究竟，因此把它混同为一个东西。

第 14 章所说的“一”，其实就是第 25 章所说的“有物混成”的“有物”（参“一”字条），也就是作为宇宙万物的本源意义的“恒道”。又如第 35 章说：

故道之出言也，曰淡呵其无味也，视之不足见也，听之不足闻也，用之不可既也。

——“道”如果要说出来，淡而无味，看它看不见，听它听不到，用起来却用不完。第 47 章说：

不出于户，以知天下；不窥于牖，以知天道。

——不走出门外，就能知道天下的事；不向窗户外看，就能知道天道。

现在要问的是，为什么“恒道”说不出、听不见、摸不到、不能在上面行走呢？我认为至少可以从以下几个方面来理解。

第一，《老子》所说的“恒道”又称为“天道”“天之道”（第 9 章、第 47 章、第 68 章、第 75 章、第 80 章）。正如《易经·大畜》上九爻说“何天之衢，亨”，肩负通天大道，通顺。天道是在天上的，当然是不可能在上面行走的，而只能用肩负。所以，我们才常说“铁肩担道义”，而不说“双脚行道义”。

第二，如第 25 章、第 16 章所见，“有物”“道”又处于“逝”“远”“反”“复”的运动中，并且王弼本《老子》第 25 章“独立而不改”后还有“周行而不殆”一句，可见作为宇宙万物本源的“有物”“道”都是变动不居的，而变动不居的东西是“不可名”的（参“名”字条），连名都没有的东西，你怎么去称呼它、怎么去说它呢？

第三，如上所述，“道”“有物”二者是合二为一的，是一个东西。第 41 章说“天下之物生于有，有生于无”，天下的事物生于有物，有物生于无。“有物”“道”都是“无”所生，而“无”又是什么？“无”又怎么生“有”的？那就更没法说了，是永远追问不完的（参“无”“始”字条）。

第四，“有物”“道”是万物的本源，万事万物都是由“有物”“道”化生的，都继承了“有物”“道”的基因，但它们并不是“有物”“道”本身。就像盲人摸象的故事所说的那样，摸着大象腿的说大象像根柱子，摸着大象尾巴的说大象是一像根绳子，摸着大象身体的说大象像一堵墙……虽然我们可以通过眼、耳、手等感官，通过对每一个具体事物的认识，去认识“有物”“道”的某一方面特征，但这些认识都是片面的。因此，要认识全部的事物，认识“有物”“道”的整体，不能靠眼、耳、手等感官，只有靠心，像第10章所说“涤除玄鉴”那样，把自己的内心打扫得干干净净，如此才“能毋疵乎”，才能在认识事物中不出现弊病、偏差，才能真正认识“有物”“道”（参“鉴”字条）。

字：背后透露的玄机

“字”在《老子》中就出现过1次，即第25章：

> 有物混成，先天地生，寂呵寥呵，独立而不改，可以为天地母。吾未知其名，字之曰道，吾强为之名曰大。大曰逝……

——有种东西浑然而成，先于天地而生，寂静呀，空廓呀，超然独立而永恒不变，可以看作是生成天地的根源。我不知道它的“名”，给它取个“字”叫“道”，我勉强地给它起个“名”叫“大”。“大”表明事物的运动……

第25章一会儿说我不知道“有物”的“名”，一会儿又说给“有物”取个“字”叫“道”，一会儿又说我勉强给它起个名叫“大”，好像很啰嗦！是犯了老年痴呆症，还是其中暗藏什么玄机呢？这首先得了解一下“名”“字”的不同。

现代社会中，我们大多数人是只有名而没有字的，比如笔者，姓“臧”名“守虎”，“守虎”只是我的名，我其实是没有字的。但我们往往将“名”“字”混为一谈，笼统地称“守虎”为“名字”。而古代却是大不一样，名是名，字是字，上层社会的人不仅有名，还有字，有的还有号，并且起名、取字大有讲究、大有学问。

第一，“名”“字”的含义不同。“名”前面已经讲过（参“名”字条）。“字”是上面一个“宀”、下面一个“子”。“宀”是房屋，“子”是小孩子，合起来就是在房子里生养孩子的意思；还有人认为，“字”的上半部不是“宀”，而是人两腿张开的样子，“宀”“子”合在一起，就是女人两腿张开生孩子的样子。由此又引申出“出嫁”“养育”等意思。

古文中的“字”

第二，古代起名、取字时间不一样，有早有晚。名是生下来不久就可以有的，《礼记·内则》中记载，婴儿出生三个月时由父亲命名。而字是一个人长大成人以后才有的，《礼记·曲礼》说“男子二十冠而字”，《礼记·杂记》说“女子十有五年讲嫁，笄而字”，也就是说，古代男孩二十岁举行加冠礼时取字，女孩十五岁举行加笄礼时取字，意味着可以嫁娶、生子了。

第三，名、字之间意义上往往有一定的联系。比如，老子名“耳”字“聃”，“耳”当然是耳朵，而“聃”与“瞻”相通，也是大耳朵的意思。又如，屈原名“原”，字“平之”，“原”

就是平原，字“平”是说明名“原”的特点。又如，刘备名“备”字“玄德”，“备”是“顺”的意思，名、字都来自《老子》第 65 章“玄德深矣，远矣，与物反矣，乃至大顺”句中。

其他关于名、字的讲究还有很多，如名只有长辈对晚辈、尊者对卑者时可以叫；字是平辈之间、晚辈对长辈时称呼的，等等。因与本篇主旨无关，不再多说。

明白了古代“名”“字”的区别，我们就会明白为什么《老子》第 25 章说“吾未知其名，字之曰道，吾强为之名曰大”了。

第一，因为在“有物”“道”没有化生万物之前，本来是无一物的，更没有人的存在，因而也没有人给任何事物起一个名称（参“名”字条），所以《老子》说“吾未知其名”。

第二，如上所述，“字”是一个人长大成人以后才有的。依此类推，《老子》说“有物混成……字之曰道”，意味着“道”是后天被生成的，是“有物”长大以后生成的，也就是“有物”在圆环运动中生成的。

第三，《老子》说“吾强为之名曰大”，一是因为“道恒无名”（第 32 章、第 37 章），二是因为《老子》倾向于“致虚极也，守静笃也”（第 16 章）而反对“大曰逝”的运动，所以才极不情愿、很勉强地说“吾强为之名曰大”。

至此，我们再回过头来，看《老子》第 4 章所说的“道……吾不知其谁之子也，象帝之先”。既然“道”是“有物”生成的，是“有物”的儿子，那么“有物”当然是“道”的母亲，而“道”的母亲“有物”又是“像帝之先”的，因此“有物”就是“帝”的祖先（参“帝”字条）。

喻道篇

——道像什么东西

因为“道”过于抽象，所以《老子》中用“纪”“犹”“豫”“朴”“婴儿”一系列比喻来加以说明，“道”因此而具体、生动、形象，其意义也得到进一步的拓展和深化。

纪：道的起点之喻

“纪”仅见于《老子》第14章：

一者，其上不皦，其下不忽，绳绳不可名也，复归于无物。是谓无状之状，无物之象，是谓忽恍。随而不见其后，迎而不见其首。执今之道，以御今之有，以知古始，是谓道纪。

《老子》之外，其他道家文献中也很喜欢用“纪”这个词。如《庄子·知北游》中说：“生也死之徒，死也生之始，孰知其纪？”《列子·汤问》中说：“物之终始，初无极已。始或为终，终或为始，恶知其纪？”

“纪”的繁体字作“紀”，左边一个“糸”，右边一个“己”。《说文》解释说：“纪，丝别也。从糸，己声。”但在金文中，“纪”只是作“己”，并没有右边的“糸”字旁。

朱骏声《说文通训定声》说：“此后出字，己为十干，借

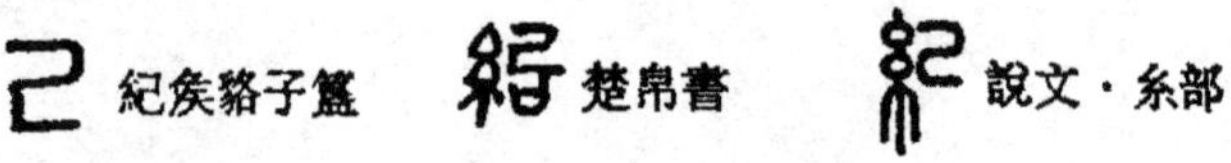

古文中的“纪”

义所专，因又制此加糸傍也。”又说：“己即纪之本字，古文像别丝之形，三横二纵，丝相别也。”

也就是说，“己”本来是一种别丝的工具，也就是俗称的“线拐子”。我小的时候，农村还有老式织布机，见过这东西，的确与金文中“己”字很像。但是由于后来“己”被借用作天干中的“己”，因此才又在“己”旁加上一个“糸”字，表示原来“别丝”的意思。

顾名思义，“别丝”就是把丝线区别开，理出个头绪来。因此“紀”又有了“头绪”“端绪”的意思，《方言》卷十中说“緤红、末、纪，绪也。南楚皆曰緤。或曰端，或曰纪，或曰末，皆楚转语也”，王筠《说文解字句读》说“纪者，端绪之谓也”。

由第 14 章不难看出，“纪”在《老子》中比喻作为宇宙本源的“道”创生万物的开始（“古始”）。对此，《老子》第 1 章说：

无名，万物之始也；有名，万物之母也。

——“无名”意味着事物的开始，“有名”意味着万物开始产生。第 41 章说：

天下万物生于有，有生于无。

——天下万物生于“有”，而“有”又生于“无”。第42章说：

道生一，一生二，二生三，三生万物……

——“道”化生出一，一化生了二，二化生了三，三化生了万物……

就这样，事物从无到有、由少到多，越生越多。但正如第12章所说：

五色使人目盲，驰骋田猎使人心发狂，难得之货使人之行妨，五味使人之口爽，五音使人之耳聋。

——五色使人眼瞎，纵情围猎使人心发狂，难得的财物使人的行动受到妨碍，五味使人的胃口败坏，五音使人的耳朵变聋。

这么多色彩、这么多味道、这么多声音、这么多事物，简直使人目不暇接、眼花缭乱、无所适从。那又该怎么办？第23章说：

少则得，多则惑，是以圣人执一以为天下牧。

——少数的事物我们容易把握，太多的事物则使我们迷惑，所以圣人执“一”来治理天下。

这个“一”也就是第14章“一者……迎而不见其首。执今之道，以御今之有，以知古始，是谓道纪”的“一”，也就是“古始”“道纪”，也就是一切事物的来处，一切事物的出发点（参“一”字条）。有始就有终，然而正如《诗经·大雅·荡》中说：

天生烝民，其命匪谌。靡不有初，鲜克有终。

——上天生下老百姓，命运不能始终如一。开始没有不好的，但是很少有好的结局。《周书·蔡仲之命》说：

慎厥初，惟厥终，终以不困。不惟厥终，终以穷困。

——慎重事物的开始，也慎重事物的结局，最终不会陷于困境。不慎重事物的结局，最终陷于困境。《老子》第64章也说：

民之从事也，恒于几成而败之。故慎终若始，则无败事矣。

——老百姓在做事的过程中，往往在接近了成功时失败。所以能够在最后像开始时那样谨慎小心，才不会有失败的事。

那么，如何做到慎终若始、善始善终？那就要遵循“道”，因为“道”是善始善终的。《老子》第40章说：

夫唯道，善始且善成。

——只有“道”，善于开始并且善于成就事物。圣人能够遵“道”而行，所以儒家的子夏也说：

有始有卒者，其唯圣人乎！（《论语·子张》）

——能够做到有始有终、善始善终的，大概只有圣人吧！

面对大千世界、纷纭万象，当我们感到迷乱、迷惑的时候，可以用“道纪”帮我们理一理；当我们面临功成垂败的挫折时，需要慎终若始，想一想我们是从哪里出发的，为什么出发，如此才能善始善终。

豫：快乐谨慎的大象

“豫”只出现在《老子》第 15 章中：

古之善为道者，微眇玄达，深不可识。夫唯不可识，故强为之容。曰：豫呵若冬涉水，犹呵其若畏四邻，俨呵其若客，涣呵其若凌释，沌呵其若朴，混呵其若浊，旷呵其若谷。

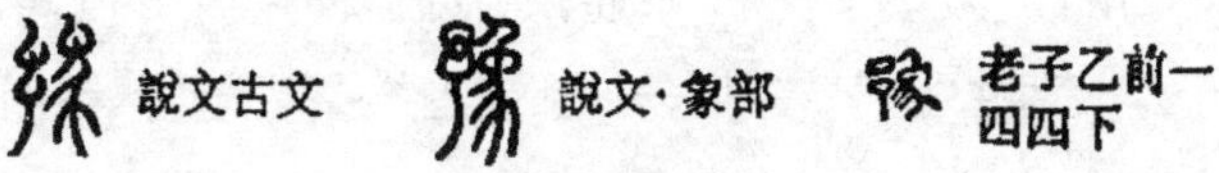

古文中的“豫”

“豫”，《说文》解释说“象之大者”，也就是大象。黄河流域是中华民族的发祥地，古时的温度、湿度、雨量远高于现在，相当于亚热带气候，是有大象生存的（参“为”字条）。河南省是黄河流域的中心，至今仍简称为“豫”，也可以证明

《说文》的解释不错。但《老子》第15章的“豫”该解作什么，却颇令人踌躇。

就解作“大象”？那么“豫呵若冬涉水”就是说，善于为道的人像大象一样在冬天涉水。似乎说不通。如上所说，大象是生活在亚热带气候条件下的，不会跑到有冬天的气候寒冷地带。

“豫”还有“安乐”的意思，如《尔雅·释诂》说“豫……乐也”。“豫”是“安乐”，那“弗豫”就是“不安乐”。人生病了，肯定不得安乐，所以《尚书·金縢》中说“既克商二年，王有疾，弗豫”。

把“豫”解为“安乐”，那么“豫呵若冬涉水”就是说，善于为道的人安乐地在冬天涉水。也是不好理解。如上所述，大象是生活在亚热带气候条件下的，是不会跑到有冬天的气候寒冷地带的。即使大象跑到寒冷的地带，在冬天冰冷的水中渡涉，会快乐吗？如果说亚热带地区冬天水也不是很冷，大象的确是快乐的，为什么又要强调是“冬涉水”呢？

直接解作“大象”“安乐”不通，那我们就再换个角度。《易经》中有一卦，就叫“豫”，并且全卦都是围绕“豫”这个字来讲的：

> ䷏豫：利建侯行师。
>
> 初六：鸣豫，凶。
>
> 六二：介于石，不终日，贞吉。
>
> 六三：盱豫，悔迟，有悔。
>
> 九四：由豫，大有得。勿疑，朋盍簪。
>
> 六五：贞疾，恒不死。

上六：冥豫，成有渝，无咎。

大意是说：

☷豫：利于封建诸侯，出兵作战。

初六：刻意标榜欢乐，凶。

六二：意志比石块坚硬，不终日沉溺于欢乐，占问吉。

六三：一大早就欢乐，（应该觉悔），觉悔晚了，有悔恨之事发生。

九四：依据欢乐的原则欢乐，有大的收获。朋友们聚会在一起，不用怀疑。

六五：贞问疾病，长久不死。

上六：夜间欢乐，成功转化为败亡，没有过错。

《豫》卦卦象坤下震上，其中的坤☷在很多文献中写作“巛”，帛书《易经》中作“川”。“巛”是水，“川”也是水。而“豫呵若冬涉水”的“水”在竹简本、王弼本《老子》中也作“川”。坤☷在季节上又象征冬天，所以《豫》卦中的坤水也应是冬天的水。震☳象征足，象征行动，如《周易·说卦》说“震，动也。……震为足”。

在《豫》卦卦象中，只有九四一个阳爻，是一卦的卦主，是动作行为的主体。震☳象征行动，坤☷象征冬天的水。九四阳爻经过初六、六二、六三所组成的坤☷象而上，这不正是《老子》所说的“豫兮若冬涉水”吗?

还有，《豫》上六爻辞说“冥豫，成有渝”，而“豫兮若冬涉水”在简本《老子》中是作“夜兮若冬涉水”的，“夜”“冥”的意思又是一样的，是不是也颇耐人寻味呢?

所以笔者认为，《老子》“豫兮若冬涉水”的话应该就是从《豫》卦而来的。因此，要理解“豫兮若冬涉水”这句话，得先理解《豫》卦。

《豫》卦的宗旨是论述安乐之道的，它告诉我们：适度的安乐是应该的，但不能一天到晚安乐，否则就像上六爻辞说“成有渝”，成功会转为失败，欢乐会转为悲伤。

《易经》中还有一卦叫“既济”，表达了和《豫》卦同样的思想。

䷾既济：亨，小利贞。初吉终乱。

初九：曳其轮，濡其尾，无咎。

六二：妇丧其茀，勿逐，七日得。

九三：高宗伐鬼方，三年克之。小人勿用。

六四：繻有衣袽，终日戒。

九五：东邻杀牛，不如西邻之禴祭，实受其福。

上六：濡其首，厉。

大意是说：

䷾既济：通顺，稍微利于占问。开始吉利，最终败乱。

初九：牵拉车的轮子，（狐狸）沾湿它的尾巴，没有灾害。

六二：妇人丢失了她的头饰，不用寻找，“七日”后失而复得。

九三：高宗讨伐鬼方，三年攻克了它。小人不可以任用。

六四：寒衣露出棉絮，终日戒备。

九五：东邻杀牛祭祀，不如西邻的薄祭，能够真正地受到上天、神灵的福佑。

上六：（狐狸）沾湿它的头部，危险。

“既济”的本义是“已经渡过了河”，比喻事业取得了成功。已经渡过了河，事业取得了成功，在我们一般人看来，这是应该高兴的事，按说卦中该充满大吉大利之辞吧？其实不然。相反，《既济》卦中多危厉、戒慎之辞，如卦辞说“初吉终乱”，六四说“终日戒”，上六说“厉”，为什么？其用意正如《象》说“君子以思患而豫防之”，是提醒人们在成功、喜悦的同时，要像大象一样保持一份小心谨慎，以防止事物很快向相反方向转化。这也就是《周易·系辞下》所说的：

> 危者，安其位者也；亡者，保其存者也；乱者，有其治者也。是故君子安而不忘危，存而不忘亡，治而不忘乱，是以身安而国家可保也。

——危难正是由于安于其位而放松警惕，灭亡正是由于保守现状而忘记忧惧，祸乱正是由于自认为正常而不知戒惕。所以君子安而思危，存而忧亡，治而虑乱，这样才能使自身安全国家保全。

这样来理解“豫兮若冬涉水”，也与《老子》第29章主旨是一致的：

> 物或行或随，或嘘或吹，或强或羸，或培或堕。是以圣人去甚，去泰，去奢。

——凡事有走在前面的，就有跟在后面的；有吸气的时候，就有呼气的时候；有强大的时候，就有衰弱的时候；有堆土搭台的时候，就有坍塌坠毁的时候。所以圣人去掉过分享乐，去掉安定，去掉奢侈。

看来，要真正读懂《老子》，还得读懂《易经》。《老子》不容易懂，而《易经》更难懂。唉，要真正地读懂经典，谈何容易！

犹：得道的狗狗

在“尤”字条中，我们提到“肬”“疣”“优”等字，这些字都带“尤”旁，其中的“尤”都是既表声音，又表示意义，有“不同”“奇异”“祸患”的意思。

“犹”字也带“尤”旁，是不是也有这样的意思？对不起，这个还真没有。“犹”的繁体字作“猶”，而以“猶”为“犹”也是汉字简化以后的结果，和“尤”一点儿关系也没有。

“猶”，《说文》解释说：“玃属，从犬，酋声。一曰陇

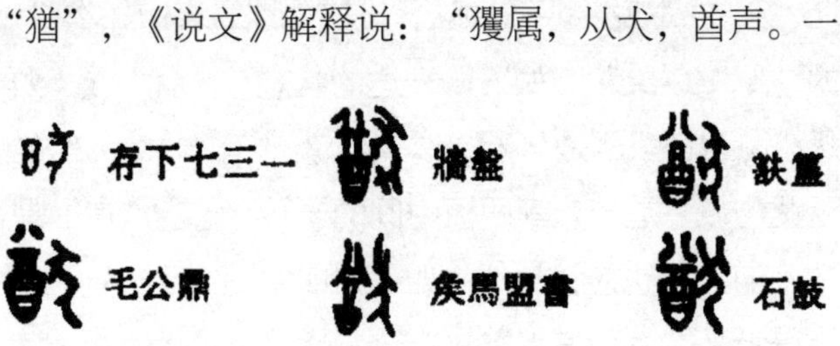

古文中的“犹”

西谓犬子为猷。”《尔雅·释兽》中说：“犹如麂，善登木。”

总之，“猶”带“犭”字旁，其义是应该和猴子、狗有关系的；至于“酋”，正如《说文》所说，那是纯粹的声符了，与字义没有关系。

猴子也罢，狗也罢，有什么特点呢？胆小，或者说机警。见了陌生人，一副怯生生、警惕的样子。拿根香肠在它眼前晃悠，它想吃，不住地往前凑凑；但又弄不清你的意图，又害怕地往后退缩。总是这样小心谨慎地、迟疑地、试探性地进一步、退两步，似进非进，似退非退，在进、退之间来回游移。

“犹”在《老子》中出现6次，都可以理解为名词状语，其义都由“犹”这种动物本身的特点而来，“像狗（猴子）似进非进，似退非退”的意思，颇具画面感，很生动，很形象！

第15章“古之善为道者……犹呵其若畏四邻”是说，古代那些善于为道的人，就像犹那样似进非进，似退非退，好像害怕邻居一样。“善为道者”为什么要这样呢？

因为“道”也是这样的。如第4章说“道盅而用之，又弗盈也。渊呵似万物之宗。……湛呵似或存。吾不知其谁之子也，象帝之先”，第40章说“明道如昧，进道如退，夷道如类……”，其中的“似”“象”“如”所表达的状态和“犹”是一样的。

既然说某种东西是“象”“似”，那就还有不象、不似的地方，是介于此与彼、是与非等两极中间的一种状态。“道”是这样，那么“为道者”也应该这样。唯其如此，才能与“道”相合，才能称得上是“善为道者”。

《庄子·山木》中记载：庄子行走于山中，看见一棵大树，枝叶长得十分茂盛，伐木的人停留在树旁，却不动手去砍伐。问他们是什么原因，伐木人说：“这棵树没有什么用处。”庄子因此感叹道：“这棵树就是因为不成材而能终享天年啊！”

庄子走出山来，留宿在朋友家中。朋友高兴，叫童仆杀鹅以款待庄子。童仆问主人：“有两只鹅，一只能叫，一只不能叫，请问该杀哪一只呢？”主人说：“杀那只不能叫的。”

第二天，弟子问庄子：“昨天遇见山中的大树，因为不成材而能终享天年；如今主人家的鹅，却因为不成材而被杀掉。先生，要是换作你，你将成材还是不成材呢？”

庄子笑道：“我将处于成材与不成材之间。处于成材与不成材之间，好像合乎大道却并非真正与大道相合，因此仍然不能免于拘束与劳累。至于能顺应自然而自由自在畅游的人就不是这样，他们既没有赞誉，也没有诋毁，时而像龙一样腾飞，时而像蛇一样蛰伏，随着时间的变化而变化，而不偏执于某一方面；时而进取时而退却，以顺应自然为法则，悠然自得地生活在万物的初始状态，役使万物而不被万物所役使。这样怎么会受到外物的拘束和劳累呢？”

庄子所说的“成材与不成材之间”，就是我们上面所说的那种似进非进、似退非退、在进退之间来回游移的状态，而这正是得“道”的表现。

涣：似水无处不在

“涣”也仅在《老子》第 15 章中出现过，也是形容“善为道者”状态的。

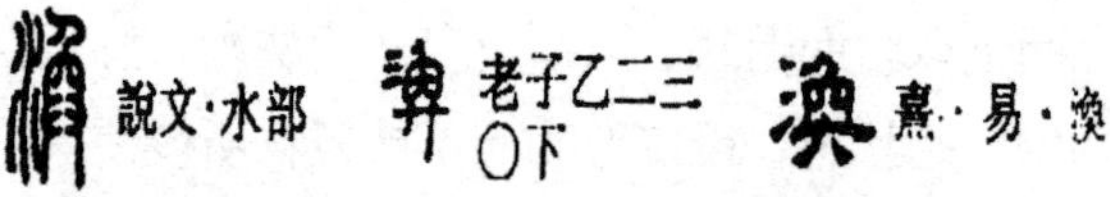

古文中的“涣”

“涣”是形容水盛大的样子。如《说文》说：“涣，流散也。”《玉篇·水部》说：“涣，水盛也。”《诗经·郑风·溱洧》中说：“溱与洧，方涣涣兮。”

第 15 章“涣呵其若凌释”中“凌”王弼本作“冰”，意思一样；“释”是融化的意思。“涣兮若冰之将释”就是说，洪水盛大就像冰凌融化一样。

冰凌融化为什么会形成洪水？因为冰凌融化之初，容易形成冰川，冰川阻滞河道，进而引起洪水泛滥。这种情形最容易发生在黄河上，直到今天也是如此，尤其是在内蒙古自治区河段最为严重。

黄河发源于青藏高源，流经青海、甘肃，在宁夏径直北上，在塞北蒙古高原上有一个大转弯，向东穿行在塞北大漠古长城边。正如唐代诗人岑参《白雪歌送武判官归京》诗云“北风卷地白草折，胡天八月即飞雪”，塞北的冬天，来得早去得晚。早春二月，虽然上游的冰已经解冻融化，而在纬度较高的塞北高原还冻得结结实实，上游的水在这里因此受阻，先是积蓄着、膨胀着，等到气温进一步升高，塞北高原的坚冰也一下子融化，因此就很容易形成水灾。所以，每年开春前后，新闻里常会出现塞北黄河凌汛的消息，凌情严重的时候，空军还会出动轰炸机炸冰以及时排除险情。

洪水盛大又是什么样子？《易经》中有一卦就叫“涣”，就是专门描写古代洪水泛滥景象的：

䷺涣：亨，王假有庙，利涉大川，利贞。

初六：用拯，马壮，吉。

九二：涣，奔其机，悔亡。

六三：涣，其躬无悔。

六四：涣，其群元吉。涣有丘，匪夷所思。

九五：涣汗，其大号。涣王居，无咎。

上九：涣，其血去逖出，无咎。

大意是说：

䷺涣：通顺，君王到庙中祭祀，利于克服困难，利于占问。

初六：用来拯救，马匹健壮，吉。

九二：洪水泛滥，奔上了台阶，悔恨消失。

六三：洪水泛滥，其自身没有悔恨。

六四：洪水泛滥，众人很安全、吉利。洪水泛滥，漫过了山丘，不是一般人、一般情况下能够想象的。

九五：洪水泛滥，发出呼啸的声响。洪水漫过了国王居住之地，但没有损失。

上九：洪水泛滥，如果能够小心谨慎地行动，没有灾害。

《涣》卦象坎下巽上䷺。其中的坎☵是由一个阳爻替换了坤☷中间的那个阴爻而成，坤☷是冬天的水，容易凝结成冰，而由坤☷到坎☵，正是象征冬天的水（冰）在阳气的作用下消融的意思；巽为风、坎为水（《周易·说卦》），坎下巽上的卦象正是风行水上、水借风势泛滥成灾的景象。

在“豫”字条中，我说“豫兮若冬涉水”一句有可能由《易经·豫》卦而来，而“涣呵其若凌释”一句则可能由《易经·涣》卦而来。

如上所述，“涣呵其若凌释”是形容“善为道者”的。那么形容什么呢？我能想到的是：一是形容为道者涣然若冰之释、茅塞顿开；二是如《老子》第34章说“道氾呵，其可左右也”，是形容“道”像洪水泛滥一样无处不在，为道者可以从任何事物中体悟到“道”（参“尘”字条）。

朴：我就是葫芦

“朴”在《老子》中出现了8次，也是《老子》中一个很重要的比喻。“朴”是什么？又比喻什么呢？

“朴”在《老子》中本是作“樸”的，而“朴”与“樸”在《说文》中是两个完全不同的字，以“樸”为“朴”也是汉字简化以后的结果。

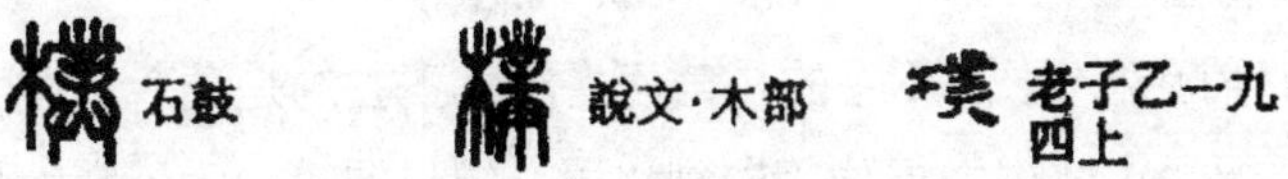

古文中的“朴”

“樸”，《说文》解释说“木素也”，段玉裁进一步解释说“素，犹质也。以木为质，未雕饰，如瓦器之坯然”。依此来解释《老子》中的“朴”，固然大部分可通，但用以解释第32章“朴虽小，而天下弗敢臣”中的“朴”，却是高山上擂鼓——

不通。原木怎么见得都是“小”呢?

闻一多先生从音韵的角度考证认为，“朴”与“匏”实乃一音之转，“朴”就是“匏”，也就是葫芦。还有，我们知道，朝鲜族人有很多“朴”姓的，不过这个“朴”不念 pǔ 而念瓢 piáo，为什么?正如《老子》第 28 章说“朴散则为器”，一只葫芦一剖两半，就成了两只瓢。“朴”念 piáo，似乎也说明了“朴”就是葫芦。以葫芦来解释《老子》中的“朴”，才能都解释得通。

葫芦多子，没有剖开之前又是浑圆完整的，因此常在包括《老子》在内的文献中喻指原始未分之前的混沌状态，如《老子》第 15 章“古之善为道者……沌呵其若朴”、第 19 章“见素抱朴”的“朴”就是此义。

混沌未分之前是“无”的、是“静”的，而“无”又包括“无名”“无欲”，因此“朴”也可以比喻“无名”“无欲”“静”等，如第 19 章说“见素抱朴，少私而寡欲”，第 37 章说“道恒无名。吾将镇之以无名之朴。镇之以无名之朴，夫将不欲。不欲以静，天下将自正”，第 57 章说“我欲不欲而民自朴”等。

俗话说，干涸不了的是黄河，沉不下去的是葫芦，按下葫芦浮起瓢。你用力把葫芦摁到水里，但只要一松手，它就马上又浮起来了。所以第 32 章说:

道恒无名。朴虽小，而天下弗敢臣。侯王若能守之，万物将自宾。

——“道”是长久的，它没有名。葫芦虽然小，没有人能使它臣服。侯王如果能守住它，天下万物自然而然臣服。

其实，这就是告诉侯王们，如果能够以“道”治天下，那么万物都将臣服。

葫芦比喻原始未分的混沌状态，那么第28章“朴散则为器”就是以葫芦一切两半成了两只瓢比喻原始未分的混沌分化出阴、阳二气，而两只瓢重新合在一起就是象征阴、阳二气“中气以为和”（第41章）、“复归于朴”（第28章）。古代婚礼中“合卺”的仪式就是这种象征意义的具体反映。

古代婚礼中，其他程序走完以后，新郎新娘携手进入洞房，二人“共牢而食，合卺而酳”（《礼记·昏义》）。其中所说的“卺”就是瓢，并且就是由一只葫芦分成的两只瓢，如《广韵·隐韵》说“卺，以瓢为酒器，婚礼用之也”，《礼记集说》说“以一匏分为两瓢谓之卺”。

以阴、阳分属男、女，则女为阴、男为阳，男、女是混沌分化以后产生的阴、阳，是“朴散”以后形成的两只瓢，“合卺”就是两只瓢重新合在一起，象征阴阳合体、男女合体、“复归于朴”。

古代壶、瓠（葫芦）音同形似，如高鸿缙《中国字例》说“古代之壶则极类葫芦”。所以，二者在文献中通用，如《诗经·豳风·七月》“七月食瓜，八月断壶”，《世说新语·简傲》“（刘道真）初无他言，唯问东吴有长柄壶芦，卿得种来不？”

壶、瓠（葫芦）既然相通，葫芦比喻未分之前的混沌状态，那么壶同样也可以。《后汉书·方术列传》《云笈七签·太上黄庭外景记》《神仙传》等都大同小异地记述了一位“壶公”

的故事。如《云笈七签·太上黄庭外景记》载：

（施存，）鲁人，学大丹之道。……常悬一壶如五升器大，变化为天地，中有日月如世间。夜宿其内，自号“壶天”，人谓曰“壶公”。

又《后汉书·方术列传》载：

市中有老翁卖药，悬一壶于肆头，及时罢，辄跳入壶中。市人莫之见，惟长房于楼上睹之，异焉，因往再拜……长房旦日复诣翁，翁乃与俱入壶中。惟见玉堂严丽，旨酒甘肴盈衍其中，共饮毕而出。……长房遂欲求道，随从入山中……遂能医疗众病。

费长房与葫芦仙。采自明刻《列仙全传》

施存夜宿葫芦之内，卖药老翁、费长房跳入壶中，后世八仙中的吕洞宾、铁拐李、张果老都随身携带一个葫芦，中医也把行医称为“悬壶”，都是《老子》“复归于朴”的神话表述，都是取“提携天地，把握阴阳”（《素问·上古天真论》）、使人体保持阴阳均衡乃至回复到初始状态的意义。

那么，又如何把握壶中阴阳变化，回复到阴阳未分的混沌状态呢？《庄子》一书“寓言十九”，其《应帝王》篇通过一个名叫“壶子”人物的寓言，具体描述了人对壶中阴阳变化的把握。

说是有个叫季咸的，给人算命很准、很神。列子见了佩服得五体投地，回去对老师壶子说：“原来我以为先生您的道行已经很高深了，没想到我今天见到比您更高深的。”

听了列子的话，壶子说：“我教给你的还只是‘道’的皮毛，还没有教给你‘道’的实质。你用所学的‘道’的皮毛去跟人家炫耀，一心求取别人的信任，因而让人一下就看到你的底细。这样吧，你带他来，让他给我看看相。”

第一次，壶子先给季咸显示了“地文，萌乎不震”的状态，也就是一派阴气的状态。因为阳主生、阴主杀，所以季咸见到壶子一派阴气，就对列子说：“哎呀！你的老师快要死了，过不了十天了！”听了这话，列子非常悲伤，哭得泪湿衣襟，然后把季咸的话告诉了老师。但壶子并不在意，说：“你再带他来给我看一看。”

第二次，壶子给季咸显示的是“天壤”的状态，也就是阳气萌动的状态。阳气萌动意味着生命出现了转机，见此季咸对列子说：“万幸呀！你老师多亏遇上了我，生命出现转机了。”列子把季咸的话告诉了老师。壶子说：“你再带他来给我看一看。”

第三次，壶子给季咸显示的是“太冲莫胜”的状态，也就是阴、阳二气相互作用、往来不定的状态。对于这种状态，季咸有些吃不透了，于是对列子说：“你老师神色变化不定，我没法给他看相。试着先让他稳定下来，我再来给他看相。”

第四次，壶子给季咸显示的是“未始出吾宗”的状态，也就是与自然浑然一体的状态，也就是“朴”的状态。见此，季咸知道遇到真正的高人了，立足未稳就惊惶失措地逃跑了。

正如《老子》第28章说“朴散则为器……夫大制无割”，又如《礼记·学记》说“大德不官，大道不器”，葫芦割开就成了瓢，就成了一种器具；而只有保持“朴”的状态，做个闷葫芦，才能与“道”相合。

婴儿：心里有个我

“婴儿”在《老子》中出现了3次，即第10章：

抟气致柔，能婴儿乎！

——使气专一达到柔和的状态，就能够像婴儿一样！第20章：

我泊焉未兆，若婴儿未咳。

——我淡泊恬静，无动于衷，好像刚生下的婴儿不知道高兴。第28章：

恒德不离，复归于婴儿。

——常德不离开，回复到婴儿的状态。

“婴”上面是两个“贝”、下面一个“女”。《说文》解释说“婴，颈饰也”，就是挂在小孩脖子上的装饰品，后来又用来泛指小孩。

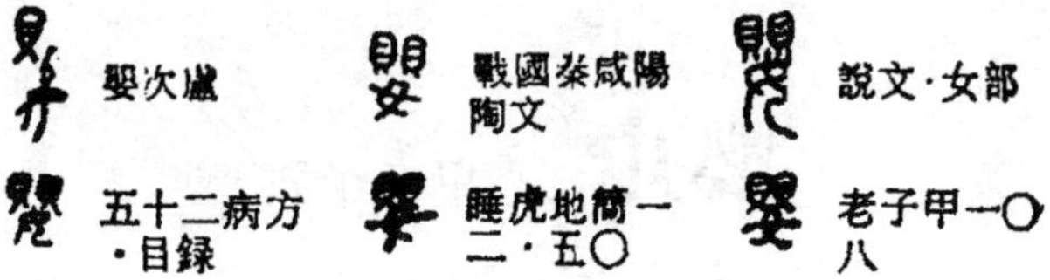

古文中的“婴”

初生的婴儿，皮肤稚嫩，毛细血管清清楚楚，看上去红朴朴的，所以又被称为“赤子”。如第 55 章说：

> 含德之厚者，比于赤子。蜂虿虺蛇弗螫，攫鸟猛兽弗搏，骨弱筋柔而握固。未知牝牡之会而朘怒，精之至也。终日号而不嗄，和之至也。

——有深厚道德的人，就像刚生下的婴儿一样。蜂、蝎、蛇等毒虫不会螫他，凶猛的飞禽走兽不会搏击他。虽然筋骨柔弱但拳头握得很牢固，不知道男女交媾的事但“小鸡鸡”常常勃起，这都是因为精气充足的缘故。一天到晚扯着嗓子号哭但不会倒气，这是因为阴阳之气非常和谐的缘故。另外，第 50 章还说：

> 盖闻善摄生者，陵行不遇兕虎，入军不被甲兵，兕无所揣其角，虎无所措其爪，兵无所容其刃。夫何故也？以其无死地焉。

——曾听说善于养生的人，在山地上行走不会遇到犀牛和老虎，在战争中不会受到兵器的创伤，犀牛在他身上没有地方用角，老虎在他身上没有地方放置爪子，兵器在他身上没有地方容纳利刃。这是什么缘故呢？因为对他来说不存在死亡的区域。

“朘怒”图

第50章中虽然没有提到婴儿、赤子，但如果我们将其中所说的“陵行不遇兕虎，入军不被甲兵，兕无所揣其角，虎无所措其爪，兵无所容其刃”，与第55章所说的“蜂虿虺蛇弗螫，攫鸟猛兽弗搏”相比较，可以发现二者说的是一回事儿，也应是指婴儿、赤子而言。

由上引《老子》有关婴儿、赤子的内容可以得出，婴儿、赤子是喻指宇宙万物的本源状态及“道”“德”的。比喻之所以会发生，是因为喻体与喻指之间有相同之处。《老子》之所以用婴儿、赤子喻指宇宙万物的本源状态及“道”“德”，是有原因的：

第一，受原始的灵魂不死观念影响。先民们认为灵魂不死，尤其是婴儿，由于先天灵气未散，虽死却是新生的开始。新石器时代的瓮棺葬、曲肢葬的丧葬方式，就是这种观念的典型反映。

“瓮棺葬”多用来埋葬未成年人，以大型陶器为葬具，在陶器的上部留一小孔以供灵魂出入；“曲肢葬”就是在人死后，将人的四肢弯曲以下葬。瓮棺象征母亲的子宫，曲肢则是模拟婴儿在子宫里的姿势，二者的用意异曲同工。这种原始观念影响深远，自然也会影响到《老子》，因之用婴儿喻指生死循环的圆环之“道”。

第二，出于对婴儿生命力的崇拜。先民们认为，精气尚未走泄、阴阳之气相合的儿童具有相当的神秘性，具有一种非凡的生命力，其中一些儿童还蕴藏着相当大的魔力，能够避开毒虫、猛兽、攫鸟而不为其所害。

例如《史记·周本纪》中描述，周人的开国祖先后稷，刚诞生的时候，被三次抛弃而又被三次收养。先是被丢弃在隘巷里，但牛、羊等动物不仅不践踏他，反而来哺乳他；又被丢弃到树林中，而恰好被伐工人发现；又被丢弃于寒冰上，而鸟类以羽翼来遮覆温暖他。

第三，出于对婴儿身体柔弱、小拳头经常握得紧紧的、小鸡鸡经常勃起、懵懂无知、无忧无虑等生理、心理特点的观察。

先民对婴儿的崇拜无疑有夸大、神秘、迷信之处，《老子》在以婴儿为喻时也不能不受其影响。像后稷那样的例子即使是事实，也只能是一个幸运的特例，而不能视为必然。

《庄子·达生》中就记载，鲁国一个叫单豹的人，与世隔绝，住在深山里，从不和人争名夺利，活到七十岁还有婴儿般的容貌。这应该就是《老子》所说的“复归于婴儿”了，按说应该“陵行不遇兕虎……虎无所措其爪”了吧？但不幸的是，一天单豹老先生出门，被一头饥饿的老虎给吃掉了。

置之隘巷，牛羊腓字之。采自山西新绛稷益庙明代壁画

其实，《老子》中只是以“陵行不遇兕虎，入军不被甲兵，兕无所投其角，虎无所措其爪，兵无所容其刃”的特例提示我们，不要过于“生生”“益生”（参“死地”字条）。所以，我们也不能把《老子》所说的“复归于婴儿”理解为重新回到娘胎中。否则的话，那真如婴儿一样幼稚了。正如马克思《〈政治经济学批判〉导言》中所说：

> 一个成人不能再变成儿童，否则就变得稚气了。但是，儿童的天真不使他感到愉快吗？他自己不该努力在一个更高的阶梯上把自己的真实再现出来吗？在每一个时代，它的固有的性格不是在儿童的天性中纯真地复活着吗？为什么历史上的人类童年时代，在它发展得最完美的地方，不该作为永不复返的阶段而显示出永久的魅力呢？

婴儿最令人羡慕之处，在于他（她）们处于一种混沌懵懂、天真无邪的状态，没有成人那样的功名利禄、用智斗巧之心，无忧无愁，快快乐乐。正如《素问·上古天真论》中说：

内无思想之患，以恬愉为务，以自得为功，形体不蔽，精神不散，亦可以百岁。

欢乐而愉快的情绪、乐观的精神状态，能使人的大脑及神经系统处于良好的活动状态，保持人体各脏腑功能的正常，是健康养生的一条重要原则，是达到健康长寿的一个秘诀。

著名学者和社会活动家周谷城先生92岁高龄时，仍然身体健康、精力充沛，可以连续工作三四个小时而不觉疲劳，这与他的处世哲学和养身之道有很大关系。他自己曾说：

我和你都要像小孩子。做小孩子要有一个条件，就是彼此的界限不要太严格。你和我分得太清楚就不好做小孩子了。如果你想尽办法对付我，我挖空心思对付你，那是最不理想的。相反，我和你之间界限不要分得那么严格，你我互不戒备、互不设防，彼此就成了小孩子。我希望大人经常像小孩子那样，大家都不失赤子之心，那将多么快乐啊。

所以，自古以来不乏为孩子唱赞歌的人，如印度大诗人泰戈尔《新月集·孩子天使》中写道：

他们喧哗争斗，他们怀疑失望，他们辩论而没有结论。

我的孩子，让你的生命到他们中去，如一线镇定而纯洁之光，使他们愉悦而沉默。

他们的贪心和妒忌是残忍的；他们的话好像暗藏的刀，

渴欲饮血。

> 去，去站在他们愤懑的心中，把你和善的眼光落在他们上面，好像那傍晚的宽洪大量的和平，覆盖着日间的骚扰一样。
>
> 我的孩子，让他们望着你的脸，因此能够知道事物的一切意义；让他们爱你，因此他们能够相爱。

但在现实生活中，还有一类惹人生厌的“老小孩”。宋代医家陈直《养老奉亲书》中对这类“老小孩”常见的孤独失落、任性偏执、喜怒无端等心理特征描述道：

> 眉寿之人，形气虽衰，心亦自壮。但不能随时人事遂其所欲，虽居温给，亦常不足，故多咨煎背执，等闲喜怒，性气不定，止如小儿。

——老年人虽然身体气血衰退，但心气仍然不减。这也看不惯，那也不顺眼，总觉得什么事也不顺心。虽然生活上不愁吃穿，但老是觉得不满足。表现在性格上，往往喜欢钻牛角尖，高兴了就笑，不高兴就发怒，就像小孩儿。——这样的小孩就令人生厌了。

孔子说：“君子有三戒：少之时，血气未定，戒之在色；及其壮也，血气方刚，戒之在斗；及其老也，血气既衰，戒之在得。”（《论语·季氏》）老年人之所以有如此这般的性情，归根结底还是没有过“戒得”这一关。所以元代医家王珪说，老年人的养生之道，也并没有特别奇异的地方，关键在于思想上要想得开，不要刻意地追求名利。

嗯，说得够多了。不过，最后再让我们听听德国哲学家叔本华《通往解救之路》中的忠告吧：

> 随着自然规律的发展，一个人到了老年，身体的衰败与意欲的衰败是同步的。追求快感的欲望轻易地随着享受快感的能力的消失而消失。最激烈意欲活动的理由、意欲的焦点（亦即性欲）首先逐渐消失。这样人就好像回复到那在生殖系统还没有发育之前的无邪状态。……如果事情并不是这样发展，如果在享受快感的能力消失以后，贪欲仍苟延残喘，如果我们现在为那些个别错过了的快感享受而痛感懊悔，而不是看穿所谓快乐的空洞和虚无的本质；如果这时候，那些我们已经无福消受的东西让位给金钱这一所有快乐之物的抽象代表，并且从此以后，这一抽象代表就跟过去那些能带来真正快感享受之物一样，一如既往地刺激起我们的情欲；也就是说，在感官意识衰弱了以后，对一样没有生命的，但却不可毁灭的东西，我们又有了同样不可毁灭的贪欲；或者在这时候，如果那只是在别人心目中的存在取代了在现实世界中的存在和活动，并点燃起了同等的激情——那么，意欲就已升华和精神化为吝啬和沽名钓誉。这样的话，意欲就退守在这最后的堡垒以负隅顽抗，直至与死神同归于尽，生存的目的也就没有得到实现。

自然：本来的样子

“自然”的“然”就是“……的样子”的意思，不用多讲。

“自”在甲骨文、金文中都像鼻子的模样，甲骨卜辞“疾自”就是鼻子生了病的意思。可见“自”就是“鼻”的本字，因此《说文》说：“自，鼻也。象鼻形。”

古文中的“自”

“自”还有“开始”“开端”的意思，如《说文·王部》说：

“皇，大也。从自、王。自，始也。”《说文通训定声·履部》说：“自之通训当为始。”所以为避免引起歧义，后来又在“自”的基础上加了声符“畀”，另造了“鼻”字，用来专门表示“鼻子”，如《正字通·鼻部》说：“鼻，《说文》本作自，象鼻形。小篆因借所专，谐畀声作鼻。”这个“鼻子”指人的呼吸、嗅觉器官，其中的“子”是一个词缀，没有实际意义，读作轻声“zi”。

“鼻”虽然多表示鼻子，但也遗传了“自”的“开始”之义，如《方言》卷一三中说：“鼻，始也。兽之初生谓鼻，人之初生谓之首。梁、益之间谓鼻为初，或谓之祖。”所以有“鼻祖”一词，意指最早的祖宗；所以有“鼻子”一词，意指最早生的儿子。当然，这个“鼻子”的“子”就得读为“zǐ”了。

“自”的本义是“鼻子（zi）”，那么是人的鼻子还是动物的鼻子？又怎么会有“开始”“开端”的意思呢？

按上引《方言》的说法，“自”好像是指动物的鼻子。依此类推，莫非动物在胚胎阶段先发育的是鼻子，因此才有“兽之初生谓鼻”的说法，因此“自”才有“开始”“开端”的意思？当然了，这只是我的猜测。

吴东平先生《汉字的故事》说：“古人讲话为了突出自己时爱指着自己的鼻子。在他们看来，鼻子是人最重要的器官，只有它才可以代替自己。这种习惯也反映了古人以自我为中心的理念。这种理念说具体些就是一切从自己做起，一切从自己开始。因此，‘自’才引申出‘始’‘开始’的意思。”当然，吴先生所说也只是一个仅供参考的看法。

但无论如何，“自”有“开始”“开端”的意思，这是没问题的。任何事物在开始的阶段，没有其他人为因素的沾染，都是其本来的样子。所以，“自”又可以引申出“本来”的意思。如此，“自”“然”合起来，意思就是“本来的样子”。

很多人认为《老子》中的“自然”都是“本来的样子”的意思，并且只能是这个意思。如车载《论老子》中说：“《老子》书提出‘自然’一词，在各方面加以运用，从来没有把它看作是客观存在的自然界，而是运用自然一语，说明莫知其然而然的不加人为任其自然的状态。”张松辉《老子译注与解析》中也说：“本书的‘自然’全作‘本身的样子’讲，与今天‘自然界’的意思不同。”

但笔者认为，《老子》中“自然”可以理解为“本来的样子”，但不是非得理解为“本来的样子”，也可以理解为“自然界”意义上的“自然”。

如第17章说“成功遂事，而百姓谓我自然”，事情办成功了，而百姓们却说“我们本来就是这样的”。这不就是《古诗源·击壤歌》所说的“日出而作，日入而息，凿井而饮，耕田而食，帝力于我何有哉”的“自然”吗？

又如第24章说“希言自然。飘风不终朝，暴雨不终日。孰为此？天地而弗能久，又况于人乎”，其中“飘风”“暴雨”“天地”都是自然界中事物，因此“希言自然”的“自然”也应该是“自然界”意义上的“自然”。

又如第64章说“为之者败之，执之者失之……能辅万物之自然而弗敢为”，其中“为之者败之，执之者失之”说的是人为，则“能辅万物之自然而弗敢为”的“自然”也正是没有人为的自然。

自然界与社会是相对的。事实上，正是由于人类社会的一步步的侵袭，原本“自然”的自然界才变得不“自然”了；如果没有人类社会人为的干预，自然界中的事物本来也可以按其本来的样子存在的。

正如《老子》第25章说“人法地，地法天，天法道，道法自然”，能够回归自然，减少人为的活动，活出本来的自己，也意味着你得“道”了。

大制：自然的制作

三年前，我参与《续修四库全书·子部·医家类》提要的撰写工作。因为成稿要求交繁体字版的，所以用电脑上的简转繁工具一转，“制”就转成了“製”。

但稿子交上去后，审稿人批注的意见中说，“炮制”“制药”的“制”可以用“製”，而“制度”“形制”的“制”还得用“制”。理由嘛，“制”“製”的意思有区别。

虽然最终稿子按审稿人的意见改了，分别了“制”“製”二字，但我心里一直犯嘀咕：“制”不就是“製”的简化字吗？两字有什么区别吗？

“制”“製”，甲骨文中不见，在《说文》中两字俱见，看来还真是两个不同的字。

诅楚文中的“制”和“利”字很相似。到了小篆中，左边的“禾”字旁变成了“未”。

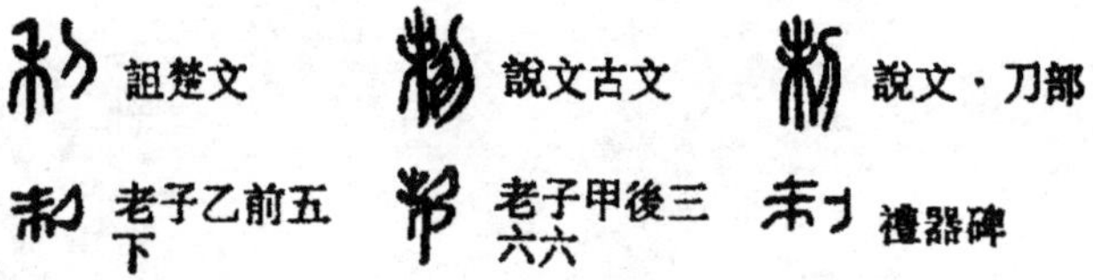

古文中的“制”

“未”在地支中代表阴历六月，是农作物成熟的季节，所以《说文》中解释说：“制，裁也。从刀，从未。未，物成，有滋味，可裁断。”这样的话，“制”“利”不仅字形相似，而且意思也差不多。

不过，从地支的角度解释字义，总有些牵强附会的成分。大概许慎自己对上面的解释也是不太自信，所以又说：“制……一曰止也。𠛐，古文制如此。”

朱骏声《说文通训定声》中据《说文》中“制”的古文解释说：“以刀断木，从未犹从木也……古文从彡，象斫木纹。”这个解释倒是蛮符合“制”的古文字形之义：“未”是树木，“刂”是刀，“彡”像刀砍出的片片木片。砍削树木目的在于制作器具，所以由“制”引申出“制作”之义。

《老子》中“制”出现2次。第32章“始制有名，夫亦将知止，知止所以不殆”的“制”就是“制作”的意思，不用多说。第28章说“夫大制无割”，大的制作是没有制作。这又该如何理解呢？

“大制不割”在句型上和第40章所说的“大白如辱”“大方无隅，大器晚成，大音希声，大象无形”等一样，其中“大白”“大方”“大器”“大音”“大象”都是指“道”而言，“大制”

同样也应如此，也是原始未分的自然状态及“道”的一种比喻。

《庄子·达生》载，“梓庆”也就是一个叫“庆”的木匠，制作了一个悬挂乐器的架子，见过的人都惊叹说仿佛是鬼神的创造。鲁国国君见到梓庆就问他：“你是使用什么道术做成的呢？”梓庆说：“我就是个工匠，哪有什么道术啊！不过倒是有一个缘故：我准备制造这个架子的时候，从不敢白白地消耗神气，一定要进行斋戒以安静心灵。斋戒三天以后，就没有了希望以后得到封赏的念头；斋戒五天以后，没有了他人批评或赞誉自己作品精巧或笨拙的念头；斋戒七天之后，就忘记自己有四肢身体了。到这个时候，我就不受外界的一点儿影响，而可以专心于制作了。然后深入山林之中，观察木材的天然形状和纹理，看到形状合适的，仿佛一个现成的乐器架子在眼前，稍微一加工就成了，这就是用天然的自我结合了天然的木材。这个架子之所以被怀疑为鬼神的创作，大概就是这个缘故吧！”这个故事所说的就是“大制不割”。

“夫大制不割”一句，陈鼓应先生《老子今注今译》中译为“所以完善的政治是不割裂的”，张其成先生《大道之门》中译为“所以完善的制度是不割裂的”，这是将“制”解释为“政治”“制度”，“制”虽然后来有这个意思，但离原始未分混沌状态的喻义远了些。

“製”是在“制”下面加了一个“衣”字，《说文》解释说“裁也。从衣从制”，也就是裁剪、制作衣服。

孟郊《游子吟》诗云：“慈母手中线，游子身上衣。”我们穿的衣服都是经过人工裁剪、制作的，因而也是有缝隙的。

制衣图。采自《豳风广义》

而成语却说“天衣无缝”，又是为什么？贺知章《咏柳》诗云：“碧玉妆成一树高，万条垂下绿丝绦。不知细叶谁裁出，二月春风似剪刀。”天衣不是人工裁剪出来的，而是完全出于天道自然之功，所以是无缝的。

“道法自然”（第25章），而“大制”比喻原始未分的混沌状态及“道”，“大制”就是自然、就是“道”。从这个角度来说，把“夫大制无割”的“制”理解作“製”也讲得通。

下流：向低处流的水

几个同事出差路上，因为“无聊”——实在没什么可聊的了，就讲开了荤段子，越讲越来劲。正在兴头上，一位女同事突然严肃地质问：“你们都是领导、教授了，应该讲这些东西吗？”男同事们一时愕然无语。

“下流！”“流氓！”这位女同事当时心里肯定憋了这么两个词。这种情况下如果用上这样的词儿，那就是表达卑鄙、龌龊的意思。

“下流”怎么会有卑鄙、龌龊的意思？仔细地考察一下这个词，再揣摩一下《老子》第61章，还真是渊源有自。

“流”字原来左、右两边都是“水”字，后来只剩下左边的“水”字，右边是一个“㐬”。那么，这个“㐬”又是什么意思呢？

“毓”字中有这个偏旁，而“毓”和“育”又是异体字的关系。所以我们先看看“毓”“育”的意思。“毓”“育”的意思弄

古文中的“流”

明白了，“流”的意思也就明白了。

“育”，罗振玉《增订殷虚书契考释》中引用王国维的解释说：“此字变体甚多，从女从♁（倒‘子’形）；或从母从♁，象产子之形……从人与从母、从女之意同，以字形言此字，即《说文》‘育’字之或体‘毓’字……故产子为此字之本谊（义）。”

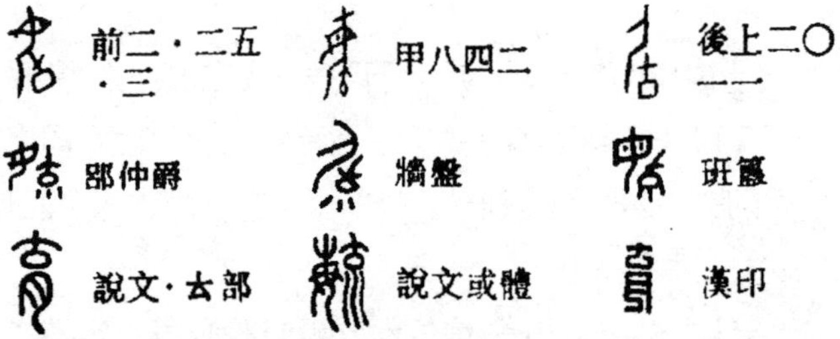

古文中的“育”

王国维的解释是符合“育”字字形之义的：左上边一个（女）“人”或者一个“母”，右边或者右下是一个“♁”或者“♁”下加三点水，“♁”就是一个倒“子”的形状、下面的三点水表示产子时血水淋漓、下流的样子。

至此，我们再看中山王墓宫堂图中的“流”字，那就更形象了。上面的“凵”表示肚子，“凵”里面也是一个倒“子”下面加三点水，“凵”下面是一个本义为女阴的“也”字，会合其义，也是女人生孩子的意思。

孩子虽然最终是由女人生下来，但如果没有男人，女人根本不可能有孩子可生。女人要有孩子可生，先得有男女交媾之事；并且孩子只有向下流，才能够生出来。每个人都是下流出来的，但这能说是“卑鄙”“龌龊”吗？显然不能。

“下流”仅在《老子》第61章中出现过，原文是这么说的：

大邦者，下流也，天下之牝。天下之交也，牝恒以静胜牡。为其静也，故宜为下。大邦以下小邦，则取小邦；小邦以下大邦，则取于大邦。故或下以取，或下而取。故大邦者不过欲兼畜人，小邦者不过欲入事人。夫皆得其欲，大者宜为下。

——大国处于江河的下流，是天下雌性生殖器所在的位置。天下之间国家与国家相交，雌性常因为柔静而胜过雄性。因为雌性是柔静的，因此应该处在下位。大国处在小国的下面，就能吞并小国；小国使大国处在下面，就被大国吞并。因此，大

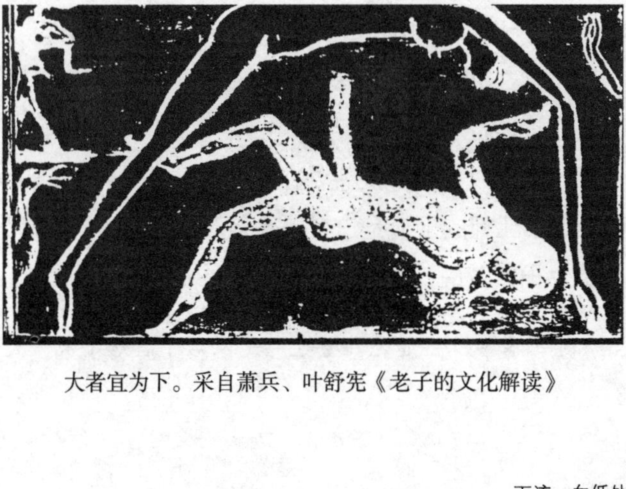

大者宜为下。采自萧兵、叶舒宪《老子的文化解读》

国或是主动处在下位而吞并他国，或是被动处在下位而吞并他国。因此，大国不过是要兼并他国，小国不过是想要被兼并而侍奉大国。都满足了各自的欲望，大国应该处在下面。

其中“下流”与“牝”互喻，虽然表面上是指江河的下游，但实质上也比喻女性生殖器；“交”也是一语双关，既可以理解为男女性交，又可理解为国与国之间的外交。全章则完全是以男女之间的性交比喻大国与小国之间应有的关系。

乍一看，《老子》第 61 章所说，还真有点我们通常所认为的那种“下流”味儿。然而在《老子》看来，“下流”不仅不下流，反而是得“道”的表现。第 8 章说：

> 上善若水。水善利万物而有静，居众人之所恶，故几于道矣。

——真正的公平如同水一样。水善于给万物带来利益而悄无声息，处在众人厌恶的地方，因此接近于“道”了。

什么是众人厌恶的地方？那就是河的下游、下流。正如《尔雅·释水》中说：“河出昆仑虚，色白。所渠并千七百，一川皆黄。”黄河在发源处本是干净清澈的，但随着水往下流，支流不断汇入，泥沙俱下，生活垃圾、工业废水等排放到里面，汇集于下流，所以人们才厌恶处在水的下游。

自然界中江河的下流是这样，社会人事中的下流也是如此。孔子的学生子贡曾说：

> 纣之不善，不如是之甚也。是以君子恶居下流，天下之

恶皆归焉。(《论语·子张》)

商纣王是不好，这我们都知道，但并没有传说中的那么不好，如《史记·殷本纪》中就说："帝纣资辨捷疾，闻见甚敏；材力过人，手格猛兽。"但正如俗话说，墙倒众人推，破鼓众人捶。商纣王之所以臭名远扬，那是因为他已经处于下流了，所以人们把所有的罪恶也都一股脑儿地都推到他身上了。也正因此，作为儒家子弟的子贡得出了"君子恶居下流"的经验教训。

但道家的老子恰恰相反，他认为只有甘居下流，才能接近于"道"。不仅如此，《老子》第66章还说：

> 江海之所以能为百谷王者，以其善下之，是以能为百谷王。是以圣人之欲上民也，必以其言下之；其欲先民也，必以其身后之。故居前而民弗害也，居上而民弗重也，天下乐推而弗厌也。非以其无争与？故天下莫能与争。

——江海之所以能够成为百谷之王，因为善于处于百谷之下，所以才能成为百谷之王。所以圣人要想处在百姓之上，一定要在说话态度上谦下；要想处在百姓之前，一定要身居其后。这样处在前面而老百姓也不感觉到危害，处在上位而老百姓也不感到有负担，天下的人乐于拥戴而不感到厌恶。这不正是因为他不争吗？所以天下没有人能和他争。第80章也说：

> 天下莫柔弱于水，而攻坚强者莫之能胜也，以其无以易之也。柔之胜刚，弱之胜强，天下莫弗知也，而莫能行也。

故圣人之言云曰：受邦之垢，是谓社稷之主；受邦之不祥，是为天下之王。

——天下没有什么东西比水更柔弱，但是攻击坚强的东西没有什么能超过水，而且也没有什么东西可以代替它。柔能够胜过刚，弱能胜过强。（这个道理）天下人没有不知道的，但没有人能够去做。所以圣人的话说：承受国家的屈辱，才称得上是国家的君主；承受国家的灾难，才能成为天下之王。

同样是“下流”，从文字到文化有不同的含义，不同的人也有不同的价值取向。作为儒家的子贡和世俗文化赋予了其贬义，而道家的《老子》中则赋予了其褒义。

俗话说，人往高处走，水往低处流。但正如《老子》第66章所说，你只有先居下流，然后才能居上位。如果你只是削尖了脑袋、一门心思地想着往上爬、居上位，却不想承担一点儿责任、受丁点儿屈辱，那才是真正的卑鄙龌龊、真正的下流。

道运篇

——道是如何运行的

作为宇宙万物遵循的“道”其实就是阴、阳往复循环之“道”。表面上看，《老子》中阴、阳二字仅各出现了1次，但《老子》中处处以阴、阳说事儿，这反映在“恒”“明”“玄”“门”“明”等字的使用中。明白这一点，是读懂《老子》的另一把钥匙。

恒：月亮代表我的心

“恒”在《老子》中出现了30次，是长久的意思，在“道”字条中已经讲过。但是，这是一种什么意义上的长久呢？

甲骨文中，“恒”上下各一道横画，分别代表天、地，中间是一个“月”，合起来就是月亮在天、地之间的意思。金文中，左边又加上了一个“心”字，《说文》小篆中“月”字讹变为“舟”。《说文》中还著录了一个“恒”的古字，是两条横画

古文中的“恒”

中间加一个“外”样的字，应该也是由甲骨文“恒”讹变而来。

这样的话，现在的“恒”最早也就是“亘”字，而“亘”在古文中原作“亙”，“亙”取象于月，“亙”中的两条横画表示天、地，“亙”就是指月在天地之间的运行。《诗经·小雅·天保》说“如月之恒，如日之升”，在古人的世界观中，日、月总是伴生的，《周易·系辞》说“日往则月来，月往则日来，日月相推而明生焉”，从阴、阳属性上来说，日为阳，月为阴。正如日、月的运行和阴、阳的运行是一样一样的，本身也形成了一个圆环之“道”，所以《老子》第1章说“道可道也，非恒道也”，称他的“道”为“恒道”，也就不足为奇了。

在由阴向阳的转化和由阳向阳转化的两个不同方向的运作之间，《老子》明显是倾向于后者的（参“门”“载”“明”“母”字条），也即倾向于由太阳向月亮的转化，同时“道”被认为是有心的（参“慈”字条），所以《老子》的“道”之“恒”用一句歌词说，就是“月亮代表我的心”。

“道”在往复循环的运动中化生万物，而万物也都遵循这个规律向各自的对立面转化，所以第2章又说：

> 天下皆知美之为美，恶已；皆知善，斯不善已。有无之相生也，难易之相成也，长短之相形也，高下之相盈也，音声之相和也，先后之相随也，恒也。

——天下的人都知道美之所以为美，这就产生了恶；都知道追求善，这是因为有了不善。有、无的相互生成，难、易的相互完成，长、短的相互形成，高、下的相互包容，音、声的相互调和，前、后的相互随从，这是永恒的。

应该指出的是，帛书本《老子》中的“恒”字，在河上公本、傅奕本、王弼本等版本中都是写作“常”的。把“恒”字写作“常”，这是为了避汉文帝刘恒的名讳。

避讳是一种古老的文化现象。究其根源，可以追溯到人类社会早期。由于受认识水平所限，先民们不能理解刮风下雨、电闪雷鸣、生老病死等自然现象，以为所有这些现象的背后都有神秘力量在支配，由此产生了万物有灵的思想，进而产生了祈福、诅咒等原始巫术活动。这种巫术认为，只要表面相似或有所关联的事物，相互之间就可以发生感应，因而可以通过与人相关的事物，如人的名字，脱落的牙齿、头发、指甲，穿过的衣服，各种偶像等，对人施加影响。这些施加的影响包括祈福、诅咒。祈福自然是好事，但是万一这些东西被自己的仇敌得到，拿来作为诅咒的工具，那就不得了了。

所以，进入阶级社会以后，礼法中就规定尊者、长者的名字不能随便叫，读书、写字的时候，遇到尊者、长者名字中的字，也不可以直接说出来、写出来，要想法避开，或用音义相近的字代替，或以符号“□”代替，或省缺字中的某一笔画等。因此，避讳成了古籍中存在的一种普遍现象。王弼等版本《老子》改“恒”为“常”，就属于以同义字代替应该避讳的字。

避讳给我们阅读古籍带来不便。例如，五代时有个宰相叫冯道，他让手下人给他读《老子》（王弼本）。我们知道，王弼本《老子》第一句是“道可道，非常道”，这个手下当时就犯难了：上司让读，不能不读；读又不能读出“道”字，否则就犯了上司的名讳。于是他用“不可说”代替“道”字，将“道可道，非常道”读成了“不可说可不可说，非常不可说”。“道可道，非常道”一句本来就够绕口的，本来就不好理解，经他这么一读，更令人如坠云雾之中。

避讳也妨碍我们对古籍的正确理解。虽然说避讳时所用的字往往是音近、义近的字，但毕竟只是“近”而已，字义之间还是多多少少有差别的。失之毫厘，谬以千里。字义上的细微差别，往往导致我们在古籍理解上的大相径庭，尤其是像《老子》这样言简意赅的经典更是如此。

不过事物总是两方面的，有一弊必有一利。避讳字也有它的好处，其中最重要的是可以帮助我们判断古籍成书年代。就以《老子》来说，帛书甲本不避“邦”字，说明它抄写在刘邦当皇帝之前；帛书乙本不避“盈”字而避“邦”字，说明它抄写在刘邦当皇帝之后、刘盈当皇帝之前。帛书甲本、乙本抄写在刘盈当皇帝之前，当然也在刘恒当皇帝之前，因而都不避讳“恒”字；而河上公、傅奕、王弼诸本以“常”代“恒”，说明诸本皆抄写在刘恒当皇帝之后。

类似的避讳在王弼本《老子》中还有很多，如“邦”改为“国”以避汉高祖刘邦的名讳，“启”改为“开”以避汉景帝刘启的名讳等。这些避讳是我们所知道的，但可能还有一些是我们所不知道的，这就很麻烦。因此，为尽量接近《老子》的本义，避免因避讳字造成的理解上的差异，本书在写作时选择帛书本《老子》作为底本。

眇：黑暗中的微明

“眇”在《老子》中出现了4次，即第1章“无名，万物之始也；有名，万物之母也。故恒无欲也，以观其眇；恒有欲也，以观其所噭……玄之又玄，众眇之门”、第15章“微眇玄达”、第27章“是谓眇要”。

“眇”在王弼本中作“妙”，多解释为“奥妙”。像这样用含有被解释词的词来解释被解释的词，等于没解释。

“妙”由“女”“少”组成，合起来就是“少女”的意思。而“始”也是“少女”的意思（参“始”字条），如果按“妙”字来理解的话，第1章“故恒无欲也，以观其妙”一句与上文“无名，万物之始也”相应。

“妙”还有一个异体字作“玅”，由“玄”“少”构成。按“玅”字来理解，第1章“故恒无欲也，以观其玅”一句又与下文“玄之又玄，众玅之门”相应。

这样来看的话，按“妙”“玅”来理解都有点儿道理。但帛书《老子》中原是作“眇”的，所以我们还是按“眇”来理解。

 說文·目部  老子甲九四  居延簡甲九三五

古文中的“眇”

“眇”是什么意思呢？《说文》说：“一目小也。”但小到什么程度呢？不知道。一个眼睛大，一个眼睛小，就是我们通常所说的斜眼。段玉裁《说文解字注》中改“一目小也”作“小目也”，并且说：“各本作‘一目小也’，误。今依《易》释正。”

“眇”在《易经》中出现过2次，即《履》卦六三爻辞“眇能视，跛能履，履虎尾，咥人，凶”，《归妹》九二爻辞“眇能视，利幽人之贞”。但《易经》本身并没有说“眇”就是“小目也”，段玉裁说“今依《易》释正”，不知道他依据的是什么。

从《易经》中的意思来看，《履》卦六三爻辞中“眇”和“跛”是对文的，“跛”是一条腿因病而短些。那么，与之对文的“眇”也应表示眼睛因病而小些。《归妹》九二爻辞中，“眇”又与“幽”连文，意思上有承接的关系。“幽”是深暗、黑暗的意思，那么“眇”也应有因眼睛有病而视物昏暗的意思。

看来，不论是许慎把“眇”解释为“一目小也”，还是段玉裁说“眇”为“小目也”，总归“眇”是眼睛有点儿问题、有点儿毛病的意思。

眼睛有问题、有毛病，视物不清、模模糊糊，这是暗；虽然视物不清，但毕竟还能看得见，这是明。因此，“眇”就是

暗中有明、明中有暗、明而偏暗的意思，用《老子》第36章的话说“是谓微明”，又有点儿第21章所说的“惟恍惟忽。忽呵恍呵……恍呵忽呵”感觉。

“眇”是暗中有明、明中有暗、明中偏暗的意思，那么“故恒无欲也，以观其眇；恒有欲也，以观其所噭”句中，恰好“无欲”对“有欲”、“眇”对“噭”，句子的意思是说，“因此经常处于无欲的状态，以观察他的黑暗；经常处于有欲的状态，以观察他的光明”（参“噭”字条）。

从阴、阳的角度来说，暗为阴，明为阳。暗中有明、明中有暗也就是阴中有阳、阳中有阴。阴中有阳、阳中有阴是一种什么状态？那就是阴、阳合一的混沌状态。

表面上看，《老子》中仅第42章“万物负阴而抱阳”句中各出现过1次“阴”“阳”，但《老子》中有很多含有阴、阳之义的词儿，也处处以阴、阳说事明理儿，前面讲的“恒”如此，“眇”字也是如此，后面要讲的“噭”“玄”“门”“明”都是如此，这是我们在理解《老子》时应该特别注意的。

在《老子》中，黑暗代表着事物本源本质；光明代表着事物的表象；黑暗意味着无欲，光明意味着欲望。《老子》的主旨是要我们透过事物的表象看清本质，因而在阴、阳二者之间总是钟情前者而贬低后者，在黑暗、光明之间也总是钟情前者贬低后者。

张大春《认得几个字》中说：“宇宙是黑的，想它时偶尔会他妈的发亮。”如果《老子》就是老子本人写的，我想这话应该是蛮合老子心意的。

皦：也作“曒”“徼”

“皦”仅出现在《老子》第1章“故恒无欲也，以观其眇；恒有欲也，以观其所皦”中。

“皦”在敦煌本《老子》中作“曒”，在王弼本《老子》中作“徼”，虽然讲“皦”一个字，但涉及“曒”“徼”两个异文，并且还得联系“眇”字来理解。

“皦”，《说文·口部》中解释说：“吼也。……一曰：皦，呼也。”《字汇·口部》说：“与‘叫’同。”如此，“皦”就是呼叫的意思。

按“皦”字理解，那么第1章“故恒无欲也，以观其眇；恒有欲也，以观其所皦”就是说，因此经常处于无欲的状态，以观察他的黑暗；经常处于有欲的状态，以观察他的呼叫。——翻译是翻译了，但这又该如何理解呢？

卢梭《论人类不平等的起源》中说：“人类使用的最初语言，

同时也是最普遍、最生动和唯一的语言，就是自然的简单呼叫。”其实，“皦”就是这样一种呼叫，一种划破黑暗、打破寂静的第一声呼叫。

“黑暗”是纯阴无阳的状态，而纯阴是不能化生万物的，因此“黑暗”意味着还没有事物产生；既然没有事物产生，也就不会引起人的欲望，因此说“无欲”。

反之亦然。如果你保持一种无欲的状态，就能对周围的事物视而不见，才能透过事物的表象看到本质的黑暗，因此说“故恒无欲也，以观其眇”。

“呼叫”则意味着有了名字，要不然呼叫什么呢？而名字当然是某个事物的名字，“有名，万物之母也”，有了名字意味着有了事物，而有了事物就会引起人的欲望。

反之亦然。你呼叫的虽然是名字，但名字代表了某个事物，某个事物引起了你的欲望，所以你才呼叫，因此说“恒有欲也，以观其所曒”。

是不是很啰嗦呢？没办法，不啰嗦说不明白。虽然啰嗦了，可能还是有人不明白，那我就真没办法了。

再看“皦”字。

“皦”是“光明”的意思，如《诗经·王风·大车》“谓予不信，有如皦日”毛传：“皦，白也。”

按“皦”来理解，“故恒无欲也，以观其眇；恒有欲也，以观其所皦”句中，“无欲”与“有欲”相反而相对，“眇”与“皦”相反而相对；“眇”与“无欲”相承而相对，“皦”与“有欲”相承而相对。

黑暗代表着事物的本质，光明代表着事物的表象；黑暗意味着无欲，光明意味着欲望（参“眇”字条）。这样“故恒无欲也，以观其眇；恒有欲也，以观其所皦”就是说，要经常保持无欲的状态，你才能看清事物的本质；你经常处于有欲的状态，只能看见事物的表象。

再看“徼”字。

“徼”，陆德明《老子音义》中解释为“边”，王弼解释为“归终也”。如此，“故恒无欲也，以观其眇；恒有欲也，以观其所徼”就是说，因此经常处于无欲的状态，以观察他的黑暗；经常处于有欲的状态，以观察他的边界（归终）。

也是不好理解。举个什么例子才能好懂点呢？对了，就举个经济学中边际效应的例子吧。

很饿的时候，给你一个馒头，你觉得真好吃，这时给你金子都不换；给你第二个馒头的时候，感觉还是好吃，但已经不如第一个了，这时馒头可能就是白银的价了；再给你第三个、第四个……这时，在你眼里馒头已经一钱不值了。——这就是边际效应。

小时候还听老人们讲过一个与馒头有关的故事。一位教书先生吃腻了馒头，只吃瓤不吃皮，吃饭时把皮剥下来扔在一边。主人很生气但不吱声，只是默默地把馒头皮收拾起来，晾在窗台上。后来教书先生落魄了，讨饭讨到了这户人家。主人说："馒头没有，就是有些馒头皮，你不嫌弃就拿去吧。"教书先生如获至宝，拿起就吃。

这样的人现在更多。地里种的吃腻了，吃地上跑的；地上跑的吃腻了，吃天上飞的；天上飞的吃腻了，吃海里游的……简直都不知该吃什么好了。

明白了吧？“因此经常处于无欲的状态，以观察他的黑暗；经常处于有欲的状态，以观察他的边界（归终）”，其实就是说，你就膨胀吧，看你能膨胀到什么程度！等像气球膨胀到不能再膨胀时，就“嘭”的一声回到了原来状态。

一个字有三种不同的解释，各种解释还都挺有道理，并且三个字所代表的意思还有点递进的感觉：“噭”是欲望在黑暗中刚冒了点头，“曒”则是如日中天的感觉了，而“徼”已经快膨胀到头了。

具体到《老子》书中，三个字中间只能有一个是对的。至于究竟哪一个是对的，那就仁者见仁、智者见智，各位自己去判断吧！

玄：阴中透着阳

“玄乎！”说某一个东西不可思议、不太好理解的时候，我们经常会这么说。

“玄”在《老子》中出现了11次，也是理解《老子》一个重要的字眼。它到底是什么意思？与“道”是什么关系？

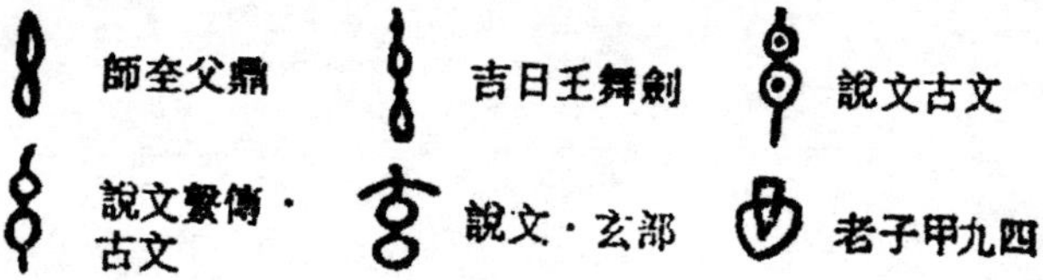

古文中的“玄”

“玄”由“亠”“幺”两部分组成。“亠”，《正字通·亠》部说：“六书不用为字母，本无音义……不烦训释。”在甲骨文、金文中，“玄”“幺”其实是同一个字，的确没有“亠”这一部分，所以我们就不管它了。

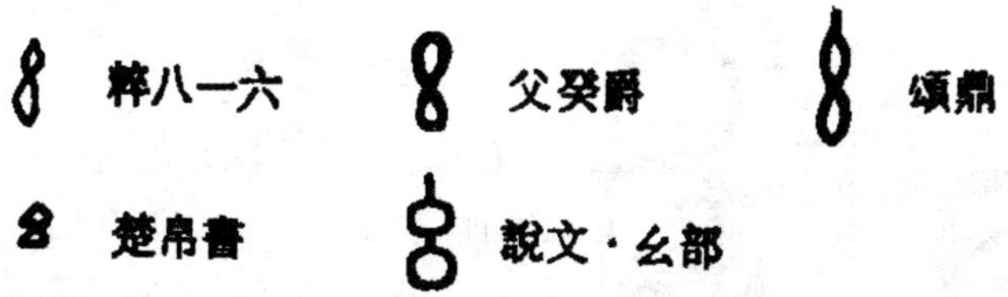

古文中的“幺”

“幺”在甲骨文、金文中像个“8”字。在篆文中像只葫芦，《说文》解释说：“小也。像子初生之形。”段玉裁则说：“子初生甚小也。俗谓一为幺，亦谓晚生子为幺，皆谓其小也。”至今四川等地“幺妹子”之类的方言，还称小为“幺”。

但还有其他不同的看法。李孝定《甲骨文字集释》中认为“幺”是“糸之初文”，“许书之幺乃由糸之古文所孳衍，形体不异而音义已殊。惟幺训‘小也’犹为糸之本义‘细丝也’一义所引申”。朱骏声《说文通训定声》也说：“此字当从半糸，糸者丝之半，幺者糸，细小幽隐之谊。”林义光《文源》中说：“象丝形，本义当为悬。”《释名》说：“玄，悬也。悬物在上也。”如此来看，“玄”字的本义应该就是丝线或者葫芦。

如果把“玄”理解为“丝线”，这很容易使我们联想到《老子》第14章所说的“以知古始，是谓道纪”（参“纪”字条）；理解为“葫芦”，又很容易使我们联想到《老子》中用以比喻万物本源的“朴”（参“朴”字条）。

另外，商代青铜器玄鸟妇壶有“玄妇鸟”的铭文，其形状是一贵妇头上有一只玄鸟嘴里衔着两颗卵的样子，也与金文、

金文“玄鸟妇”。出自商代《玄鸟妇壶》

《说文》古文“玄”字很相似。

“玄妇鸟”反映的是古代图腾崇拜现象。对此，于省吾先生《略论图腾与宗教的起源和夏商图腾》文中说：“玄鸟妇三字合文，宛然一幅具体的图腾文字，它象征着作壶的贵族妇人系玄鸟图腾的后裔。”

何谓图腾崇拜？远古时期，由于人们不了解生命的成因，往往以动物的卵生类比和解释人类之生，认为自己的祖先是某一种动物所生，因而对这种动物加以崇拜，把这种动物作为自己的崇拜图腾。

玄鸟就是商人的崇拜图腾，如《诗经·商颂·玄鸟》说“天命玄鸟，降而生商”，上天命令玄鸟下来生下了商人。《史记·殷本纪》也载，简狄在郊外见到玄鸟坠下一颗卵，拿来吃下去后，怀孕而生下了商人的祖先契。

丝、朴、玄鸟虽然可能都与“玄”的意义相关，但三者比较之下，从玄鸟的角度入手解释“玄”，与《老子》中的“玄”字之义更契合一些。

所谓的“玄鸟”就是燕子，而正因为燕子是黑色的，所以才叫“玄鸟”，而这也同时表明“玄”有黑色的意思。

从阴阳五行配属的角度来说，冬天、北方、黑色属阴，夏天、南方、红色属阳。燕子每年春天从南方飞回北方繁殖后代，到了秋天又飞去南方过冬，是一个由黑色到红色的转化过程，也是一年之中由阴到阳转化的过程。

一天是一年四季的缩微。把一天分为四时，早晨就是春天，中午就是夏天，太阳落山时就是秋天，半夜的时候就是冬天。也就是说，一天之中由夜半到日中的转化过程，也是由阴到阳的转化过程。

《中庸》云："可以赞天地之化育，则可以与天地参矣。"汉代有这样一种仪式：在冬至来临的前夜，京城百官都要在凌晨六时左右，身穿黑色的衣服迎气于"黑郊"，仪式结束以后再改穿红色的衣服。这个仪式的实质就是象征阴尽阳生、迎阳于阴、通过人的参赞实现阴阳之间的转换。

可能正是因此，《说文》中解释"玄"字说：

> 玄，幽远也。黑而有赤色者为玄，象幽而入覆之也。

——"玄"是幽暗深远的意思，黑里透红、黑色之中有红色，像幽暗而有东西覆盖着。

如此，"玄"与"眇"同义，也是黑里透红、阴中有阳的意思，意味着阴、阳之间环环相扣、无休无止、无始无终、循环往复地转化，这也就是《老子》第1章所说的"玄之又玄"。而"一阴一阳之谓道"（《周易·系辞》），"道"就是阴、阳循环往复而形成的，所以"玄"其实也就是"道""恒道"。

门：阴阳由此转化

“门”的繁体字作“門”。从甲骨文到金文，形状基本没有什么变化，由两个“户”组成。

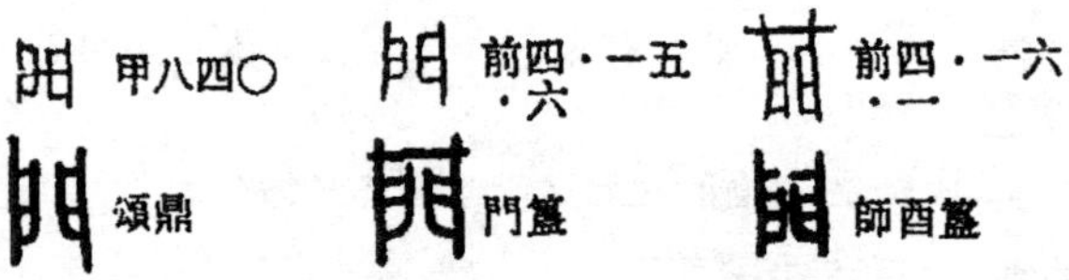

古文中的“门”

“户”是单扇的门。孔子说：“谁能出不由户？何莫由斯道也！”（《论语·雍也》）意思是说，谁能外出不经过门？为什么大家都不能顺道而行！这个“户”就是组成“门”的那个单扇的门，千万不要误认为是“窗户”的“户”。

日常生活中，我们每天都得通过门进进出出，所以对门很熟悉。但在古代文献中、在《老子》中，门还是阴、阳转化的

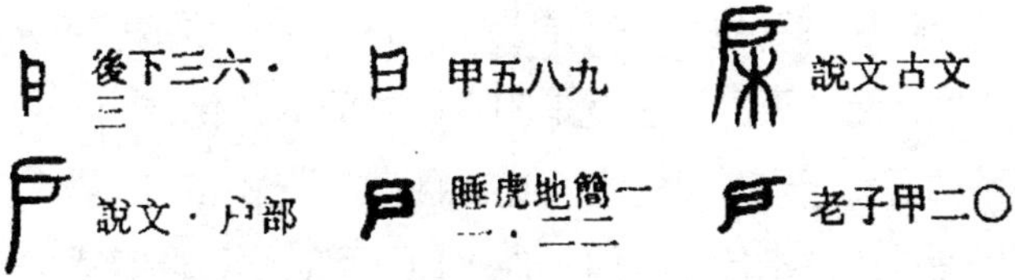

古文中的“户”

比喻，这个大家就未必熟悉了。如《素问·四气调神大论》中说：

> 夫四时阴阳者，万物之根本也。所以圣人春夏养阳，秋冬养阴，以从其根，故与万物沉浮于生长之门。

其中的“门”是比喻阴、阳之间的转化。《素问·阴阳离合论》又以“门”为喻，进一步指出，关门为阴，开门为阳。

《老子》中“门”出现了5次，即第1章“玄之又玄，众眇之门”，第6章“玄牝之门，是谓天地之根”，第10章“天门启阖，能为雌乎”，第52章、第56章“塞其兑，闭其门”。

前面讲过，“玄”“眇”同义，都是黑里透红、阴中透阳的意思，“众眇之门”“玄牝之门”的“门”都是比喻阴、阳之间转化，不再多讲（参“眇”“玄”字条）。

《老子》的“道”又称为“天道”“天之道”（参“道”字条），而“一阴一阳之谓道”（《周易·系辞上》），因此“天门”也就是“天道之门”。《周易·系辞上》说：

> 夫乾，其静也专，其动也直，是以大生焉。夫坤，其静也翕，其动也辟，是以广生焉……是故阖户谓之坤，辟户谓之乾。

《周易》中，乾为天、为阳，坤为地、为阴，因此《老子》

中的“天门启阖”也就是《周易·系辞》中所说的乾辟坤阖、乾开坤关，而“天门”也就是阴、阳之间的转化之门。

第52章、第56章“塞其兑，闭其门”中的“门”，虽然不能明确具体是指什么，但不外乎口、目、耳、鼻等感觉器官。《素问·金匮真言论》说：

> 南方赤色入通于心，开窍于耳，藏精于心……中央黄色入通于脾，开窍于口，藏精于脾……西方白色，入通于肺，开窍于鼻，藏精于肺……北方黑色，入通于肾，开窍于二阴，藏精于肾……

从阴、阳属性上来说，心、脾、肺等五脏是在内的、是属阴的，耳、口、鼻等器官是在外的、是属阳的。又如《素问·阴阳应象大论》说：

> 阴在内，阳之守也；阳在外，阴之使也。

——体内的阴气是固守阳气的根本，而阳气只有在阴气的主导下发挥作用。

目视、耳听、鼻嗅等外在器官阳性功能的发挥，是需要内在五脏阴性能量支持的。从这个角度说，耳、口、鼻等“门”同样也是一个阴、阳转化之门。

只是在阴、阳二者之间，《老子》是崇尚阴的（参“母”字条），所以《老子》第10章说“天门启阖，能为雌乎”，第52章、第56章说“塞其兑，闭其门”，在开门、关门之间也总是强调关门。

反：回到原点

从甲骨文、金文、篆文到现在，“反”的字形没有太大的变化，由“厂（hàn）”和“又”组成。

“厂”表示悬崖，“又”就是手，二者合起来表示攀登悬崖、从悬崖返上来的意思，有点像现在的攀岩运动，杨树达《积微居小学述林》中说：“反字从又从厂者，厂为山石崖岩，谓人以手攀崖也……扳实反之后起加旁字。”

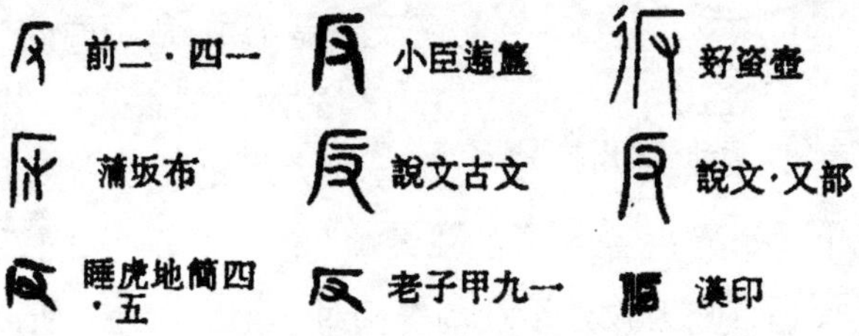

古文中的“反”

《老子》中“反”字出现了4次，有三个意义不完全相同但又相关的用法。

一是“相反”的意思，如第25章、第65章的“反”。第25章说：

有物混成……逝曰远，远曰反。

——有种东西混然天成……运动叫作远，远叫作反。

如图所示，以A为“有物”的起点，则此“反”可以理解为“有物”自A至B再至C的运动，而C点与A点正处于圆周上相对、相反的位置。第65章说：

玄德深矣，远矣，与物反矣，乃至大顺。

——玄德深呀远呀，与万物是相反的，于是达到大顺的境界。

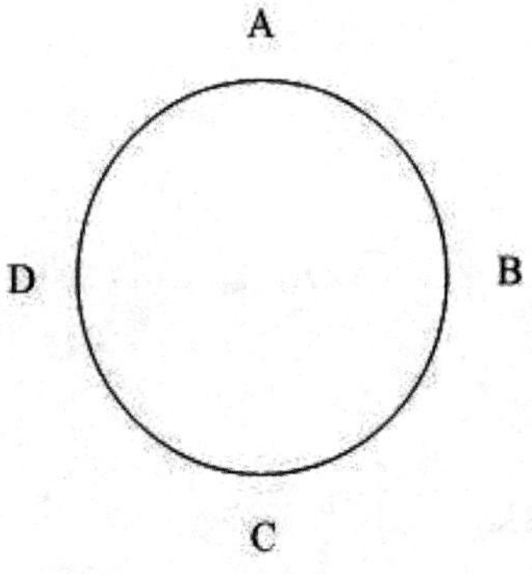

“有物”运动示意图

以A为“玄德”也即“道”的原点，则A点到B再至C的运动过程就是“玄德”“道”化生万物的过程，而C点代表的夏天正是第16章所说的“万物并作”之时。“玄德”“道”化生万物后，又经D点返回到原点A，此也即第65章所说的“大顺”。“玄德”“道”返回到原点A后，与万物处于圆周的相对、相反点上，所以第65章又说“与物反矣”。

二是“返回”的意思，如第 41 章、第 80 章的“反”。第 41 章说：

反也者，道之动也；弱也者，道之用也。

——反是道的运动，弱是道的功用。

“道”是一个圆环之“道”，与“有物”是一而二、二而一的东西（参“道”字条）。假如 A 是“道”的起点，则此“反”可以理解为“道”自 A 至 B 至 C 至 D 返回 A 的圆环运动过程，也即“返回”的意思。其中，自 C 至 D 返回 A 的过程，《老子》中也称为“复”，如第 16 章说：

致虚极也，守静笃也，万物并作，吾以观其复也。夫物芸芸，各复归于其根。归根曰静。静是谓复命。复命常也。知常明也。

——达到极度虚无，守住深度的静。万物同时产生，我观看它们的回归。万物繁盛后，又各自返回到它们的根本。返回到根本叫作静。达到了静叫作返回到命。返回到命是永恒的规律。认识这个规律才是明。

这个意义上的“反”“复”在《老子》中也称为“正”，如第 80 章说：

正言若反。

——“正”字说的意思就像“反”。

那么，“正”又是什么意思呢？请看下一条。

正：固守本源

说到“正”，先讲两个与“正”、与清朝雍正皇帝有关的故事。

雍正皇帝算是中国历史上一个有作为的皇帝，不过由于之前在皇位继承上与廉亲王一党有着激烈的竞争，以及在继承皇位问题上有一些说不清、道不明的疑窦，虽然最终继位，但关于他“杀父弑母”“屠兄杀弟”“诛戮功臣”之类的谣言一直不断，这使他非常恼怒。

一天，雍正皇帝河南赈灾后回到行宫，看见侍卫们三五成群聚在一起交头接耳。经他一番查问，领侍卫内大臣音德便交出一张揭帖。雍正皇帝一看，还是那些说他“杀父弑母”“屠兄杀弟”“诛戮功臣”之类的老生常谈。

但令他好奇的是，揭帖中写到他的名号处，“雍正”中的“正”都是写作“止”，他想：“这一定是不怀好意、别有用心。”于是立即派人明查暗访，终于把作案者抓到。

经过审问，得知此人原是廉亲王府中的一位幕宾。当领侍卫内大臣音德审问他为何把“雍正”的“正”写成“止”时，这位幕宾说：“我痛恨雍正，恨不得食其肉、寝其皮，我这样算是代天帝斩了昏君的头，以略解心中之恨。”音德又问：“是谁教你这样写的？”这位幕宾说：“此乃上天垂象。”音德喝斥道：“胡说！”幕宾说：“仓颉造字内藏玄机。‘正者，一而止也’，‘一’没有了之后，天下也就完蛋了。”为了避免蛊惑人心，音德立即下令将这位廉亲王的幕宾推出斩首。

此事之后，典试江西的礼部侍郎查嗣庭，在出考题时用了《诗经·商颂·玄鸟》中的诗句“维民所止”为题。“维民所止”本来的意思是说，商王朝幅员辽阔、土地广博，老百姓可以随意定居。但是被那些别有用心的人发挥附会成了“雍正无头”，并在雍正皇帝面前将命题之人告发了。

“维”就是“雍”字没了上面的“亠”，“止”就是“正”字没了上面的“一”，“维止”可不就是“雍正无头”？雍正皇帝听后信以为真，当即下令将查嗣庭捉拿归案并抄家。一搜查发现，居然连查嗣庭写的一部笔记小说也题为《维止录》，这更是罪上加罪了。

考题“维民所止”也好，书名“维止”也罢，不过出于查嗣庭对这句诗的喜爱，但一经发挥附会成了“雍正无头”，那可不得了！一向胆小怕事的查嗣庭因此狱中惊吓而死，死后还被戮尸枭首，其亲族、弟子也多受株连。

廉亲王的幕宾说“正者，一而止也”，是否如音德所说，是“一派妖言”、毫无根据？

在甲骨文、金文中，“正”和“足”字形非常相似，下面一个“止”，上面一个圆点或方框。“止”就是“趾”的古文，表示人的脚；上面的圆点、方框，表示人走向的目标。

还有人认为，方框表示城邑，人走向城邑是为了征伐，因此“正”就是“征”的初文。甲骨卜辞中有“王来正人方”的记载，《诗经·商颂·玄鸟》中云“古帝命武汤，正域彼四方”，其中的“正”都是“征”的意思。从“正”字最早运用的情况看，“正”应该就是“征”的初文。

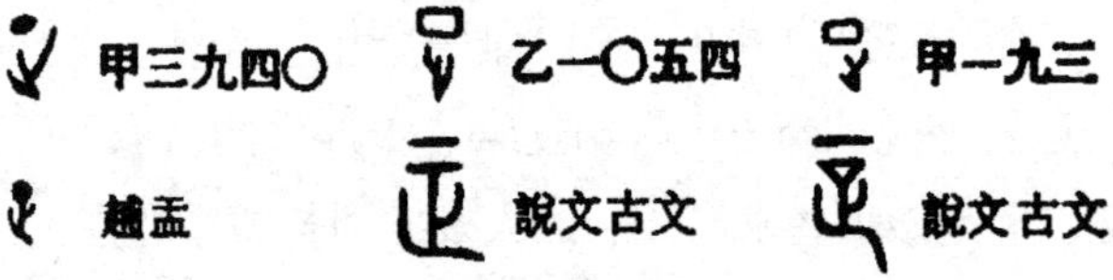

古文中的“正”

现在的“正”由“一”和“止”组成，《说文》解释说“正，是也。从止、一以止”，也就是“止于一”或者“一而止”的意思。这种解释虽然不合乎“正”字初义，但是与《老子》中的“正”字之义非常吻合。

“止”有“停下来”的意思，“一”就是万物本源的“有物”（参“一”字条），如此“止于一”就是“停留在万物本源”的意思，这也就是第39章中所说的“昔之得一者……侯王得一而以为天下正”。

“一”“有物”是宇宙万物的本源，在化生万物之前本质上是静的，所以第45章说“清静可以为天下正”、第57章说“以正治邦，以奇用兵，以无事取天下。……我好静而民自正”。

“道生一，一生二，二生三，三生万物”（第42章），“有物混成，先天地生，寂呵寥呵，独立而不改，可以为天地母。吾未知其名，字之曰道，吾强为之名曰大。大曰逝，逝曰远，远曰反……”（第25章），“一”“有物”在运动中化生万物，万物化生以后还得返回“一”“有物”的状态。因为只有返回，才能重新达到“正”，所以第80章说“正言若反”。

“一”“有物”在运动中化生万物，万物化生以后还得返回“一”“有物”的状态，形成了一个循环不已、永无休止的圆环之“道”，而圆环上的每一个点到圆心的距离都是一样的，是没有一个最高点的，所以第58章说“孰知其极？其无正也”。

“天下之物生于有，有生于无”（第42章），“一”“有物”在化生万物之前是“无”的，万物化生以后才是“有”；“故恒无欲也，以观其眇；恒有欲也，以观其所噭”（第1章），要返回“一”“有物”的静止状态，必须做到“无欲”，所以第37章说“不欲以静，天下将自正”。

如上所见，《老子》中的“正”字还真是可以拆成“一”“止”来解释。“一”是宇宙万物的本源，没有了这个“一”，不仅雍正的头没了，就连宇宙万物的本源也没了。

看来，那位廉亲王幕宾所说，那些附会“维止”为“雍正无头”的人，也并不是“一派妖言”、完全一点根据没有。

明：请全面理解我

“明”在《老子》中出现了13次。译注《老子》的书几乎没有对这个字进行解释的，因为它的意思好像很明白，就是“光明”的意思。

“明”是“光明”的意思，这固然不错。但如果我们接着进一步问：“明”是什么样的“光明”呢？我相信，多数人的第一反应是太阳的光明。是不是这样呢？起码笔者本人以前是

古文中的“明”

这样，尤其在没读《老子》之前是这样。

从甲骨文到现在的“明”字，字形变化不大。有两种写法，一种是由“日”“月”构成，只不过“日”“月”位置或左或右的不同而已。这种构字本身就表明，“明”是包括日、月之光两方面的光明在内的，这也就是《周易·乾·文言》所说的“夫大人者，与天地合其德，与日月合其明”的“明”。

“明”的另一种写法是由一个“月”、一个像“囧”的偏旁构成，这个像“囧”的偏旁是什么东西呢？就是有格子的窗户，也就是《庄子·人间世》“瞻彼阕者，虚室生白”的“阕”。一个“月”加一个“囧”，那就是表示月光从窗户照进屋内，使房间明亮起来，更加突出了月光之明，所以《说文·月部》说：“朙，照也。从月从囧。”

《周易·系辞上》说“县象著明莫大乎日月”，太阳、月亮是地球上两个最大的自然光源，所以用来说明“明”没有什么能比得上日、月的；《周易·系辞上》又说“阴阳之义配日月”，用阴、阳来说明日、月，那就是月为阴、为黑、为暗，日为阳、为白、为明（狭义）。

日为阳，月为阴，阴、阳又同涵于“一”“有物”这个宇宙万物的本源之中（参“一”字条），因此太阳、月亮是一个妈妈的一对儿女。但这一对儿女的性格、脾气大不一样，太阳之光外向躁动、热力四射，月亮之光内向娴静、温柔含蓄。

“一”“有物”化生万物是一个由阴到阳的过程，万物返回“一”“有物”是一个由阳到阴的过程，这两个不同方向的运动形成了一个圆环之“道”。由阴到阳的过程是太阳主事的过程，由阳到阴的过程是月亮主事的过程。所以，由阴到阳、由阳到阴这两个不同方向的运动过程，就是太阳、月亮对话的过程，就是太阳、月亮二者相互交替的过程，也就是“日往则月来，月往则日来，日月相推而明生焉”（《周易·系辞下》）、“大明终始”（《周易·乾·彖》）的过程。

万物生长靠太阳，太阳的重要性对于生活在地球上的人类及其他生物不言而喻。但正如不能只有白天、没有黑夜一样，我们固然离不开太阳，也同样离不开月亮。如果只有太阳的热情，而没有月亮的温柔，地球上的人类及万物同样受不了，所以才有了后羿射日的故事，所以《老子》要“和其光”（第56章）、要“光而不耀”（第58章），《庄子》要“葆光”（《庄子·齐物论》）。

汉画像石中的后羿射日

甚至，在太阳和月亮之间、白天和黑夜之间，《老子》更钟情于月亮、黑夜，更钟情于由太阳向月亮、白天向黑夜的转化。如第 28 章说：

知其日，守其辱，为天下谷。为天下谷，恒德乃足。恒德乃足，复归于朴。知其白，守其黑，为天下式。为天下式，恒德不忒。恒德不忒，复归于无极。

——转变它的光明，守住它的黑暗，作为天下的谷。作为天下的谷，常德于是饱满。常德于是饱满，回复到朴的状态。转变它的白，守住它的黑，作为天下人的范式。作为天下人的范式，长久的德性没有差错。长久的德性没有差错，复归于无极。

“无极”就是“道”（参“无极”字条），“复归于无极”就是循道而行，万物因此生生不已。以之治国，是谓“明王之治”。《庄子·应帝王》载老子语曰：

明王之治，功盖于下而似不自己，化贷万物而民弗恃，有莫举名，使物自喜，立乎不测而游于无有者也。

——明王治理天下，功德普及天下而好像不是出于自己，化育施惠于万物而百姓却不觉得有所依赖，有功德而不显露名声，使万物欣然自喜，立于阴阳变化莫测而游于虚无的境界。

所以，看似一个简单的“明”字，在《老子》中其实有两种不同的含义：一是包括日、月之明在内的“明”，二是偏向月亮之“明”乃至黑暗的“明”。其中，第 23 章“不自见故明”、第 36 章“是谓微明，柔弱胜强”、第 40 章“明道如昧”、第

47章“是以圣人不行而知，不见而明，弗为而成”、第52章“见小曰明，守柔曰强”中的5个“明”字，就是偏向于月亮之“明”乃至黑暗的“明”。而其他另外8个“明”字，则是包括日、月之明在内的“明”。

同一个“明”字，有两种不同的含义，这也是《老子》文字运用中别有用心之处，也是我们在读《老子》时应该仔细甄别之处，否则难以体会出其中的微言大义和价值取向。

美：美的辩证法

爱美之心，人皆有之。“美”这个词，大家可是太熟悉了。

甲骨文、金文、篆文中，“美”的字形变化不大。上半部分是“羊”字，下半部分有人认作“人”，认为“美”是人头上戴着羊头，或者羊角，或者羊形冠，或者羊形头饰的样子，目的是为了标识氏族图腾，或者为了乞育，或者为了美丽。

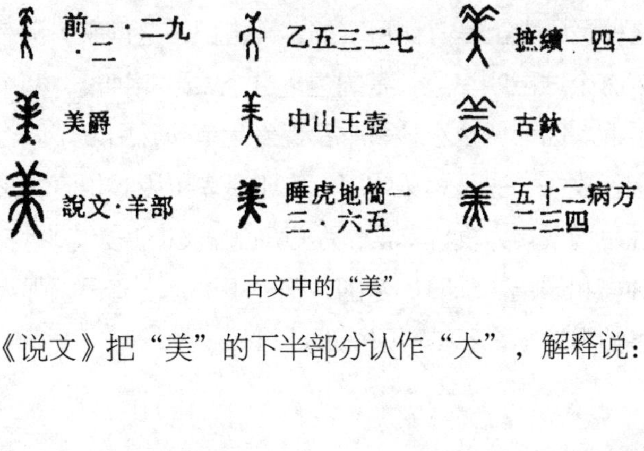

古文中的“美”

《说文》把“美”的下半部分认作“大”，解释说：“甘也。从羊从大。羊在六畜主给膳也。”在解释“大”字时又说：“天大，地大，人亦大，故大象人形。”对此，王筠《说文解字释例》中说：“此谓天地之大，无由象之以作字。故象人之形以作大字，非谓大字即是人也。”所以，《说文》对“美”的解释应该是正确的。

在古代，尤其对于那些游牧民族来说，动物是生活、生存的主要依靠。猎获了动物以后，不仅饮其血、食其肉、蓄其脂，还要衣其皮。

羊体肥大而肉丰，能够在较大程度上满足古人的饮食需要，给人们以饮食上的生理快感，所以“美”以“羊”“大”作为构字部件。也就是说，最早的美的观念是建立在饮食快感基础上的。

《礼记·礼运》说：“饮食男女，人之大欲存焉。”饮食是人最基本的需求，最基本的也是最重要的。争夺饮食是一切矛盾和战争的根本原因，所以《周易·序卦》说：“饮食必有讼……讼必有众起，故受之以师。”饮食一定有争斗，争斗一定有众人参与，众人参与那就是战争了。

这种事历史上是有例可查的。《史记·楚世家》记载，吴国边境有个城邑叫卑梁，楚国边境有个城邑叫钟离，两个城邑离得很近。因为两个小孩争吃桑葚发生争吵，引发了两个城邑之间相互攻击，先是卑梁吃了亏，于是卑梁发兵报复钟离。楚王听说后增派兵力攻打卑梁，吴王听说后又调派兵力攻打楚国，灭了钟离和居巢。那时的楚国，国力不济，没有吴国强大，于是先害怕服软了，不得不因此而迁都。

看看，就为小孩争吃桑葚这么点儿事，动静越闹越大，不断激化升级，最终演变为两国之间的战争。这就不美了，是恶了，所以《老子》第2章说：

天下皆知美之为美，恶已。

——天下的人都知道美，这就产生了恶。

这也就是说，美、恶是相对的，又是相互转化的，因此“天下皆知美之为美，恶已”也可以说成“天下皆知恶之为恶，美已”。

仍以饮食为例。在物质生活水平低下、饮食贫乏的年代，人们往往很瘦弱，而瘦弱容易引发疾病，瘦弱、生病是不美的，所以古人用“疒”字作为“瘦”字的偏旁。而吃得多一些、胖一些是美的标志，因此古人才以“羊”“大”作为“美”的构字部件。甚至，羊本身都被认为是吉祥的。

肥胖在相当长的历史时期内也曾经是美的标志。如唐朝就是以胖为美的，杨贵妃、安禄山是其代表人物。唐代是中国历史上在各方面都是比较发达的时代，但以胖为美仍然是社会整体物质生活水平不高的一种曲折反映。如果社会整体物质生活水平都已经很高，人人都可以胖得起来，谁还会以胖为美呢？

改革开放之前，我们中国的胖人不多；改革开放之初，物质生活水平乍一提高，很多人吃得肥头大耳、大腹便便，吃成“啤酒肚”“将军肚”，还自我感觉不错，觉得很有派头、很有风度。可是，现在呢？很多人，尤其女性朋友们，都在忙着节食、减肥、瘦身。什么减肥中心呀，瘦身俱乐部呀，红火得很！

这又说明什么？说明当物质生活水平已经能够满足大多数

人后，原来建立在饮食基础上的美的观念就失去了它初始的意义。并且人们认识到，太胖不仅不美，而且还容易患上高血压、糖尿病等各种疾病，肥胖成了不健康的预兆和前奏。看看，转了一圈，又回到古人曾经认为的不美那里去了。

正如卢梭《论人类不平等的起源》中说："名词最初不过是许多专有名词，动词只有现在时态，而形容词概念的发展一定经历了艰苦的努力，因为每个形容词都是一个抽象的概念，而对事物进行抽象是一个既费力又不自然的过程。"

"美"最初只是大而肥的羊，通过食用大而肥的羊产生了美好的感觉，后来随着"美"的物质基础的改变，"美"才由饮食生理上的快感逐渐扩及语言、服饰、形体、艺术等其他领域，由一种具体的观念上升为一个抽象的观念，有美化、修饰、以……为美等义。《老子》中的"美"大体就是这些意思。

"美"与"恶"是相对的，是可以相互转化的。美、恶如此，其他事物也是如此，所以第2章接下去说：

> 皆知善，斯不善已。有无之相生也，难易之相成也，长短之相形也，高下之相盈也，音声之相和也，先后之相随也，恒也。

——天下的人都知道追求善，这是因为有了不善。有、无的相互生成，难、易的相互完成，长、短的相互形成，高、下的相互包容，音、声的相互调和，前、后的相互随从，这是永恒的。

命：是起点也是终点

因为研究《周易》，出过几本《周易》的书，而《周易》往往被认为是算命的，所以经常有人找我算算命。究竟什么是“命”？《老子》又是如何看待“命”的？

甲骨文、金文中，“命”和“令”原本是一个字。后来金文中又在“令”的基础上加了一个“口”字，变成现在这个样子，即：上面一个表示铎铃的“A”，右边一个人，左边一个“口”，合起来就是一个人摇动铎铃发号施令的意思，《礼记·月令》云“先雷三日，奋木铎以令兆民”，《礼记·明堂位》云“振

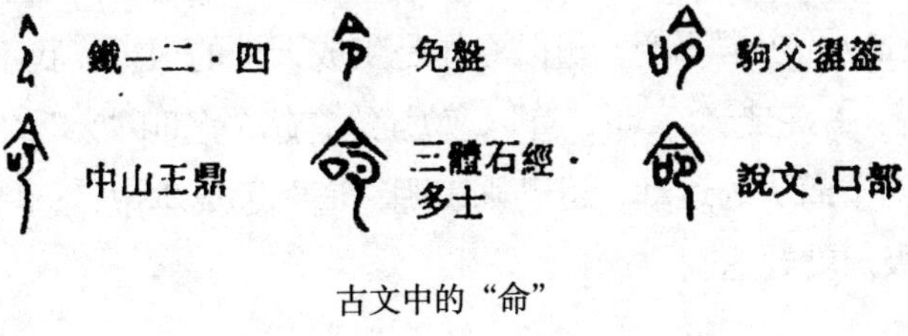

古文中的“命”

木铎于朝，天子之政也”即其义。

“命”在《老子》中出现了2次，都在第16章中：

> 致虚极也，守静笃也，万物并作，吾以观其复也。夫物芸芸，各复归于其根。归根曰静。静是谓复命。复命常也。知常明也。不知常妄，妄作凶。……道乃久，没身不殆。

——达到极度的虚无，守住深度的静。万物同时产生，我观看它们的回归。万物繁盛到了极点，又各自返回到它们的根本。回复到根本叫作“静”。达到了静叫作回复到“命”。回复到“命”合乎事物永恒的规律。能够认识这个规律是“明”。不能认识这个永恒的规律就是胡乱行动，胡乱行动就会产生凶险。……合乎天道才能长久，到死都没有危险。

第16章讲的是万物产生后又复归于本源，而这个本源就是“命”。那么，万物又是如何产生的，万物的本源又是什么呢？第25章说：

> 有物混成，先天地生，寂呵寥呵，独立而不改，可以为天地母。吾未知其名，字之曰道，吾强为之名曰大。大曰逝，逝曰远，远曰反。

——有种东西浑然而成，先于天地而生，寂静呀，空廓呀，超然独立而永恒不变，可以看作是生成天地的根源。我不知道它的名，给它起个字叫“道”，勉强给它起个名叫“大”。“大”则表明“道”的运动，运动则表明“道”远离本位，远离本位到了极点就要返回。

由第25章可见，“有物”就是万物化生的本源，万物是由“有物”在运动中化生的。再联系、对比第16章所说，不难得出《老子》中所说的“命”其实就是“有物”，就是“道”。

“有物”就是“命”，就是“道”。那么“有物”化生的宇宙万物也遗传和承载了“有物”的基因和生命原动力，因而才得以成生，这就是“生命”。

“有物”化生了包括人在内的每个生命，但每个生命是否要被生出来，在什么时候被生出来，在什么地点被生出来，都是自己无法选择、无法决定的。这我们不得不承认，这就是“认命”。

“有物”在运动中化生万物，赋予万物以生命，每个生命都在圆环之“道”往复运动，这也就是“命运”。

“有物”化生了生命，每个生命都遗传和承载了“有物”的基因活在世上，这就是“使命”。

正像你领受了一项任务，是否已经完成，完成得情况如何，都要向上司汇报一样，每个生命在完成自己的使命后都得回到原点，这就是“复命”。

“静是谓复命”，而“复命”则意味着“静”。人在什么时候是静的？睡着的时候是静的，死了以后是静的，“早上醒来就是诞生，晚上睡眠就是死亡和结束”（叔本华《人生的智慧》）。“静是谓复命”意味着你在“命”那儿睡着了，这就是“宿命”也即“宿于命”。

“复命常也”，“常”就是循环往复的圆环之“道”。圆环之“道”包括由阴到阳、由阳到阴两个相反方向的运动。由阴到阳是白天，太阳主事；由阳到阴是晚上，月亮主事。太阳、月亮相互交替，一个个循环就完成了，一天天就过去了，所以说“知常明也”（参“明”字条）。

一天是四季的缩微，即早晨为春、日中为夏、日入为秋、夜半为冬。如《周易·系辞》说“寒往则暑来，暑往则寒来，寒暑相推而岁成焉”，一天是一个循环，一年也是一个循环，人的一辈子同样也是一个循环，只不过循环的周期、次数不同而已。

正如《素问·上古天真论》说“其知道者……食饮有节，起居有常，不妄作劳，故能形与神俱，而尽终其天年，度百岁乃去”，人们了解了这个规律，在饮食起居各方面都合乎规律，遵循规律而行，才不至于危害生命健康，才能眼睛一闭一睁，一天天、一年年、一圈圈地不停地转下去，寿命因此而长久，所以说“道乃久，没身不殆”。

相反，如《素问·上古天真论》接下去所说的那样，把喝酒当作喝水，喝醉后行房事，图一时之快而耗散真精，时时处处与“道”反着来、对着干，这就不是“常”而是“妄”了。这样的话，也就很快眼睛一闭不睁，永远地睡着了，所以说“不知常妄，妄作凶”。

“命”是先秦诸子各家讨论的一个重要命题，也是古往今来人们关心的问题，各家有不同的解释。在这个问题上，笔者基本同意《老子》的观点：作为宇宙万物本源的“命”赋予我们的“命”，我们得认；命运是每个人是可以掌控和改变的，其中最关键的因素就取决于你是否能够遵“道”而行。

橐籥：道在天地之间

“橐籥”仅见于《老子》第5章“天地之间，其犹橐籥与！虚而不屈，动而愈出。多闻数穷，不若守于中”。

“橐”“籥”合在一起讲，就是古代冶炼、铸造时用来鼓风的工具。分开来说，“橐”就是罩在鼓风工具外面的皮囊，“籥”是皮囊内一种可以推拉、挤压以排气的装置。

橐籥不好描述，那我们看风箱就可以了。橐籥虽然在材料和样式上与风箱不同，但原理上是一样的，其实就是风箱的前身。

风箱这东西，以前农村家家户户都有，它里面是空的，两头都有进风孔，中间有一根推拉杆，推拉杆上有用鸡毛等物扎成的推进器。推拉杆不动时，风箱是平静的；推拉杆一动，就开始呼呼地生风。

《老子》说“天地之间，其犹橐籥与”，《管子·宙

橐籥操作图。采自山东滕县宏道院出土汉代画像石

合》也说“天地，万物之橐也”，这都是以皮囊鼓风的原理说明天地之间气的变化。

静止状态下的橐籥、风箱，里面虽然也有气，但气这种东西，只有流动起来，比如刮风、呼吸的时候，我们才能感觉到它的存在；而静止不动的时候，我们感觉不到它的存在，好像什么东西也没有，所以说是“虚”。而实际上呢？皮囊里的气始终就是那么多，所以说“虚而不屈”；推动风管的时候，皮囊里的气就排挤到炉膛中，所以说“动而愈出”。

“动而愈出”说的是出，但有出就有进。如果拉动风管，空气也同时会被抽到皮囊、风箱里。而《老子》只说“虚而不屈”，不说“动而愈进”，也没有再说风箱的事，却换了个角度，由橐籥的比喻扯到人事上。

叙自然在于明人事，这是中国哲学一个突出的特点，更是《老子》一书的突出特点。所以上面“天地之间，其犹橐籥与！

虚而不屈，动而愈出”说了天地自然，下面“多闻数穷，不若守于中”又由自然延伸到了人事。

我们常说：人是小宇宙，人是小乾坤。如果将人体与天地进行类比，那么人的头像天，脚像地，中间的肚腹就是象征天地之间。天地之间像个皮囊，人的肚腹本来也是个上下通气的皮囊。

“多闻数穷，不若守于中”的“闻”就是听，是从外向里输入，其实也就是“进”。这样“多闻数穷”与“动而愈出”一说进、一说出，像互文的修辞方法一样，两句意思是互相补充的。

如果单看“虚而不屈，动而愈出”一句，好像这是一种客观平淡、不置褒贬的描述，但如果再联系“多闻数穷，不若守于中”一句看，原来《老子》是主张“虚而不屈”，而既反对“动而愈出”也反对“动而愈进”的。

“多闻数穷”的“闻”，王弼本等作“言”。“言”是说话的意思，与“闻”正好相反，是由里往外输出。这样“多言数穷”就和“动而愈出”的意思是一致的。虽然不一定是《老子》的原义，但也能讲得通，有一定的道理。

人的肚腹中有五脏六腑，里面充满了气，中医把它分为肾气、胃气、肺气等。其中肾气中蕴藏着父母遗传下来的真气，是先天的。相对于肾气来说，胃气、肺气等则是后天的，都靠肾气的发动和后天饮食而生成。

听也好，说也罢，都是要消耗能量的。听得太多，说得太多，首先会累相应的脏气，进而累及肾脏先天之气。就像一个物件，坏了以后修补得再好，也没有原装的好。先天之气损耗起来容易，但补养起来很困难。把肾累坏了，只有出的气，没有进的气，中医叫“肾不纳气”，一个人如果到了这份上，就意味着快完蛋了。所以道教中人在养生上特别提倡少言，如孙思邈《千金翼方·养性禁忌》中说：“众人大言而我小语……淡然无为，神气自满。以此为不死之药。”

一个人是这样，一个国家也是这样。也要无为而为，不要没事找事瞎折腾。越能折腾，消耗得越多，国运越是不长。史书上说一个朝代快灭亡了，叫“气数将尽”或“气数已尽”，就是这个道理。而这也就是《老子》主张“虚而不屈”而反对“动而愈出”“动而愈进”的原因。

慈：道心的体现

前面我们讲过“玄”，《老子》第 1 章说“玄之又玄”，那就是两个“玄”。两个“玄”合在一起又是什么字呢？那就是“玆”“兹”。

“玄”是黑里透红、阴中有阳的意思，是一切阴阳转化的途径，是“道”“恒道”，那么“玆”“兹”也应该有这个意思。

“兹”下面再加一个“心”又是什么字呢？就是“慈爱”“慈祥”的“慈”。

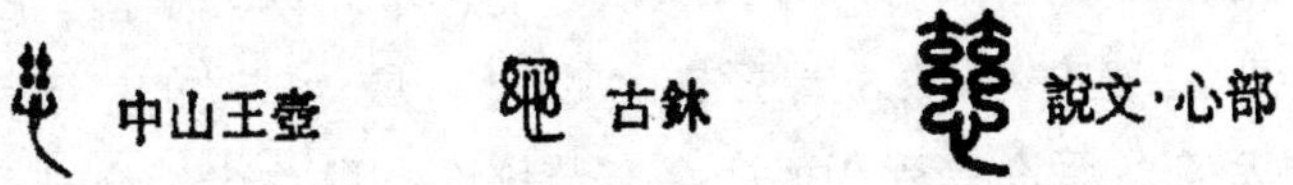

古文中的“慈”

“玆”“兹”是“道”“恒道”，那么“慈”就是“道心”。人是有心的，“道”难道也有心吗？还真有。

《易经·复》卦辞云“反复其道，七日来复”，是说阴、阳之“道”以“七”为周期数反复循环。《复·彖》辞还说“《复》，其见天地之心乎”，是说《复》卦表现出了天地之心。而天为阳，地为阴，“一阴一阳之谓道”（《周易·系辞》），所以这个“天地之心”正是“道心”。

在传统观念中，父亲往往是威严而有力的，母亲往往是慈爱、慈祥而柔弱的，因此有“严父慈母”之说。与男性相比，一般情况下，女性的确更多地表现出柔弱的一面。但有些情况下，比如孩子遭遇到危险时，看似柔弱的母亲则会爆发出不可思议的力量，表现出不同寻常的勇敢。所以《老子》第 69 章说：

> 我恒有三宝，持而宝之。一曰慈，二曰俭，三曰不敢为天下先。夫慈，故能勇；俭，故能广；不敢为天下先，故能为成事长。今舍其慈且勇，舍其俭且广，舍其后且先，则必死矣。夫慈，以战则胜，以守则固。天将建之，如以慈垣之。

——我经常持有三件宝贝：一是仁慈，二是节俭，三是不敢为天下先。因为慈爱，所以才能勇敢；因为节俭，所以才能广大；因为不敢为天下先，所以才能成为成功的主宰者。如果舍弃慈爱而崇尚勇敢，舍弃节俭而向往广大，舍弃退让而追求领先，那肯定要走向死路。慈爱，用它征战就会取胜，用它防守就能巩固。上天将要成就某一个人，就会以慈爱来保护他。

为什么“夫慈，故能勇”？就能“以战则胜，以守则固”呢？《老子》第71章说：

用兵有言曰：吾不敢为主而为客，吾不敢进寸而退尺。是谓行无行，攘无臂，执无兵，乃无敌矣。祸莫大于无敌，无敌近亡吾宝矣。故称兵相若，则哀者胜矣。

——用兵上有这样的说法：我不敢主动进攻而被动防守，我不敢前进一寸而后退一尺。这叫作想走路却没路可走，想挥动胳膊打人而没有胳膊，想拿着兵器而没有兵器，于是使进攻的一方没有对手。灾祸没有比没有把对手放在眼里更大的，没把对手放在眼里近乎丧失了我的法宝。所以兴兵作战，两军兵力相当的时候，那么悲哀的一方取胜。

“慈”与“悲”相关，如《素问·解精微论》中说“神不慈则不悲”，反过来也就是说“慈”而后才能“悲”，因此才有“慈悲”一词。“悲”又与“哀”相关，因此又有“悲哀”一词。而“哀”“悲”又都与“怒”相关。从五行生克的理论上讲，肝属木，在志为怒；肺属金，在志为悲。肺金的悲偏盛，固然能够克制肝怒；但如果肝木怒盛，也可以反侮肺金，使人悲哀，而悲哀能够极大地激发和调动人的潜能。

举个例子，公元前284年，燕国进攻齐国，齐国的即墨城陷于燕军重兵包围之中，形势对比很明显——燕强齐弱。在这种情况下，齐军不少士兵投降燕军。为了断绝齐军投降的念头，同时激励士兵战胜强敌，即墨守将田单故意让人放风说：“我们最害怕燕军把投降后的齐军割去鼻子，然后把他们放在队伍的最前面和我们作战，要是这样的话，即墨城就不保了。”燕人听了这话果然中计，对齐国的降卒施以割鼻的刑罚。齐国士兵见此情形非常愤怒，害怕城破以后也被割了鼻子，于是坚定了守城的意志。一招奏效，田单又让人放风说：“我们最怕燕人挖掘我们城外的祖坟，使我们先人受辱，这样会使士兵心寒，无心作战。”燕人再一次中计，在城外掘坟焚尸。城内的齐军见状痛哭流涕，怒火万丈，纷纷要求出战。最终，田单巧设“火牛阵”，大破城下燕军，并且一举收复了齐国失地。

《老子》第71章所说的“宝”，就是第69章所说的“慈”“俭”“不敢为天下先”等“三宝”。而田单正是利用了慈、悲、哀、怒相互转化的原理，使处于劣势的齐军变成“哀兵”，最终以弱胜强，战胜了强大的燕军。这正如《老子》第36章所说：

> 将欲翕之，必固张之；将欲弱之，必固强之；将欲去之，必固与之；将欲夺之，必固予之：是谓微明，柔弱胜强。

——要想合上它，一定要先打开它；要想削弱它，一定要先使它强大；要想去掉它，一定先要赞助它；要想夺取它，一定要先给予它：这叫作阴中有阳、黑中透亮，柔弱胜过刚强。

可见“夫慈”之所以“能勇”，之所以能“以战则胜，以守则固”，是由阴、阳的往复运动也即天地之心、“道”心所决定的，也是“反也者，道之动也；弱也者，道之用也”（第41章）的具体体现和运用。

宋代大儒张载曾豪气冲天地说："为天地立心，为生民立命，为往圣继绝学，为万世开太平。"（《张子语录》）其实天地原来就是有心的，不需要我们画蛇添足、叠床架屋，再为天地立心。

《老子》第49章说"圣人恒无心"，我们需要做的只是"顺"，只要顺应阴、阳的运动变化，顺应天地之心、"道"心就可以了。

无极：道运的最高境界

“无极”的“无”，就是“没有”的意思，不用多讲。“极”，《说文》解释说“栋也”，也就是居一屋最高处的栋梁，引申为“最高”“最高点”等意思。

古文中的“极”

“极”在《老子》中出现了6次，其中第16章“致虚极也，守静笃也”、第70章“是谓用人，是谓配天，古之极也”的2个“极”字是程度副词“最高”的意思；其他4个是“最高点”的意思。

“极”是“最高”的意思，而《老子》的“道”是一个阴阳往复循环的圆环之“道”，在这样一个圆环之上，每一个点与圆心的距离都是一样的，是没有一个最高点的。所以第 28 章说：

知其白，守其黑，为天下式。为天下式，恒德不忒。恒德不忒，复归于无极。

——转变他的白，守住他的黑，作为天下人的范式。作为天下人的范式，长久的德性没有差错。长久的德性没有差错，复归于没有最高点的状态。第 58 章说：

周敦颐《太极图》

祸，福之所倚；福，祸之所伏。孰知其极？其无正也。

——祸是福的依靠，福中潜伏着灾祸。谁知道它的最高点？它没有一个定准。第 59 章说：

早服是谓重积德。重积德则无不克，无不克则莫知其极，莫知其极可以有国，有国之母可以长久。

——及早服从阴阳变化就是重新（重视）积德。重新（重视）积德，就没有什么不能做成的；没有什么不能做成，就没有人知道它的最高点；没有人知道它的最高点，就可以拥有国家；拥有了土地，国家就可以长久。

《老子》中说“无极”“莫知其极”，《周易·系辞》中则说：

是故易有太极，是生两仪。两仪生四象……

而《庄子》中既说到“无极”也说到“太极”，如《庄子·大宗师》中说：

夫道……在太极之先而不为高，在六极之下而不为深……孰能登天游雾，挠挑无极，相忘以生，无所终穷？

宋代周敦颐的太极图则在“太极”之上添上了“无极”一层，表明“无极”比“太极”的境界还要高。

金庸小说《倚天屠龙记》中描写，蒙古郡主赵敏带人到武当山寻衅滋事，张三丰教张无忌太极剑法对付赵敏手下的“八臂神剑”方东白：

张三丰演示了一遍太极剑法后，问张无忌：“孩儿，你看清楚了没有？”

张无忌道：“看清楚了。”

张三丰道：“都记得了没有？”

张无忌道：“已忘记一小半。”

张三丰道：“好，那也难为了你。你自己去想想吧！”

张无忌低头默想。

过了一会，张三丰问道：“现在怎样了？”

张无忌道：“已忘记了一大半。”

这时，周颠失声叫道：“糟糕！越来越忘得多了。”要求张三丰再演示一回。

张三丰又演示了一回，再问张无忌："孩儿，怎样啦？"

张无忌道："还有三招没忘记。"

张三丰点了点头，放剑归座。

张无忌在殿上缓缓踱了一圈，沉思半晌，又缓缓地踱了半圈，抬起头来，满脸喜色，叫道："这下我可全忘了，忘得干干净净的了。"

张三丰道："不坏，不坏！忘得真快，你这就请八臂神剑指教吧！"

最终，张无忌以无限为有限、以无法为有法，靠"忘"了的太极剑法，打败了"八臂神剑"。

不少人喜欢看武侠小说，是金庸迷，但很少人知道，《倚天屠龙记》中的这个"张无忌"其实也就是"张无极"，何以见得呢？

我们知道，张无忌后来成了明教的教主，明教教主下面有左、右光明二使，这相当于《周易·系辞》"易有太极，是生两仪"的"两仪"。左、右二使一个叫杨逍，一个叫范遥，这"逍""遥"二字又是取自于《庄子·逍遥游》中的"逍遥"。左、右二使下面有紫衫龙王、金毛狮王、白眉鹰王、青翼蝠王四大法王，相当于《周易·系辞》"两仪生四象"中的"四象"。四大法王下面有"五散人"，相当于《老子》第28章"朴散则为器，圣人用之则为官长"中的"器""官长"。再往后，那就是五行旗了，也就是太极图中的木、火、土、金、水五行。又，《史记·老子韩非列传》说老子骑青牛西出函谷关，按后来的道教

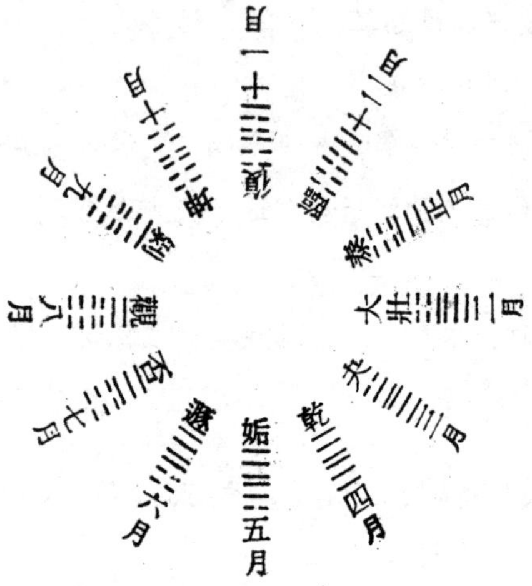

十二辟卦图：《乾》《坤》的相互转化

的说法是“化胡而去”了，而《倚天屠龙记》中偏偏又有个神医叫“胡青牛”。

一部《倚天屠龙记》中有这么多的人名取之于《老子》《庄子》，所以我们完全有理由认为，“张无忌”的“无极”也应该是取之《老子》，“无忌”应该就是“无极”的谐音。

《易经·乾》卦上九爻说“亢龙，有悔”，“龙”代表阳气，“亢龙，有悔”是说阳气强盛到了极点而不知道转化，会有悔恨产生；用九爻说“见群龙无首，吉”，出现阴、阳并存的局面吉利，这是因为阳气到了极点以后开始向阴气转化，《乾》卦开始向《坤》卦转化。

《倚天屠龙记》中，张无忌之前的明教教主叫“阳顶天”，顾名思义，就是阳气到了顶点的意思，也就是“亢龙，有悔”的状态，所以最后未得善终。而继任的张无忌（无极）之所以武功更高、更强、更厉害，是因为他属于“见群龙无首，吉”的状态，能够在阴、阳之间不断进行转化，会乾坤大挪移。

为道篇

——怎么做才能为道

“道”虽然说不出、看不见、听不到，但“道”又是无处不在的，并没有那么高深莫测。要为“道”，就要摒弃知识带来的成见，擦亮你的心，按事物的本来面目认识事物，公平、公正地对待一切事物。

鉴：擦亮你的心

“鉴”只出现在《老子》第10章“涤除玄鉴，能毋疵乎”中。

“鉴”的繁体作“鑒”。本字是“监”，“监”的繁体作“監”。金文中的“监”像一个人睁着眼睛，对着器皿中的水看自己。由于器皿的材质由陶土变成青铜，后来“监”加上了“金”字旁，变成了“鑑”“鑒”。“鑑”和“鑒”是异体字的关系。

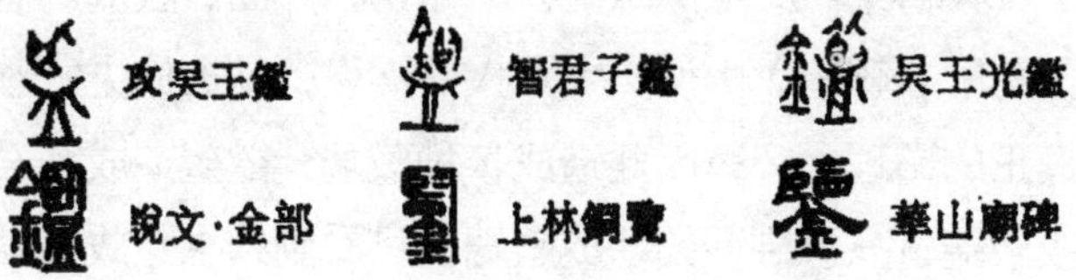

古文中的“鉴”

最初，人们发现器皿中盛水能照见人形，所以以水为鉴，因此才有“人无于水鉴，当于民鉴”（《尚书·酒诰》）、“人

青铜镜

莫鉴于流水，而鉴于止水”（《庄子·德充符》）等说法。器皿采用青铜材质后，人们发现没有水的青铜鉴底面光亮，同样也能照出人形来，因此渐渐降低了器皿的高度，最后一直降成一个平面，变成只有照人功能的青铜镜。

老子以前的商周时代，金属器皿多为青铜制品。青铜是一种锡和铜的合金，时间长了以后，由于氧化而形成幽黑色，“玄”就是这样一种幽黑色，所以又称这种青铜镜为“玄鉴”。

“玄鉴”是比喻心的，“疵”是瑕疵、弊病的意思。“涤除玄鉴，能毋疵乎”是说，把心灵打扫得干干净净，这样就不会有什么瑕疵。

什么瑕疵呢？就是认识事物中存在的片面、蔽端。有关于此，《荀子·解蔽》中说：大凡人的祸患，是被偏见蒙蔽而不明白真正的道理。……因此造成各种蔽端：欲望造成蔽端，厌恶造成蔽端；只看到开始造成蔽端，只看到结果造成蔽端；疏远造成蔽端，亲近造成蔽端；广博造成蔽端，肤浅造成蔽端；好古造成蔽端，薄今造成蔽端。凡是万物有差异没有不相互形成蔽端的，这是人们认识上的共同祸患。

那么，又如何避免这种认识上的片面、蔽端呢？《荀子·解蔽》中继续说：

> 圣人知心术之患，见蔽塞之祸，故无欲无患，无始无终，无近无远，无博无浅，无古无今，兼陈万物而中县衡焉，是故众异不得相蔽以乱其伦也。何谓衡？曰：道。……人何以知道？曰：心。心何以知？曰：虚壹而静。心未尝不臧也，然而有所谓虚；心未尝不满也，然而有所谓一；心未尝不动也，然而有所谓静。……虚壹而静，谓之大清明……坐于室而见四海，处于今而论久远，疏观万物而知其情。

——圣人知道人们认识上的蔽端，看到了蒙蔽的祸患，所以没有欲望也没有厌恶，没有开始也没有终结，不亲近也不疏远，不广博也不肤浅，不好古也不薄今，同样地看待万物，用一个标准来衡量，因此各种事物的不同不能相互蒙蔽而乱了秩序。……人凭什么知“道”？凭心。……心是怎么知“道”的？要达到虚空、专一、宁静。心未尝不储藏知识，但要使它达到虚空；心是能认识多种事物的，但是要使它达到专一；心是活动的，但是要使它达到安静。……达到虚空、专一、宁静的状态叫作大清明，这样坐在室内而能知道四海之内的事情，处在当下而可以谈论久远的事情，通观万物而可以掌握其实际情况，考察治乱而通晓其中的规律，治理天地而能利用万物，掌握了大道也就把握了宇宙万物。

“故无欲无患，无始无终……兼陈万物而中县衡焉”，也就是《老子》第 56 章所说的“故不可得而亲，亦不可得而疏；不可得而利，亦不可得而害；不可得而贵，亦不可得而贱”。“坐于室而见四海，处于今而论久远，疏观万物而知其情”，也就是《老子》第47章所说的“不出于户，以知天下；不窥于牖，以知天道。其出弥远，其知弥少。是以圣人不行而知，不见而明，弗为而成”。

以镜喻心是道家的一个传统，也是中国文化的一个传统，而这个传统就是从《老子》开始的。同是道家的庄子也很喜欢以镜喻心，如《庄子·应帝王》中说：

至人之用心若镜，不将不迎，应而不藏，故能胜物而不伤。

——至人用心的时候，就像镜子照物一样，既不拒绝事物，也不主动地招惹事物，事物来到跟前就反映一下，事物过去了也不把它留在心中，所以既能认识和反映事物，而又不会累伤了自己。《庄子·天道》中还说：

水静犹明，而况精神！圣人之心静乎，天地之鉴也，万物之镜也。

——水平静下来尚且清澄明澈，又何况是人的精神呢！圣人的心境虚空宁静，可以作为天地的明镜，可以作为万物的明镜。

道家以镜喻心，佛家也以镜喻心。相传，佛教禅宗的五世祖弘忍欲传衣钵于弟子，命弟子们各作一谒，看谁的悟性最高，就将衣钵传与谁。老资格的上座神秀先出一偈云：

身是菩提树，心如明镜台。时时勤拂试，莫使惹尖埃。

其时，惠能刚入佛门不久，正在厨房中碓米烧火做饭呢，听了神秀这偈说道：“美则美矣，了则未了。”境界是有了，但还不够透彻。因此自念一偈云：

菩提本无树，明镜亦非台。本来无一物，何处染尘埃？

佛家认为四大皆空，宇宙间的一切事物都是虚幻之相，都是由心而生。能够从万有的表象中悟出“空”，这才是佛的最高境界。

神秀的偈子说的是“有”“有心”，惠能的偈子说的是“无”，连“心”都没有。无论在境界还是悟性上，惠能都比神秀高，因此弘忍将衣钵传与了惠能。

佛家的四大皆空与《老子》第 1 章所说“故恒无欲也，以观其眇”、第 41 章所说“天下万物生于有，有生于无”相似；神秀偈子说的是“有”“有心”，与《老子》第 10 章所说“涤除玄鉴，能毋疵乎”相似；惠能偈子说的是“无”“无心”，与《老子》第 49 章所说的“圣人恒无心，以百姓之心为心”相似。佛、道、儒诸家的融会相通，于镜喻可见一斑。

尘：微也足以道

“尘”在《老子》中出现了2次，即第4章“挫其锐，解其纷，和其光，同其尘”，第56章“塞其兑，闭其门，和其光，同其尘，挫其锐，解其纷，是谓玄同”。其中第4章的“挫其锐……同其尘”几句，一般认为是第56章的错衍重出。所以虽说出现了2次，其实只能算1次。

“尘”的繁体字作“塵”，由“鹿”“土”组成，就是鹿奔跑时扬起的灰尘，《说文》说：“鹿行扬尘也。”段玉裁注云：“群行则尘土甚，引申为凡扬土之称。”

鹿的奔跑扬起灰尘，又使我们想起一个字。什么字呢？那就是“粗”。因为“粗”有个异体字作“麤”，由三个“鹿”字组成的，《说文》说“行超远也”，后引申为卤莽之意。实际上，“粗”的本字与“精”相对、相反，如《庄子·秋水》中说：

可以言论者，物之粗也；可以致意者，物之精也。

——可以用言语论述的，是粗浅的事物；可以用意会领悟的，是精微的事物。《庄子·天下》还说：

以本为精，以物为粗。以有积为不足，澹然独与神明居。

——把天下万物的根本看作是精细的，把有形的事物看作是粗疏的。把积蓄看作不足，心境宁静独自与神明相处。

《庄子》中所说的“精”“粗”又是指什么呢?《老子》第21章说：

道之物，惟恍惟忽。忽呵恍呵，中有象呵；恍呵忽呵，中有物呵。幽呵冥呵，中有精呵。其精甚真，其中有信。

两相比较，不难得出：《庄子》中所说的“精”就是《老子》中作为宇宙万物本源的“有物”和“道”，“粗”就是“有物”在圆环之“道”上所化生的具体的、有形的事物。

作为宇宙万物本源的“有物”“道”是唯一的，是“独”的（参“独”字条），是精细的；“有物”在圆环之“道”上所化生的具体的、有形的事物是众多的、粗疏的，这些众多的、粗疏的事物构成了我们生活于其中的这个世界。

哪里有尘土，哪里就不干净。现实社会到处都是尘土，所以佛家认为现实社会到处不干净，不如他们所称的极乐世界美好，因此称现实社会为“尘世”“浊世”。

“道”虽然是唯一的、是“独”的，但因为它化生了众多具体的事物，每个具体的事物也都携带了“道”的基因，因而

“道”又是无处不在的。所以《老子》第34章说：

道氾呵，其可左右也。

——“道”就像洪水泛滥一样呀，是无处不在的。《庄子·知北游》中说得更具体：

（道）无所不在……在蝼蚁……在稊稗……在瓦甓……在屎溺……无乎逃物。

——“道”无处不在，在蝼蚁身上，在稗草身上，在瓦块砖头之中，在屎尿之中，“道”离不开每一个具体、有形的事物。

“道”所化生的事物虽然是粗俗的，但是也体现了“道”。因此善于为“道”的人就要把自己降到尘埃里，混同于尘世之中，从粗俗卑微、具体有形的事物之中领悟“道”。所以《老子》第15章说：

古之善为道者……涣呵其若凌释……混呵其若浊……

——古代那些善于为道的人……涣然流离呀，就像冰凌融化一样……混浊呀，就好像混水一样……

鹿奔跑时能扬起灰尘，马奔跑时又何尝不是如此呢！因此《庄子·逍遥游》中说：

鹏之徙于南冥也，水击三千里，抟扶摇而上者九万里，去以六月息者也。野马也，尘埃也，生物之以息相吹也。

——大鹏向南海迁徙的时候，拍击水面远至三千里，借着旋风的回旋上升到九万里高空，看到下面春天野外的森林沼泽中雾气犹如野马奔腾，低空里尘埃沸沸扬扬，大自然里各种生物气息相互吹拂。

大鹏从高空往下看，看到的是下面沸沸扬扬的尘埃。那么，如果我们站在下面往上看，又会是什么样子呢?《庄子·逍遥游》中接下去说：

> 天之苍苍，其正色邪？其远而无所至极邪？其视下也，亦若是则已矣。

——天空是那么湛蓝，难道这是它真正的颜色吗？还是因为天空高旷辽远，我们没法看到它尽头的缘故呢？大鹏在高空往下看，也不过像我们仰望天空而无法辨明正色一样罢了。

“鹏之徙于南冥也……亦若是则已矣”，这段话虽然出自《庄子》第一篇《逍遥游》，但是下启了《庄子》第二篇《齐物论》的主题：从上往下看和从下往上看，其实是一样一样的。

“形而上者谓之道，形而下者谓之器”(《周易·系辞上》)，“道”固然是在上的，“尘”固然是在下的，但如果你能混同于形而下的尘世，也就能混同于形而上的“道”，因此说“同其尘……是谓玄同”。

谁说微不足道呢!

坐：以忘为目的

“坐”在《老子》中仅见于第62章：

> 道者，万物之主也，善人之宝也，不善人之所保也。美言可以市，尊行可以加人。人之不善也，何弃之有？故立天子，置三卿。虽有拱之璧以先驷马，不若坐而进此。

——道是万物之主，是善人的宝贝，是不善之人用来保全自己的。美好的语言可以起到沟通的作用，高尚的行为可以影响他人。人虽然不善，但是有什么理由要抛弃他呢？所以设立天子同时也设置三卿。虽然先晋献拱璧然后晋献驷马作为礼物，不如“坐”而进“道”。

其中的“坐”字，注译《老子》之书大都忽略不译。李零先生《人往低处走》中把“坐而进此”译为“跪而献道”，这等于把“坐”译为“跪”，把“进”译为“献”，也不对。

联系第62章上下文看，“坐而进此”中的“此”指“道”无疑。《庄子·天运》中借老子之口说：

> 使道而可献，则人莫不献之于其君；使道而可进，则人莫不进之于其亲；使道而可以告人，则人莫不告其兄弟；使道而可以与人，则人莫不与其子孙。

——假如“道”可以晋献的话，那么人们没有不拿它来献给国君的；假如“道”可以进献的话，那么人们没有不拿它来献给亲人的；假如“道”可以通过言语告诉别人，那么人们没有不把它告诉兄弟的；假如“道”可以送给别人，那么人们没有不送给他们子孙的。

这也就是说，“道”是无法靠别人传授的，更不像玉璧、马匹那样具体的东西可以作为礼物送给别人。所以说李零先生把“坐而进此”翻译为“跪而献道”也不对。

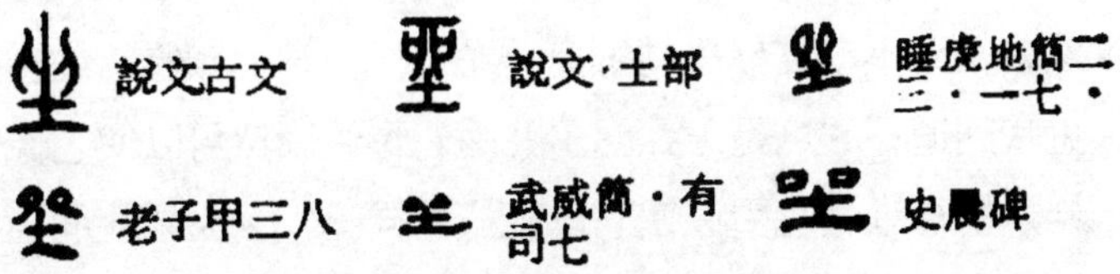

古文中的“坐”

“坐”由一个“土”、两个相对的“人”组成，林义光《文原》说“象二人对坐土上形”。

《渊鉴类函·居处部·台》中载：有一天，金代章宗皇帝完颜璟与爱妃李宸在新建的台榭上欣赏周围的景色。章宗一时高兴，便随口说道：“两人土上坐。”一旁的李宸也随即对答道：“一月日边明。”两句合起来，恰好是一副难得的对联。章宗皇帝听后，连声称赞道：“好联！好联！”其中“一月日边明”拆的是一个“明”字，“两人土上坐”拆的就是这个“坐”字。

同样是坐，却有不同的坐姿，而不同的坐姿有不同的寓意。比如，两膝着地，两股直立，腰部挺直，臀部放在脚跟上，称为“危坐”“跪坐”，表示的是一种严肃、恭敬的态度。臀部着地，双足伸开，两手按在膝上，像簸箕的形状，称为“箕坐”“踞坐”“夷坐”，是一种傲慢、不尊敬人的坐姿，所以孔子曾因他的老友原壤箕坐而拿拐杖敲他的小腿（《论语·宪问》），孟子曾因为他的老婆踞坐而差点把她休了（《韩诗外传》）。

还有一种坐法，就是靠着桌几坐在席子上，称为“隐几而坐”，这种坐法可以说是道家的专利。比如《庄子·齐物论》中载：南郭子綦靠着几案而坐，抬头望天，口中缓缓吐气，神情木然，一动不动，似乎精神离开了躯体。学生颜偃陪站在跟前，见状问道：“这是怎么回事儿呢？形体固然可以使它像枯木一样，精神难道也可以使它像死灰那样吗？今天凭几而坐的人，和往昔凭几而坐的人大不一样了。”南郭子綦回答说：“颜偃呀，你这个问题不是问得很好吗？今天的我已经忘掉了自己，你知道吗？……”

讲到这里，对道家有些了解的读者该明白了：这段文字描写的是一种得“道”的状态，南郭子綦隐几而坐其实就是寓意得“道”了。

南郭子綦“隐几而坐”，似丧其耦、形如槁木、心如死灰的状态，用道家的另一个专门术语来说，那就是“坐忘”。《庄子·大宗师》中孔子与颜回的一段对话，就说到“坐忘”这种状态：

有一天，颜回对孔子说：“我进步了。”孔子问：“你所说的进步指什么？”颜回说：“我已经忘掉仁义了。”孔子说：“好呀！可以说有进步了，但是还不够。”

过了几天，颜回再次拜见孔子说：“我又有进步了。”孔子问：“你所说的进步指什么？”颜回说：“我忘掉礼乐了。”孔子说：“好呀，可以说有进步了，但是还不够。”

又过了几天，颜回再次拜见孔子说：“我又有进步了。”孔子问：“你所说的进步指什么？”颜回说：“我‘坐忘’了。”

这回，轮到作为老师的孔子惊讶了。孔子神色突变，问颜回说：“什么叫‘坐忘’？”颜回说：“‘坐忘’就是忘记自己的肢体，废除灵敏的听觉和清晰的视力，离弃身体并抛弃知识，与大道浑同为一体。”

由上可见，原来《老子》“坐而进此”的“坐”，其实就是《庄子》中“隐几而坐”的“坐”，就是“坐忘”的“坐”。

许多人对“不若坐而进此”的“坐”忽略不译，原因之一可能压根儿就不知道这个“坐”就是“隐几而坐”的“坐”，就是“坐忘”的“坐”；原因之二“坐”是为了忘，寓意在得“道”，而“道”本身又是不可说的，因此也的确难以用一个词来简单地对译。

忘：别丢了你的心

“忘”字仅见于《老子》第33章“不失其所者久，死而不忘者寿也”。其中“不失其所者久”中的“所”指“道”，“不失其所者久”就是说，不违背“道”的人活得长久。那么“忘”又是什么意思？“死而不忘者寿也”又应该怎么理解？

在讲“忘”之前，先看看“死”。“死”在甲骨文中是一个人拜于一具枯骨旁边的样子，商承祚《殷虚文字类编》中说：“生人拜于朽骨旁，‘死’之谊昭然矣。”也就是说，“死”就是人的躯体的死亡。

古文中的“死”

“忘”，王弼本作“亡”。“亡”是“消失了”“没有了”的意思（参“无”字条）。“忘”与“忙”其实应该是异体字的关系，都是一个“亡”加一个“心”，只不过结构不同而已，都是指心亡、心死。

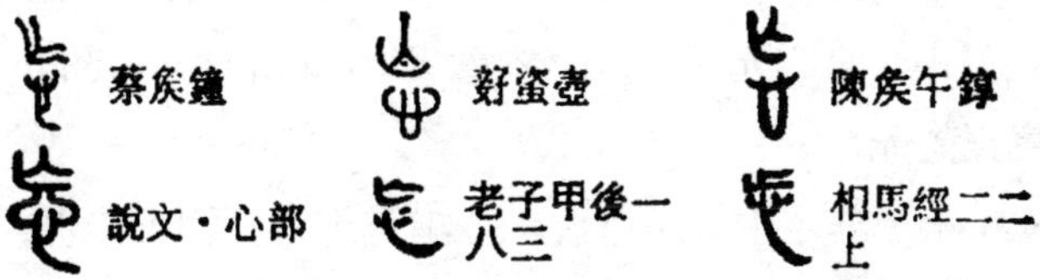

古文中的“忘”

心本是五脏之一，在古人的观念中，人的思想、精神是发自于心的，所以“忘”实际上就是指精神死亡，而“不忘”也就是精神不死。

《左传·襄公二十四年》载，晋国的范宣子和鲁国的叔孙豹谈论什么叫“死而不朽”。范宣子说，能够世世代代享受俸禄是“死而不朽”。叔孙豹不认同范宣子的观点，说“太上有立德，其次有立功，其次有立言”，品德好、有功绩、有著作言论传世，这才叫“久而不废”“死而不朽”。叔孙豹所说的“死而不朽”就相当于《老子》所说的“死而不忘”。

臧克家先生《有的人》诗中说“有的人活着，他已经死了；有的人死了，他还活着”，前句中的“活”是躯体的活，“死”是思想、精神的死；后句中的“死”是躯体的死，“活”是思想、精神的活。思想、精神已经死亡了，但躯体还活着，那就是行尸走肉；躯体虽然已经死亡了，但思想、精神还活着，这就是永远活在人民的心中。

《庄子·齐物论》中说："其形化，其心与之然，可不谓大哀乎？"人的形骸固然可以消失，但如果连思想、精神也跟着一块儿死亡，这难道不是最大的悲哀吗？

《庄子·田子方》中又说："夫哀莫大于心死，而人死亦次之。"相对于心死来说，躯体意义上的死亡是次要的，心死才是真正的死亡。

《庄子·养生主》中还说："指穷于为薪，火传也，不知其尽也。"用柴火蘸着油脂燃烧，油脂有烧完的时候，柴火有烧完的时候，但是火可以一直传下去。同样的道理，人的身体、肉体固然会被消耗掉，但是人的思想、精神可以被传承下去。

一个人的一生中，是否有可以传承下去的思想、精神，这是《老子》判断死与活、死与不忘的一个很重要标准，所以说"死而不忘者寿也"，躯体死亡而精神不死的人才是长寿。

现代科学告诉我们，人的思想、精神是来自于大脑的。这样一来，《老子》所说的"忘"就是现代医学所说的脑死亡，也就是植物人。

究竟怎么才算是死亡？是脑死亡，还是心脏停止跳动？因为这个问题涉及生命伦理，一直还在争论着。按《老子》的标准，心脏虽然还在跳动，但大脑已经死亡，那是死亡；心脏虽然停止跳动了，但大脑还在运行的人，那不是死亡。

1944年9月8日，毛泽东为追悼张思德所作演讲中说："人总是要死的，但死的意义有不同。"1956年11月15日，毛泽东在中共八届二中全会的讲话中还说："人是要有一点精神的……”

《老子》第21章说“道之物……中有精呵。其精甚真……”而精化气、气化神，我们每个人都是“道”所化生，都承袭了“道”的精神。

虽然每个时代追求的精神不同，但“不失其所者久，死而不忘者寿也”，只要与“道”同在同行，活出自己的思想、精神，你就是长寿的。

死地：遗生而后身存

人总是要死的，但人总希望活得长久一些，没有人希望早死。那么，什么原因导致了死亡？如何才能活得更长久些呢？

与“死”相关，在《老子》第50章中2次出现了“死地”这个词：

> 出生入死。生之徒十有三，死之徒十有三。而民生生，动皆之死地之十有三。夫何故也？以其生生也。盖闻善摄生者，陵行不遇兕虎，入军不被甲兵，兕无所揣其角，虎无所措其爪，兵无所容其刃。夫何故也？以其无死地焉。

——出生入死。有益于长生的因素占十分之三，导致死亡的因素占十分之三。但是百姓使生命生存，动不动就进入死地，这些因素也占十分之三。什么缘故呢？因为他们太想使生命生存。曾听说善于养生的人，在山地上行走不会遇到犀牛和老虎，在战争中不会受到兵器的创伤，犀牛在他身上没有地方用角，老虎在他身上没有地方放置爪子，兵器在他身上没有地方容纳利刃。这是什么缘故呢？因为对他来说不存在死地。

其中，“生之徒十有三，死之徒十有三”，这是从客观因素上说的；“而民生生，动皆之死地之十有三”，这是从主观因素上说的；“盖闻善摄生者……兵无所容其刃”一段与第55章中“含德之厚者，比于赤子。蜂虿虺蛇弗螫，攫鸟猛兽弗搏，骨弱筋柔而握固”一段相似，描写的都是发生在赤子、婴儿（参“婴儿”字条）身上的事。

“死地”也叫“亡地”，顾名思义，就是死亡的区域。兵书中常见这个词，如《孙子兵法·九地》中说：

> 用兵之法，有散地……有死地。……疾战则存，不疾战则亡者，为死地。……围地则谋，死地则战。……投之亡地然后存，陷之死地然后生。

由上引《孙子兵法》可见，“死地”是客观存在的。那么，“婴儿”怎么可能做到“无死地”呢？

无知者无畏，初生牛犊不怕虎。初生婴儿处于一种混混沌沌、无知无虑的状态，不知道忧愁，不知道害怕，不知道危险存在，也不知道躲避危险，对他（她）们来说，的确是“无死地”的。

正因为婴儿“无死地”，所以《孙子兵法·九地》中说“视卒如婴儿，故可与之赴深谿谷”，把士卒训练得像婴儿一样，即使前面是深深的山谷，也可以率领他们往下跳。

婴儿的“无死地”，是因为他（她）们没有意识到“死地”的存在。那么，对于有意识的成年人来说，又如何才能做到“无死地”呢？我们看个故事：

公元前207年，项羽率领起义军攻打秦国名将王离据守的巨鹿，力量对比非常悬殊，项羽的军队处在下风。但项羽在率领军队渡过漳河后，命令全军破釜沉舟，焚烧营舍，只带三日干粮，向士兵表明必死的决心，在其他各路起义军作壁上观、无一救援的情况下，项羽率领的军队一以当十，大破秦军并俘虏了主将王离。

这是什么？这就是“投之亡地然后存，陷之死地然后生”，也是一种“无死地”。但这种“无死地”之所以成为可能，是由于主观上认识到已经处于“死地”，然后不把“死地”挂在心上，把死亡的危险置之度外，殊死一搏，为自己赢得一线生机，与婴儿的“无死地”有着本质上的区别。

这也就是说，把死亡置之度外，然后才能够“无死地”。但由于人们太想活着了，所以想尽一切方法去养生，而由于养生方法不当、养生过度，结果反而损害了健康，所以《老子》说“而民生生，动皆之死地之十有三”。

例如，为了追求长生不老，从汉代到唐、宋，上层社会中一直盛行服食金石以养生的风气，不少人因此中毒乃至死亡。晋代的名士皇甫谧服食以后，寒冬身上发热，暑天心中烦闷，咳嗽喘逆，四肢酸重，痛苦不堪，几度想自杀了断。唐太宗、唐高宗、武则天、唐玄宗、唐宪宗等皇帝都热衷于服食金石，其中唐太宗、唐宪宗因此而死亡。著名的唐宋八大家之一韩愈，本来是反对服食金石的，但后来也抵挡不住长生的诱惑，也开始服食金石，最终也付出了生命的代价。所以《老子》第7章说：

天地所以能长且久者，以其不自生也，故能长生。是以圣人退其身而身先，外其身而身存。

——天地之所以能够长久，是因为它们不是为了自己而生存，所以能够长久生存。所以圣人把自己放在后面，反而能领先；把自己置之度外，反而能保全自己。第13章说：

吾所以有大患者，为吾有身也；及吾无身，有何患？

——我之所以有大的祸患，是因为我有这个身体；如果我没有这个身体，还会有什么祸患呢？第55章说：

益生曰祥。

——人为地去补益生命是凶险的征兆。《庄子·德充符》中也说：

不以好恶内伤其身，常因自然而不益生也。

——不能因自己的喜好、厌恶而伤害自己的身体，总是顺应自然而不是人为地益生。嵇康《养生论》也说：

忘欢而后乐足，遗生而后身存。

——忘记欢乐才有充足的欢乐，丢开生命的顾虑才能保全身体。

时下养生之风盛行，养生类电视节目、书籍、讲座铺天盖地，良莠不齐，泥沙俱下，令人目不暇接。道家、《老子》教给我们的养生方法却是反其道而行之，即不执着于养生，不刻意于养生，忘记关于生命的忧虑，从而避免进入人为的“死地”。

载：驾驭生命之车

“载”仅见于《老子》第10章：

载营魄抱一，能毋离乎！

关于其中的“载”，很多人认为是语气词，无实义；还有人认为通“哉”，应属第9章“天之道也”末读，差矣！

其实，这个“载”是“运载”的意思，“载营魄抱一”是把人身、“道”比喻成一辆车。何以见得呢？

古人认为天圆地方。“天圆”犹如车盖，“地方”犹如车厢，所以分别以车盖、车舆比喻天、地，因而有“天覆地载”“地势坤，君子以厚德载物”等说法。《老子》第25章说：

人法地，地法天，天法道，道法自然。

又《浑天仪注》云：

周天三百六十五度四分度之一，又中分之，则半覆地上，半绕地下。故二十八宿半见半隐，天转如车毂之运也。

《老子》之“道”是一个运行于天地之间的圆环之“道”（参“道”字条），车盖、车舆分别比喻天、地，那么车的运行顺理成章地也可以比喻“道”的运行。如《老子》第11章说：

卅辐同一毂，当其无，有车之用也。

——三十根车辐条共同贯穿在一个车毂上，（中空的车毂）相当于“道”的无，却能发挥车的作用。第39章说：

故致数舆无舆。

——所以得到很多的车等于没有车。什么意思呢？唐代成玄英《老子义疏》解释说：

舆，车也。箱、辐、毂、辋，假合而成，徒有车名，数即无实……数车之各件，无一名车者，喻我是一身，无一名我也。

——整体的车是比喻“道”的，而车箱、车辐、车毂、车辋等车的构件比喻“道”破散以后所生成的具体事物，具体事物虽然由“道”而生，但不是完整的“道”本身。

《老子》以车喻“道”，《庄子》也以车喻“道”，如《庄子·大宗师》中有这样一个故事：

子舆生病了，子祀前往慰问他。子舆腰弯背驼，脊骨严重突出，下巴隐藏在肚脐里，肩膀高过了头顶，颈椎弯曲朝天，却安逸闲适，若无其事。他蹒跚着走到井边，对着井水照着自己说："哎哟，造物主竟然把我变成这副拘挛不直的模样！"

子祀问他说："你厌恶这副模样吗？"

子舆说："没有，我为什么要厌恶呢！假如造物主把我的左臂变成一只鸡，我就用它来报晓；把我的右臂变成弹丸，我就用它来射取斑鸠烤了吃；把我的尾骨变成车轮，精神变成马，那我就用它来乘坐，哪里还用得着另外去找车呢！"

这个故事中显然也用了车的比喻：子舆的"舆"本身就是车，子舆自认为自己已经得道，既是以车喻道，也是以车喻身。

至于其他的道家文献，如《淮南子》《文子》《鹖冠子》等以车喻道，更是举不胜举。

《老子》等既然以车比喻道、比喻人身，那我们就以现代的汽车为例来说明"载营魄抱一，能毋离乎"的道理。

汽车要跑起来，先得有油料，油料就相当于"载营魄抱一"中阴性的"营魄"；汽车要跑起来，只有油料还不行，还得有点火装置，使油料燃烧起来变成动能，而这个阳性的火就在"载营魄抱一"的"一"中（参"一"字条）。油料、火要"抱"在一起燃烧，这得靠离合器，离合器离开，汽车就停下来了；离合器合上，汽车才能跑起来。

汽车的运动是这样，人体生命的运动也是如此，自然万物的运动也是如此。所以《素问·生气通天论》说：

凡阴阳之要，阳密乃固。两者不和，若春无秋，若冬无夏，因而和之，是谓圣度。故阳强不能密，阴气乃绝；阴平阳秘，精神乃治；阴阳离决，精气乃绝。

也正因此，《老子》第10章说："载营魄抱一，能毋离乎！"运载阴魄抱住一，阴阳就不能相离！只是在阴、阳二者之间，《老子》更加崇尚阴气，因此才先说"载营魄"，然后才说"抱一"。

辎重：运载生命之重

“辎重”出现在《老子》第26章中：

> 重为轻根，静为躁君。是以君子终日行不离其辎重。……若何万乘之王而以身轻于天下？轻则失本，躁则失君。

——重是轻的根本，静是躁的主宰。所以君子一天到晚行动不离开他的辎重。……为什么拥有万辆战车的君王却把身体看得比天下轻呢？轻则失去了根本，躁则失去了主宰。

“辎”也称“衣车”“库车”，有帷盖，用以装载物资，由此也指所装载的物资。由于辎车所载的物资较重，所以也称为“重车”。因为辎重车较重，所以往往用牛拉，速度较慢。与辎重车相对的是轻车，是载人的战车，都是用马来拉，所以速度也较快。

古语说：兵马未动，粮草先行。这里有两层含义：一是由于运输辎重的分量大，车辆速度较慢，所以必须先于作战部队、车辆出发；二是因为物资是作战的重要保障，对于战争的胜负起着重要作用。由此“重”从“分量大”又引申出“重要”“稳重”等意思，“轻”也从“分量小”引申出“不重要”“轻率”等意思。“轻”“重”的这些意思在《老子》第 26 章中是同时交互使用的。

有个笑话说，古代有个庸医给人治病，用了大量的巴豆。巴豆是一种有严重泻下作用的药物。结果，病人服用了这个医生开的药后，由于严重泻下而死亡。病人家属因此把医生告到了县衙，追究医生的责任，但这位医生说：“这不是我的责任，医书上就是这么说的。”医书上是怎么说的呢？这位医生说：“医书上说‘巴豆不可轻用’。”

“巴豆不可轻用”中的“轻”本是“轻率”的意思，“不可轻用”是说不可轻率地使用。这位医生却把“轻”理解为“剂量小”，既然医书上说巴豆不可小剂量地用，那就大剂量地用吧！这位庸医不知轻重、不识轻重，结果致人死命。

不明白、不区分《老子》第 26 章“重”“轻”的意思，虽然不至于直接闹出人命，但理解不了《老子》第 26 章，也分不清、把握不住我们生命中的轻、重。

通观第 26 章，不难看出，《老子》说“是以君子终日行不离其辎重”，并不是真的说君子终日行走而不离开辎重，其根本的着眼点在于“重”字，是以辎重为喻来说明“重”的重要性，说明“重”“轻”的辩证关系。

从阴、阳属性上分，阴为重、为静，阳为轻、为躁。如《列子·天瑞》中说“轻清者上为天，重浊者下为地”，《素问·阴阳应象大论》中说“阴静阳躁”。如此，“重为轻根”“轻则失本”与“静为躁君”“躁则失君”说的是一回事，只不过所说的角度不同而已。

阴、阳之间，重、轻之间，静、躁之间，阴、重、静是根本，对阳、轻、躁起着主宰和控制作用。如《素问·阴阳应象大论》说“阴在内，阳之守也；阳在外，阴之使也”，体内的阴气是固守阳气的根本，而阳气只有在阴气的主导下发挥作用。只有这样，才是正常的、健康的表现。反之，阳气脱离阴气的主宰和控制，游离飘浮在外，那就不是正常的生理表现，而是一种危险的征兆，意味着病重乃至死亡。所以《老子》说“重为轻根，静为躁君，是以君子终日行不离其辎重。……轻则失本，躁则失君”。

如果将身体与天下相比，哪个轻，哪个重呢？道家认为身体为重、天下为轻。

《庄子·让王》中有个故事说，韩国和魏国为争夺弹丸之地发生了战争。华子去见韩昭侯，韩昭侯正为此忧虑不已。华子对韩昭侯说：“现在如果让天下所有人都到你面前写下文书，文书上规定‘左手取文书那么右手将被砍掉，右手取文书那么左手将被砍掉，不过拿到文书的人一定会拥有天下’，如果是君侯您，会去取这张文书吗？”韩昭侯说：“不会。”华子说：“很好！由此来看，两只手臂比天下重要的多，而人的身体又比两只手臂更重要，韩国比起整个天下来要轻得多，如今韩、魏两国争夺的土地又比起韩国轻得多，您却因为担忧得不到这微不足道的土地而愁坏了身体、伤了性命！”——言外之意是说，值吗？韩昭侯说："好啊！劝我的人很多，却未曾听到过如此高明的言论。"

再回到《老子》第26章，《老子》的意思是，既然辎重如此重要，既然身体比天下还要重要，那么拥有万辆战车的君王应该知道辎重的重要性了吧？应该知道身体的重要性了吧？但为什么拥有万辆战车的君王们把身体看得比天下还轻呢？为了争夺天下，动辄轻率地发动战争，成天打打杀杀，不惜伤害自己和他人的性命呢？所以《老子》才为之困惑不解，为之感叹纳闷。

阴、重、静是"道"的特征，《老子》第26章强调"重为轻根，静为躁君……轻则失本，躁则失君"，实际上是强调"道"对于养身的重要性。正如《庄子·让王》接下去所说的：大道的真谛是用来养身的，大道的剩余是用来治理国家的，而大道的糟粕才用来统治天下。由此来看，帝王的功业只不过是圣人的副业，而不是可以用来保全身形、修养心性的。如今世俗所说的君子，大多危害身体、弃置禀性，而一味地追逐身外之物，这难道不是很可悲吗！

米兰·昆德拉《生命不能承受之轻》中说："负担越重，我们的生命越贴近大地，它就越真切实在。相反，当负担完全缺失，人就会变得比空气还轻，就会飘起来，就会远离大地和大地上的生命，人也就只是一个半真的存在，其运动也就会变得自由而没有意义。那么，到底选择什么？是轻还是重？"

这个答案，米兰·昆德拉自己已经给出，两千多年前的中国智者老子、庄子也都早已给出。

堇：干渴的黄土

“堇”在《老子》中出现了3次，后人皆改为“勤”。“堇”“勤”是什么关系？将《老子》中的“堇”改为“勤”是否正确？

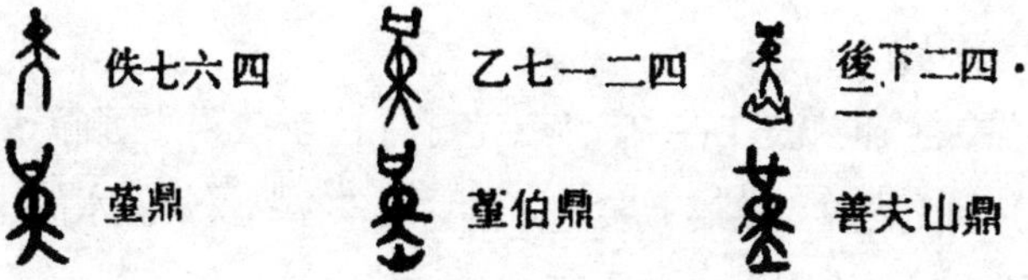

古文中的“堇”

《说文》释“堇”说：“黏土也。从土，从黄省。”段玉裁进一步解释说：“从黄者，黄土多黏也。”解释为黄黏土应该不错，但还不够准确。

在“堇”的甲骨文、金文中，“黄”下还有一个“火”，是黄黏土在火上烤的意思。黄黏土在火上烤，意味着黄黏土水份被烘烤完，变得干燥、枯焦，“堇”由此引申出水尽、干燥、枯焦等意思。

徐中舒《甲骨文字典》中认为“堇”是“熯”的原字，颇有见地。而“熯”与“暵”又是异体字，《诗经 · 王风 · 中谷有蓷》中有云：

> 中谷有蓷，暵其干矣。有女仳离，嘅其叹矣。嘅其叹矣，遇人之艰难矣！

这是一首被丈夫遗弃的女人诉说自己苦恼的诗。大意是说，山谷中长着益母草，因为天旱而枯焦，有位女子被遗弃，抚胸长叹心苦恼。抚胸长叹心苦恼，嫁人嫁得太糟糕！

《诗经》三百篇分风、雅、颂三部分，其中《国风》部分主要创作方法是比、兴，《中谷有蓷》篇中云“中谷有蓷，暵其干矣”，把“中谷”“蓷”“暵”与自己的遭遇联系在一起，有何寓意呢?

“中谷”也就是“谷中”，在《老子》中与“玄牝”互喻（参“谷”字条）。既然说“暵其干矣”，表明此“谷”属于无水的山谷。“蓷”也就是益母草，关于其主治功能，《日华子》中云：

> 有活血行气补阴之功，调胎产要药也，故云益母。……妇人胎产所恃者，血气也，胎前无滞，产后无亏，行中有补也。入阴分六经，治女人经候不调及胎前产后一切诸疾之要药也。

有句调侃两地分居夫妻性生活的话，叫“旱时旱死，涝时涝死”。女人被丈夫遗弃，自然是没有两性生活的，欢愉是谈不上了，时间久了还会影响身体健康，产生气血不畅、停经绝经等妇科疾病。

俗话说：细水长流。细水才能长流，因此无论谷中之水，还是夫妻性生活，最好都能均匀一些，这样才能长久。这也就是《老子》第 6 章所说的“谷神不死，是谓玄牝。玄牝之门，是谓天地之根。绵绵呵若存，用之不堇”。

至于第 40 章的“上士闻道，堇能行之”，是说上等人听说了“道”，能够尽力去实行；第 52 章的“塞其兑，闭其门，终身不堇”，是说堵上嘴巴，闭上眼睛，塞上耳朵，终身能量不尽。其中的“堇”解为“尽”都能讲得通，并且颇合《老子》之义。

 㝬鐘　　 中山王鼎

金文“勤”

“勤”在金文中本与“堇”相同，也就是说：“堇”是“勤”的初文。但后来加上了耕耘的农具“丿”也就是“力”，表示用农具耕耘干旱的土地，由此引申出辛勤、努力等意思，与“堇”的意思已经大不相同了。

所以，把《老子》中的“堇”改为“勤”是不对的，在《老子》中也讲不通。再说，《老子》中本来就是作“堇”的，何必非要画蛇添足地把它改为后起的“勤”呢！

啬：种地与养生治国

《老子》中“啬”出现了 2 次，都在第 59 章中：

治人事天莫若啬。夫唯啬，是以早服。早服是谓重积德。重积德则无不克，无不克则莫知其极，莫知其极可以有国，有国之母可以长久。是谓深根固柢、长生久视之道也。

——治理人民，侍奉上天，没有什么比得上种庄稼。只有种庄稼，才能及早地顺从阴阳变化。及早顺从阴阳变化叫作重视（重新）积累德。重视（重新）积累德，就没有什么不能做成的；没有什么不能做成，就没有人知道它的最高点；没有人知道它的最高点，就可以拥有国家；拥有了土地，国家就可以长久。这就叫作使根柢深入牢固、长生久视的“道”。

“啬”是“穑”的本字，字形像石上或粮仓中堆放着已收割的谷物，或者是田里已有成熟的谷物。《说文》解释说：

"啬……从来，从㐭。来者㐭而藏之，故田夫谓之啬夫。……，古文啬从田。"朱骏声《说文通训定声》说："此字本当训为收谷，即穑之古文。"商承祚《殷虚文字类编》中说："卜辞从田，与许书啬之古文合……穑字《礼记》皆作啬，此穑、啬一字之明证矣。"

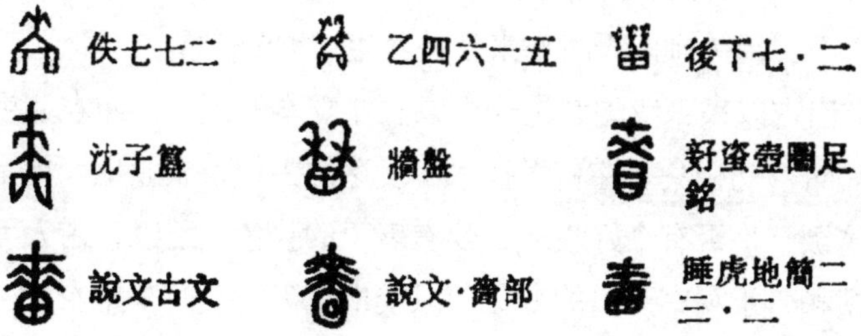

古文中的"啬"

关于《老子》第59章中的"啬"，多数注译者解释为"爱惜（精气）""爱护（精气）""吝啬（精气）"等。不错，"啬"是"穑"的本字，是种庄稼的意思，而由"种庄稼"之义的确能引申出"珍惜""爱护""吝啬"等义。

唐代李绅《悯农》诗云："锄禾日当午，汗滴禾下土。谁知盘中餐，粒粒皆辛苦。"《诗经·豳风·七月》云："九月筑场圃，十月纳禾稼。"种田人面朝黄土背朝天，一个汗珠掉在地上摔成八瓣。庄稼成熟以后，再经过收割、脱粒、晾晒，然后装进袋子、粮仓收藏起来。种田人深知种田劳作的辛苦，深知耕种收获的不易，所以他们勤俭节约，珍惜每一粒粮食，因此"啬"由种庄稼引申出"节俭""珍惜""爱护"的意思。

又如常言道：过分的节俭就是吝啬。因此，“啬”字又有“吝啬”的意思。

但把《老子》第59章中的“啬”解释为“爱惜”“爱护”“吝啬”，走得太远了。其实，第59章就是以种庄稼中顺应天时为喻，阐述养生治国之道。即使从养生的角度解释“啬”，也不需要非解释为“爱惜（精气）”“爱护（精气）”“吝啬（精气）”，因为顺应天时本来就是养生的重要前提。

自古以来，我国就是一个以农业立本的国家，而农业生产与天时密切相关。在科学技术不发达的古代，农业生产更是靠天吃饭，是否有个好收成，要看老天的脸色。所以，古人尤其重视和善于观察天时的变化，以便根据天时及时安排农业生产活动，所以说“夫唯啬，是以早服”。

汉画像石上的耕种图。陕西绥德出土

“一阴一阳之谓道”（《周易·系辞上》），顺从天时阴阳的变化，其实也就是顺从于“道”。种庄稼如此，养生也是如此，也要顺应天气变化，所以说“治人事天莫若啬”，《素问·生气通天论》中也说：

苍天之气，清静则志意治，顺之则阳气固，虽有贼邪，弗能害也，此因时之序。故圣人抟精神，服天气而通神明。

具体到一年四季的养生，《素问·四气调神大论》中还说：

春三月，此为发陈。天地俱生，万物以荣，夜卧早起，广步于庭，被发缓形，以使志生，生而勿杀，予而勿夺，赏而勿罚，此春气之应，养生之道也。……

夏三月，此为蕃秀。天地气交，万物华实，夜卧早起，无厌于日，使志勿怒，使华英成秀，使气得泄，若所爱在外，此夏气之应，养长之道也。……

秋三月，此谓容平，天气以急，地气以明，早卧早起，与鸡俱兴，使志安宁，以缓秋刑，收敛神气，使秋气平，无外其志，使肺气清，此秋气之应，养收之道也。……

冬三月，此为闭藏。水冰地坼，勿扰乎阳，早卧晚起，必待日光，使志若伏若匿，若有私意，若已有得，去寒就温，无泄皮肤，使气极夺。此冬气之应，养藏之道也。……

夫四时阴阳者，万物之根本也。所以圣人春夏养阳，秋冬养阴，以从其根，故与万物沉浮于生长之门。逆其根则伐其本，坏其真矣。故阴阳四时者，万物之终始也，生死之本也。逆之则灾害生，从之则苛疾不起，是谓得道。

《老子》第38章说“故失道而后德”，失去了“道”以后才有了“德”，而“积德”则意味着重新复归于“道”，所以说“早服是谓重积德”；“道”又是“无为而无不为”（第48章）的，所以说“重积德则无不克”；“道”又是一个圆环之“道”，没有一个最高点（参“正”字条），所以又说“无不克则莫知其极”；“莫知其极”意味着得“道”，得“道”者得天下，所以说“莫知其极可以有国”；“国之母”指土地（参“母”字条），而土地是一个国家的根本，失去了土地意味着国家的灭亡，拥有土地则意味着国家的长久维持，所以说“有国之母可以长久”；阴、阳二者之间，阴是根本，阳根植于阴，生命活动中阳性视功能的持续发挥从根本上需要阴气的支持（参“门”“母”“载”字条），而地为阴，树木的根系牢固地深入大地，可以持续地、更多地汲取阴气，所以说“是谓深根固柢、长生久视之道也”。

士：笑着为道的人

“士”在《老子》中出现了 4 次，即第 40 章“上士闻道，堇能行之；中士闻道，若存若亡；下士闻道，大笑之。弗笑，不足以为道”，第 70 章“善为士者不武”。

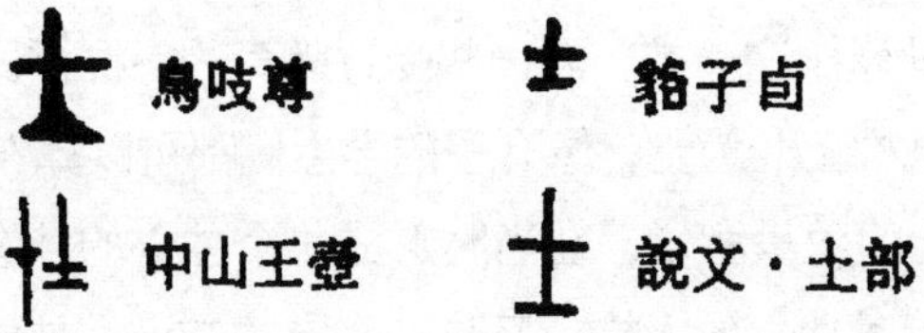

古文中的“士”

“士”在甲骨文中作“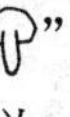”，像一个雄性生殖器。如果将其倒悬，亦作“”，简化为“⊥”。在甲骨文中，在“牛”字旁边加上“⊥”，则为“”，意思是牡牛，也就是公牛。在“羊”字旁边加上“⊥”则为“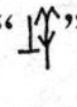”，意思是牡羊，也就是公羊。可见，

“士”的本义指雄性生殖器。

后来，“士”由“雄性生殖器”之义引申为男子的通称，尤其指未婚的青年男子。如《诗经·邶风·匏有苦叶》说“士如归妻，迨冰未泮”，意思是说，年轻人呀，想把未婚妻迎回家，那就趁着冰还没融化，赶紧吧！

到了商、周时期，“士”泛指官吏。如《尚书·周书·多士》“成周既成，迁殷顽民，周公以王命诰，作《多士》”，《多士》这篇文章就是周公训戒殷商旧臣的文诰，“多士”也就是众多的殷商旧臣。

春秋时期，人分贵族、平民、奴隶三等，贵族又分天子、诸侯、大夫、士四等。士是贵族中最低的一等，虽然没有领地，但有祭祀权、参政权、参战权。战争一来，原则上国君当统帅，大夫当将军，士当战士、武士。

从春秋到战国，随着周王朝的式微，王官失守，学术下移，一些本属王官的知识人流入诸侯的采邑而颓降为士，像老子、孔子就可以算作这一类。而一些受过教育的下层平民则进入诸侯大夫的机构上升为士，像孔子的学生们都可以算作这一类。

由于士的数量激增，在当时形成一个独立的社会阶层。他们既具有相对独立的人格，又具有一定的知识、技能，而没有固定的主人与职业，因此得以游走于诸侯国之间择主而事，在当时诸国纷争中起着举足轻重的作用。

《史记·仲尼弟子列传》说：“子贡一出，存鲁，乱齐，破吴，强晋而霸越。”子贡是谁？他是孔子的一个学生，就是一个士。他仅仅一次外交活动，就使鲁国保存、齐国混乱、吴国战败、晋国强大、越国称霸，使当时错综复杂的各国形势发生骤变。由此可见当时士的能量之大、作用之大！

根据知识、技能的不同，士又可分为武士、谋士、文士、医士等。《老子》第70章“善为士者不武”的“士”就是战士、武士。第40章的“士”则属泛指：

> 上士闻道，堇能行之；中士闻道，若存若亡；下士闻道，大笑之。弗笑，不足以为道。

——上等的士听说了“道”，能够完全去实行；中等的士听说了“道”，若有若无似懂非懂；下等的士听说了“道”，哈哈大笑。如果不笑，那就不能领悟“道”。

根据悟“道”程度的不同，《老子》第40章把“士”分为“上士”“中士”“下士”三等。问题是，《老子》这里所说的“上士”果真是上士，而“下士”果真是下士吗？未必。

第一，第3章说“不上贤”，《老子》是反对把人分出三流九等的，而这里却分“上士”“中士”“下士”。

第二，第1章说“道可道也，非恒道也”，第47章说“圣人不行而知”，“道”是“不行而知”的，而这里却说“上士闻道，堇能行之”。

第三，第4章说“道……湛呵似或存”，第6章说“緜緜呵若存”，“道”是一种“若存若亡”的东西，而“中士闻道，若存若亡”，可见与“上士”相比，“中士”与“道”更契合。

第四，昔日佛祖于灵山会上，拈花示众，众皆默然，唯迦叶尊者破颜微笑。佛祖乃曰："吾有正法眼藏，涅槃妙心，实相无相，微妙法门，不立文字，教外别传，付嘱摩诃迦叶。"而《老子》也说："弗笑，不足以为道。"可见笑意味着得"道"。

综上，从闻道、为道的角度来说，"闻道，大笑之"的"下士"才恰恰是"上士"，才是真正的得"道"者。

牧：君子卑以自牧

"辽阔草原，美丽山岗，群群的牛羊，白云悠悠，彩虹灿烂，挂在蓝天上。有个少年手拿皮鞭，站在草原上，轻轻哼着草原牧歌，看护着牛和羊……"

"牧"字左边是个"牛"字，右边是个"攵"，也就是"攴"，手持棍棒敲打的意思。"牧"本义就是放牧牛羊，文献中很喜欢用来作比喻。

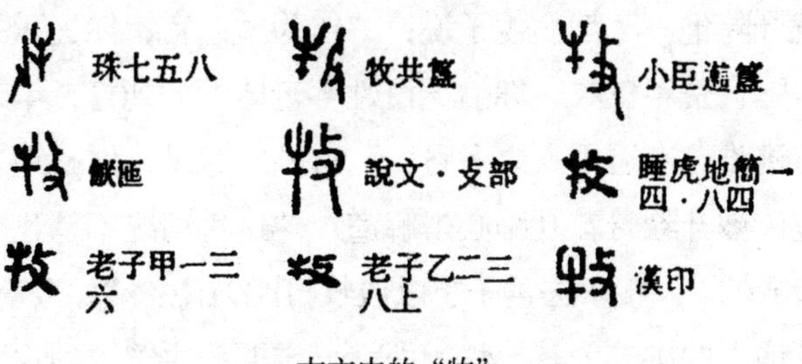

古文中的"牧"

《尚书·周书·吕刑》载“王曰：嗟！四方司政典狱，非尔惟作天牧”，王说：“啊！四方的诸侯们，你们不是做上天的治民官吗？”这是以放牧比喻治理民众。

《孙子兵法·九地》说“若驱群羊，驱而往，驱而来，莫知所之”，就像驱赶一群羊，赶过来，赶过去，使他们不知道往那里去。这是以驱赶群羊比喻指挥士兵。

《周易·谦》卦初六之《象》说“谦谦君子，卑以自牧也”，君子谦虚处下，自己放牧自己、自己管理自己。大学毕业时，蒋礼鸿先生在我们的纪念册上题的就这句话，印象很深。

《庄子·达生》中说“善养生者，若牧羊然，视其后者而鞭之”，善于养生的人，就像放羊一样，鞭打那只落在后面的羊。这是以放牧比喻养生。

走在前面的羊不打，而打最后的那头羊，那么整个羊群就前进了。养生也是如此，你把影响健康的坏习惯去掉，把影响健康的那块短板补齐，那么健康的总体指标也就跟着上去了。

《孟子·公孙丑下》记载，孟子以他惯用的论辩技巧，给平陆地方长官孔距心下套。孟子先是问：“如果你手下的士兵一天三次失职，应不应该被开除呀？”孔距心说：“不用等到三次就开除他。”然后孟子说：“作为地方官，你失职的地方也很多呀！荒年歉收，你治下百姓年老体弱的死亡，年轻力壮的四方逃难，有近千人之多呀！”言外之意是，你孔距心是不是也应该被开除呀？孔距心辩解道：“这种情况不是我个人的原因造成的。”接下去孟子也以放牧打比方说：“如今有个人，领受了他人的牛羊为其放牧，那就一定要为牛羊找到牧场和草料。如果不能为牛羊找到牧场和草料，是把牛羊还给他的主人呢，还是站在一边眼睁睁地看着它们饿死呢？”这下孔距心不得不承认：“是我的过错。”

以放牧比喻治理天下，在《老子》中也有一例，即第23章“圣人执一以为天下牧”。其中，“圣人”指统治者，“一”指“道”，“圣人执一以为天下牧”是说，国君以“道”作为放牧天下人的工具。这时，圣人、国君就是那个放牧的人，老百姓就是被放牧的牛、羊。如果来点儿望文生义的话，“群”字由“君”“羊”组成，正像国君领着一群羊。

《管子》一书更有《牧民》一篇，“凡有牧民者，务在四时，守在仓廪”云云，可视为《老子》“圣人执一以为天下牧”具体方法与措施的展开。

如上所见，“牧”有自牧、有他牧。如果你不甘于他牧，整天被别人用小棍、鞭子抽打着，那就要卑以自牧、自我管理约束、自己管好自己。这样的话，那你自己就是圣人了，就与“道”合一了。

善：以公平为目标

“善”在《老子》中出现了50次之多，是《老子》中一个很重要的字眼，与“美”一样是个好词，但好在哪里呢？

“美”的本义与羊有关，“善”的本义也与羊有关，《说文》说：“譱，吉也，从誩，从羊。此与义、美同意。”

古文中的“善”

甲骨文、金文中“善”最早就是一个羊头的形状，或者在羊头下加一只眼睛；后来作“譱”，由一个“羊”、两个“言”

构成。

两个“言”就是“誩”字，《说文》说“誩，竞言也”“竞，强语也”，段玉裁进一步解释说“强语谓相争也”。也就是说，“誩”是两个人拌嘴、口角、争竞的意思。

在我的老家，两个人拌嘴、口角时，年纪大的人、有威望的人出来调停时，往往会说：“鸡毛蒜皮的事，有什么好争竞的？”或者“屁大的事，争竞什么？争竞！”说的应该就是这个“争竞”。

两个“言”表示“争竞”，介于两个“言”中间的“羊”又表示什么意思呢？《墨子·明鬼》中有个故事是最好的注脚：

以前齐庄君有两个大臣，分别叫王里国、中里徼。这两人为了一件事，打了三年的官司，还是没有辨明谁是谁非，最后状告到齐庄君那里。齐庄君叫人杀了一头羊，令二人在神社前盟誓，然后分别诵读自己的讼状。那个叫王里国的读完讼状，羊没有什么反应。轮到中里徼诵读讼状时，讼状还没读到一半，这只被放了血的羊居然跳起来用角顶他，谁是谁非因此也有了答案。

羊被放了血，居然还能跳起来顶人？这当然不可思议，当然是神话。但它说明，在古代思想文化中，羊被认为具有可以判断是非曲直的奇特能力，是公平、公正的象征。

羊具有明断是非曲直的能力，象征公平、公正，“善”字以“羊”为构字部件，说明其本义就是公平、公正。后来，又由形容词公平、公正引申出副词“善于”的意思。《老子》中的“善”字就是这两个意思。

因为有了不公平、不公正，所以人们才追求公平、公正。因此《老子》第 2 章说“皆知善，斯不善已”，人们都知道追求公平、公正，这是因为有了不公平、公正。也就是说，“善”是在“不善”的基础上产生的，没有“不善”也就不会产生“善”。反之亦然。

“善”是公平、公正，“不善”也就是不公平、不公正。不公平、不公正又是如何产生的？卢梭《论人类不平等的起源》中说：

> 我们沿着不同的变革来追踪不平等的发展，就会发现，第一阶段的不平等是法律和所有权的建立，第二阶段的不平等是官员制度的设立，而法制权威向专制权威的转变则是第三阶段，也是最后一个阶段的不平等。因此第一阶段认可的不平等是富与穷，第二阶段是强与弱，第三阶段是奴隶和主人，最后一个阶段的不平等是前两个阶段不平等持续发展的最终结果。

不平等首先是财富的不平等，因为财富上的不平等才导致其他的不平等。所以，要做到公平、公正，首先是财富上的公平、公正。对此《老子》第 68 章说：

> 善者不多，多者不善。

——公平、公正的人不多占有财富，多占有财富的人不公平、不公正。

那么，如何才能做到公平、公正呢？就要甘于处下、处后。

处下、处后为什么就能做到公平、公正呢？我们看下面这个故事：

有七个人吃住在一起，每天分食一大桶粥。开始时他们抓阄决定由一个人来分粥，每天轮一个。一周下来，大家发现分粥的那个人总是给自己多分一些。这太不公平。于是他们改变方法，推选出一个厚道、公正的长者来分粥，但新问题出现了，众人都挖空心思、千方百计地去讨好长者，希望能给自己多分些。还是不行。后来他们又组成一个三人分粥委员会以及四人监督委员会，但大家争吵得更厉害了，弄得粥都凉了还分不下去。后来他们决定，还是每个人来轮流分粥，但规定分粥的那个人要等其他人都挑完后，再拿剩下的一碗。这样，为了避免自己吃到的粥最少，每个人都尽量把粥分得公平、平均了。

甘愿处下、甘愿居后才能公平、公正，这也就是《老子》第 8 章所说的：

> 上善如水。水善利万物而有静，居众人之所恶，故几于道矣……

——上善就像水一样。水善于给万物带来利益，自己却很平静，处在人们所厌恶的下流，因此接近于“道”……

甘愿处下、甘愿居后，才能做到公平、公正，才能接近于“道”。反过来说，只有有“道”者才能做到公平、公正，所以《老子》第 79 章又说：

> 天之道，犹张弓者也。高者抑之，下者举之；有余者损之，不足者补之。……故天之道，损有余而补不足。孰能有余而

有以取奉于天者乎？唯有道者乎！

——天道就好像拉弓一样。高了就压低它，低了就抬高它；弓拉得过满了就把它放松一些，拉得不够满就再加些力量。所以，天道是减损有余的而补益不足的。……谁能把多余的东西拿出来交给天？只有有“道”的人！

与《老子》第79章所说类似，耶稣也说：“你若愿意作完全人，可去变卖你所有的，分给众人，就必有财宝在天上，你还要来跟从我。”（《新约·马太福音》）对此，培根《论人生·论善良》中议论道：

但除非你已决意要跟神一道走，否则还是不要把你的一切都卖掉。不然你就等于以微泉去灌大河，微泉很快就干涸，但大河却未必增加很多。所以人心固然应该善良，而行善却不能仅凭感情，还得靠理智的指引。

“捐，但也别全捐了呀！”的确，要一个人捐出自己的所有，不仅在事实上难以做到，即使能做到，也是一种不理智的行为。再说，如果把自己的财产全拿出来一点不剩地捐给别人，也会造成新的不公平，同样也是不善，所以《老子》只是说“损有余而补不足”“有余而有以取奉于天”。

另外需要指出的是，《老子》第8章、第27章中的“善”字，注解者大都解释为副词“善于”，其实解释为形容词“公平”“公正”也能讲得通，甚至更合乎本义。如第8章“心善渊”一句中，“渊”是比喻“道”的，“心善渊”是说，你在思想上公平、公正才能符合于“道”。其他的句子可以据此推解。

烹：有汤大家喝

“烹”字在《老子》中只出现在第 60 章中：

> 治大国若烹小鲜。以道莅天下，其鬼不神。非其鬼不神也，其神不伤人也。非其神不伤人也，圣人亦弗伤也。夫两不相伤，故德交归焉。

——治理大国就像烹小鲜。以道来治理天下，鬼不再灵验。不仅鬼不灵验，就是灵验也不伤害人。不仅鬼神不伤害人，圣人也不伤害人。人和人之间互不伤害，德因此就全都回归了。

“治大国若烹小鲜”是《老子》流传最为广泛的名言之一，但有多少人真正知道它的含义呢?

“治大国若烹小鲜”显然是一个比喻，是不是真像有些人所说的那样，“它喻示着为政之要在安静无扰”或者“举重若轻，化繁为简”？不错，《老子》中是有这样的思想，这里的“治

楚国双鱼陶豆

大国若烹小鲜”却并不是这个意思。

“小鲜”就是小鱼小虾之类，这没问题。问题出在对“烹”字的解释上。历来都以“煎”解释“治大国若烹小鲜”的“烹”字，说什么“治大国，要像煎小鱼，不能老去翻动它，因为老去翻动，容易搅烂了”云云。

其实，“烹”是“烹”，“煎”是“煎”，是完全不同的两种烹调方法。“烹”是“煮”的意思，如《集韵·庚韵》说：“烹，煮也。”《史记·孝武本纪》：“禹收九牧之金铸九鼎，皆尝鬺烹上帝鬼神。”裴骃《集解》引徐广曰：“烹，煮也。”正因为小鱼容易煎碎了，所以《老子》才用“煮”字而不用“煎”字。

“烹”是“煮”的意思，那么“治大国若煮小鲜”又意味着什么呢？

孔子说“不患贫而患不均，不患寡而患不安”（《论语·季氏》），贫穷不可怕，就怕分配不平均；人口少不可怕，就怕社会不安定。《礼记·礼运》中说“饮食男女，人之大欲存焉”，吃饭问题是人最基本的需求，最基本的也是最重要的。有人有得吃，有人没得吃，有人吃肉，有人喝汤，甚至连汤也喝不上，就很容易出乱子。

比如《左传·宣公二年》载，宋国和郑国交战，临战前宋国将领华元宰羊慰劳士兵，其他人都有份，却唯独把自己的车夫羊斟给忘了。羊斟虽然没有作声，但独自生闷气，心下说："吃羊的事，你说了算；驾车的事，可是我说了算。"等到两军交战后，羊斟驾着车，载着华元，径直跑到郑国军阵中去了，华元因此做了郑国的俘虏。

一条小鱼，要肉没多少肉，不用说由多人来分享，就是一个人吃也不够塞牙缝的。尽管如此，如果一个人独吞，也会惹得他人眼馋。但如果支上大锅，熬上一大锅汤呢？那就不一样了，所有的人都可喝上几口。

小时候听说过一个故事，说是有几个人，逮到一条泥鳅，放在锅里熬汤。开锅以后，大家开始舀汤喝，都不停地咂吧着嘴，交口称赞"鲜，味道真鲜！"其实，所谓的鲜汤就是一碗白开水，因为不知啥时，泥鳅早已从锅里蹦了出来。称一碗白开水"鲜"，这就是《老子》第63章所说的"味无味"，从无味的东西中品出味道来了。

"味无味"是一种什么境界？那就是得"道"的境界。故事中的众人能从一碗白开水中喝出鲜美的味道来，为什么？就是因为公平。

喝汤如此，治国何尝不是如此？《史记·陈丞相世家》记载，乡里举行祭祀社神的活动，陈平主持其事。祭祀完毕以后，把祭肉分给大家，分配得很公平，得到了长者们的称赞，陈平也不谦虚，说："如果使我主持天下的事，我也会像分祭肉一样公平的。"

在治国治民上，一碗水端平，有肉大家吃，有汤大家喝，凡事做到公平、公正，这才是“治大国若烹小鲜”真正的意思。也只有这么理解，才能与下文相顺接，也与《老子》公平、公正的主旨相符。

古人的观念中，人死为鬼。受到不公正待遇而死，这样的人称为冤死的鬼魂。这样的鬼魂，是能够作祟伤人的。比如《左传·成公十年》记载，公元前583年，昏庸的晋景公姬獳听信谗言，杀害了无辜的大夫赵同和赵括。晋景公做了亏心事，夜里就做起了噩梦，梦见赵氏祖先披头散发，一边拍打着胸膛，一边跳跃着说：“你杀害了我的子孙，这是不义的行为，我已经得到天帝的允许，可以向你复仇。”随后，鬼就破门穿墙地闯进来了，吓得晋景公到处躲藏，因惊吓而生病，第二年夏天不治身亡。

俗话说：为人不做亏心事，半夜敲门心不惊。世界上是没有鬼的，所谓的鬼神，其实是由心而生。做了亏心事，做了损人的事，心里才有鬼。“道”是公平、公正的，君王如果能够以“道”治天下，做到公平公正、赏罚分明，就不会发生这种鬼显示灵验的现象，所以说“以道莅天下，其鬼不神”。

“故天之道，利而不害”（《老子》第68章），“道”是利人而不害人的。能够“以道莅天下”，做到公平公正，利人而不害人，心里自然也就是没有鬼，更不用担心鬼来显灵伤人，所以说“非其鬼不神也，其神不伤人也”。

“人法地，地法天，天法道”（《老子》第25章），人应该效法“道”，做到公平公正，利人而不害人。作为人中之圣的圣人，能够做到这一点，所以又说“非其神不伤人也，圣人亦弗伤也”。

“夫两不相伤”的“两”，大多理解为鬼、人，我认为不对。上面说到，鬼是由心而生，由于损害他人而生。人与人之间如果不相互伤害，就不会有鬼，不会有鬼来显灵伤人的事。所以“两”应该是指人和人之间。

“故天之道，利而不害”（《老子》第68章），人与人之间如果相互伤害，那就有悖于“道”，意味着“道”“德”的丧失，这也就是第38章所说的“故失道而后德，失德而后仁”。而只有人和人之间不再相互伤害，才能回归到“德”“道”，所以说“故德交归焉”。

正如《周易·乾·文言》说：“夫大人者，与天地合其德，与日月合其明，与鬼神合其吉凶，先天而天弗违，后天是奉天时。天且弗违，而况于人乎！况于鬼神乎！”大人与天地之德、日月之明、四时之序、鬼神吉凶相合，走在天道之前，天道不违背他，走在天道之后，能够奉天时行事，这样天道尚且不违背他，何况是人呢！何况是鬼神呢！

小邦寡民：退步原是为向前

“小邦寡民”只出现在《老子》中第67章：

> 小邦寡民，使有十百人之器而毋用，使民重死而远徙，有舟车无所乘之，有甲兵无所陈之，使民复结绳而用之。甘其食，美其服，乐其俗，安其居，邻邦相望，鸡狗之声相闻，民至老死不相往来。

——小邦寡民，使百姓有先进工具也不使用，使百姓看重死亡而不迁移，使他们虽有船只、车辆而没有乘坐的时候，虽然有兵器而没有摆出来的时候，使百姓重新在绳子上打结来记事。使他们感到食物甜美，使他们感到衣服漂亮，使他们喜爱他们的风俗，使他们安于他们的居处。虽然邻国之间相互能够看见，鸡鸣狗叫的声音相互能够听到，但人民直到老死也不相往来。

“小邦寡民”字面意思好理解，就是很小的邦家、部落和很少的民众。文献中经常提到“万邦”，如《尚书·尧典》说“百姓昭明，协和万邦”，《尚书·益稷》说“烝民乃粒，万邦作乂”，《周易·师》九二《象》辞说“王三锡命，怀万邦也”，这样的一些“邦”，应该就是《老子》所说的“小邦”或者部落。

这样的小邦、部落在周武王时还有很多，如《史记·周本纪》中说周武王伐纣之时，“诸侯不期而会盟津者八百”，由此可见，周代以前“万邦”之说不是夸大之词，而是当时实际情况的反映。

但随着时间的推移，从尧的时代到周代，“小邦”的数量锐减。什么原因呢？因为部落之间不断战争，小部落不断被兼并到大部落中。像夏、商、周其实就是一些部落的联邦，是由兼并小邦而来的大邦。

小邦寡民是人类社会最早的组织形态，也就是《老子》第14章所说的“古始”。“以知古始，是谓道纪”（第14章），这样一些原生态的小邦等同于“道”的源头，无疑是《老子》向往和力图回归的理想社会状态。

《老子》所描述的这种“小邦寡民”“古始”的社会状态也为后人所仰慕，如晋代陶渊明《桃花源记》就描述和重现了这种社会生活状态，表达了对这种社会生活状态的向往之情：

> 忽逢桃花林，夹岸数百步，中无杂树，芳草鲜美，落英缤纷……林尽水源，便得一山，山有小口，仿佛若有光。……初极狭，才通人。复行数十步，豁然开朗。土地平旷，屋舍俨然，有良田美池桑竹之属，阡陌交通，鸡犬相闻。其中往来种作，

男女衣著，悉如外人；黄发垂髫，并怡然自乐。

企图回到“小国寡民”的远古社会，在事实上是不可能的。如王夫之《庄子解》中感叹：“天下既然已经有人了，又怎能使它没人呢？天下既然有很多人了，又怎能把它变少呢？”伏尔泰在读了卢梭表达类似理想的《论人类不平等的起源和基础》后，回信也说：“读尊著，人一心想望四脚走路。但是，由于我已经把那种习惯丢了六十多年，我很不幸，感到不可能再把它拣回来了。”

唐代布袋和尚有诗云：“手把青秧插满田，低头便见水中天。心地清净方为稻（道），退步原来是向前。”《老子》所描述的“小邦寡民”景象在实有意义上的确永远不可能被再现出来了，然而它在批判尺度上仍有其不可替代的参照价值。

早在《老子》成书之后不久，深受道家思想影响的《黄帝内经》就以“上古之人”为参照，对“今时之人”在养生上的种种不良倾向进行过批判。如《素问·上古天真论》中借黄帝之口问道：

余闻上古之人，春秋皆度百岁而动作不衰；今时之人，年半百而动作皆衰者，时世异耶？人将失之耶？

岐伯回答说：

上古之人，其知道者，法于阴阳，和于术数，饮食有节，起居有常，不妄劳作，故能形与神俱而尽终其天年，度百岁乃去。今时之人则不然也，以酒为浆，以妄为常，醉以入房，以欲竭其精，以耗散其真，不知持满，不时御神，务快其心，逆于生乐，起居无节，故半百而衰也。

古、今是相对而言的，《素问》中所说的“今”在今天已经成为“古”。然而，其中所批判的“今时之人”在养生上的种种不良倾向，在现代人身上有过之而无不及；其中所推崇的“上古之时”使人身体健康的因素，正是现代人所缺少的。

现代社会中，随着医学科学技术的进步，传统上危害人类健康的疾病多被攻克，但由于人类生存环境和生活方式的变化，一些新的病因在不断地产生，对人类的健康构成新的威胁。同时，现代文明也如同一把双刃剑，在改善人类物质精神生活、提高人类生命质量的同时，也对人类生存、生活、健康产生一些不可忽视的负面影响，如空气、水资源的日渐污染，无处不在的电磁辐射危害，激烈竞争带来的心理压力，生活的无节制与无规律，精神匮乏与心灵迷失等，导致各种现代病、社会病、富贵病、文明病应运而生。

我们向往和追求现代文明，但现代文明又并非完美无缺。对此，人们感到困惑、烦恼和痛苦。克服现代文明的缺陷，一方面有待于现代文明自身的不断完善，同时也离不开对传统思想价值的皈依。那么，《老子》所提倡的“小国寡民”“古始”社会状态对于现代人的健康养生又有怎样的启示呢？

常识告诉我们，上古之人的平均寿命短得可怜，远远低于现代人的平均寿命，绝对不可能都像《素问》中所说的那样“尽终其天年，度百岁而去”，这里面有后人夸张和理想的成分在内，但也不能因此否认上古之时的确有一些长寿之人、存在一些有利于健康的因素。

第一，从人类进化的历史来看，人类社会99%以上的时间是远古社会，即使在5000年的文明史之中，人类95%的时间也是过着相对自然、简朴、宁静的生活。人类的生理结构、功能早已经适应了这种生活方式，或者说人的生理结构、功能就是为这种生活方式设计的。

第二，如《素问·移精变气论》中所说："往古之人居禽兽之间，动作以避寒，阴居以避暑。"恶劣的生存环境、生活条件，在客观上也造就了古人强健的体魄，使人们对病邪有较强的抵抗能力。

第三，更重要的是如《素问·上古天真论》所说："恬惔虚无，真气从之，精神内守……"又如《素问·移精变气论》中所说："内无眷慕之累，外无伸官之形，此恬憺之世。"上古之人欲求单一，民风淳朴敦厚，没有过多的精神和心理负担。

人类学家、社会学家在研究人类早期社会情况时，常常以远离文明的边远地区人群作为参照。同样的道理，我们也可以通过同一时代发达地区与偏僻地区的比较，城市与农村的比较，同一时代、同一地域不同人群生活条件、生活方式的比较，来印证和说明上述因素的确是有利于健康的。

第一，以发达地区与偏僻地区来比较，宋人蔡絛《铁围山丛谈》中举当时广东博白一带的情况说：

岭右僻且陋，而博白在岭右又甚。惟其僻陋而甚，故俗淳古，则多长年，动辄八九十不为异也。大凡人本寿，顾嗜欲思虑损之尔。

岭南地处偏僻，生活条件简陋，而博白又是岭南更偏僻的一隅。但正是因为地处偏僻，所以民俗淳厚古朴，人们因此多长寿，活到八九十岁不是什么稀奇事。正如蔡絛所说：人本来应该是长寿的，只是由于欲望、思虑而减损了寿命。

第二，以城市人与农村人来比较，明代医家李元荐《推篷寤语·本医药之术》中曾经指出：

村夫野氓，生平不曾服药，气质粗蠢，苟遇病患，只须庸医稍稍品剂，其病亦已。至城市中人，病已难磨……

剔除其中对农村人的鄙视成分，应该说这种对城市人与农村人在体质、耐病能力和治疗效果等方面差异上的认识，是有一定道理的。

第三，从同时代、同地域人们的不同生活条件、生活方式角度比较，明代医家李中梓《医宗必读·富贵贫贱治病有别论》指出：

大抵富贵之人多劳心，贫贱之人多劳力；富贵者膏粱自奉，贫贱者藜藿苟充；富贵者曲房广厦，贫贱者陋巷茅茨；劳心则中虚而筋柔骨脆；劳力则中实而骨劲筋强。

富贵之人虽然饮食、居住条件优越，但由于多劳心，所以往往中气易虚、筋骨柔弱；贫贱之人虽然饮食、居住条件较差，但由于从事体力劳动，反而中气充实、骨劲筋强。

任何时代、任何社会都有有利于人类健康的因素，也有不利于人类健康的因素。取古之所长以补今之所短，这是现代文明不断完善的必经之路，也是实现人类理想健康状态、生存状态的重要途径。在生活环境、生活方式、心理精神状态上返朴归真，这是《老子》复归于“小国寡民”“古始”社会在健康养生上给现代人的重大启示!

原始篇

——追问万物的本源

“道”是“有物”的儿子，是“有物”在圆周运动中生成的圆环之道。那么“有”“有物”是什么？“有”“有物”又是如何产生的？“无”难道真的是什么也没有吗？

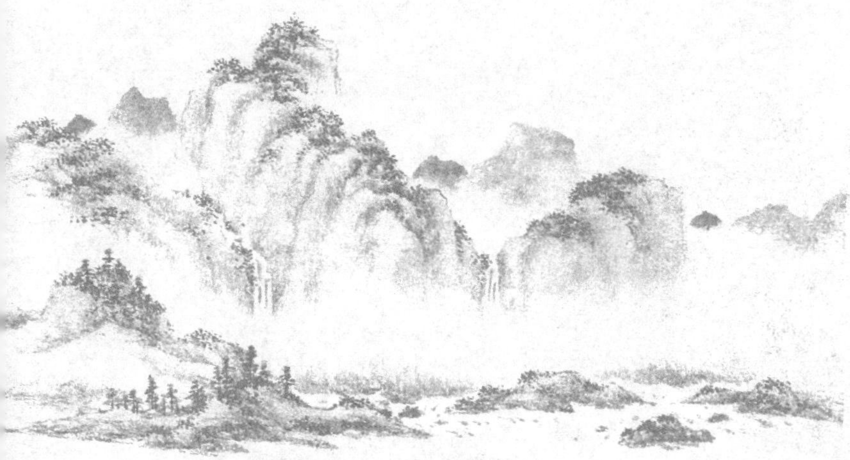

无：当作“亡”“無”

“无”在《老子》中出现了90次，应该是《老子》中出现次数最多的一个字。

“无”出现的次数虽然多，但意思并不复杂，就是“没有”的意思，与“有”相对而言。不过，同样是“没有”的意思，词性却不一样：

一是做名词，表示宇宙万物的终极本源状态，如第2章“有无之相生也”、第41章“天下之物生于有，有生于无”的“无”。

二是做否定副词，这种用法在《老子》中居多数，如第1章“故恒无欲也，以观其眇；恒有欲也，以观其所噭”、第3章“恒使民无知无欲也”的“无”。

看到“无”字，不少人可能以为它是“無”的简化字，其实不然，《老子》帛书本中本来如此。这个“无”字在郭店简本《老子》中写作“亡”，汉简本、王弼本《老子》中皆写作

"無"。究竟哪一个比较契合《老子》之旨呢?

"亡"甲骨文中作""或""，是甲骨文"有"字的一半，即它的右半边或左半边，表示有了而又失去，或将有而尚未到来的那种状态，读作 māo。从金文到篆文，字形基本一致，《说文》解释说："逃也。从入从乚。"段玉裁《说文解字注》说："会意。谓入于迟曲隐蔽之处也。"朱骏声《说文通训定声》说："会意。乚者，隐也。"总之，"亡"就是有了而又失去，或将有而尚未到来的那种状态。依此来理解，正符合《老子》第 2 章"有无之相生"、有无转化之意（参"有"字条）。

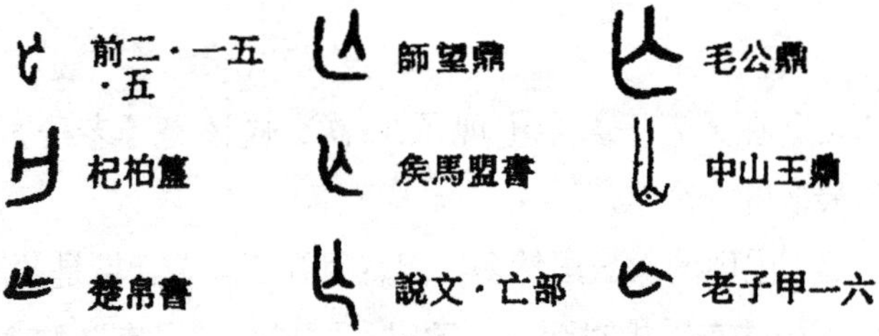

古文中的"亡"

"無"是"舞"的初文，也就是说最早的"舞"就是写作"無"的。在甲骨文、金文中，"無"像人手持牛尾跳舞的样子，《吕氏春秋·古乐》说"昔葛天氏之乐，三人操牛尾投足以歌《八阙》"，就是"無"字最生动的写照。

由于"無"后来借用表示"没有"的意义，并且久借不还，因此又在"無"的基础上加上表示双脚的"舛"形，另造了"舞"字，李孝定《甲骨文字集释》说它"象人执物而舞之形。篆增舛，象二足……舞者手舞足蹈"，《说文》说"舞，乐也。用足相背。

从舛，舞声。𦏶，古文舞从羽、亡”。

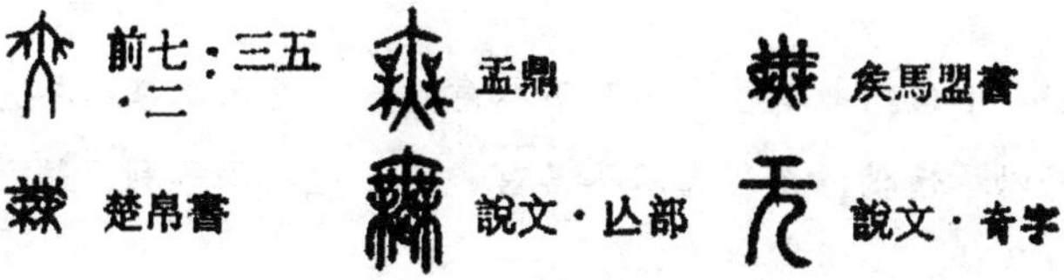

古文中的“無”

古文中的“舞”

舞蹈是一种肢体语言、动作语言，常有音乐与之相伴，其最早的作用在于沟通无形无状的神灵，这种无形无状类似《老子》第 14 章所说的“无状之状，无物之象”、第 21 章所说的“惟恍惟忽。忽呵恍呵……恍呵忽呵……幽呵冥呵”的隐性、模糊状态，并不是真的没有东西，而是蕴含了无限丰富的多样性和可能性，只不过是不可见、不可听、不可说罢了，正因为不可见、不可听、不可说，所以才称为“無”，才用舞蹈来表达。

舞蹈及与之相伴的音乐所代表和传达的思想感情，虽然没有语言那样具体、明确，但是在所传达的信息量上远比语言要多、要丰富。正因为想表达的内容太多、太丰富，无法仅仅靠语言来表达，所以我们在讲话时经常借助于肢体、手势等，甚至干脆通过舞蹈、音乐的方式来表达。正如《周易·系辞》所说：

> 子曰：书不尽言，言不尽意。……圣人立象以尽意，设卦以尽情伪，系辞焉以尽其言，变而通之以尽利，鼓之舞之以尽神。

——孔子说：书不能记录所有的语言，语言不能表达所有的意义。……因此圣人设象来表达全部的意义，设卦来表达全部的感情，系上卦爻辞代表所有的语言，通过卦象的变通达到意义表达的便利，通过鼓之舞之来表达神奇莫测的变化。

又如《毛诗序》中说：

> 情动于中而形于言，言之不足，故嗟叹之；嗟叹之不足，故永歌之；永歌之不足，不知手之舞之、足之蹈之也。

——感情发动于内部而用语言表达，语言不能够表达，因此通过感叹表达；感叹不能够表达，因此通过歌咏表达；歌咏还不能够表达，就不知该通过手舞还是足蹈来表达了。

依“無”字来理解，正与《老子》第41章“天下之物生于有，有生于无”之意相合，表达了“無”作为宇宙万物终极本源的无限可能性。

“无”字在甲骨文、金文未见，秦代竹简中也未曾出现，直到汉代马王堆帛书、银雀山汉墓竹简中才开始出现。这也就意味着，“无”字是汉代以后才造的一个新字，但“‘无’字一出，成为时髦，在一个时间内，无往不胜，几乎完全取代亡、無”（庞朴《蓟门散思》）。

說文·亡部奇字

睡虎地簡五四·四三

老子乙前一下

古文中的“无”

《老子》最晚也成书于战国末年，因此书中不应该出现“无”字。《老子》中之所以会有“无”字出现，当是汉代以“无”代“亡”或“無”的结果。换言之，帛书《老子》中“无”本应是作“亡”或“無”的，到了汉代才被替换为“无”。

始：怀孕的女人

“始”由“女”“台”构成，“女”就是女人，“台”有人认为是一个胎儿倒挂在胎盘上的样子，如此“女”“台”合在一起就是表示刚怀孕不久的女人，所以《说文》解释说“女

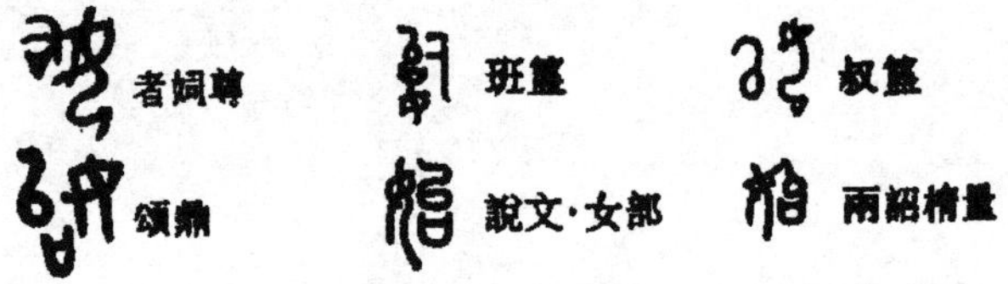

古文中的“始”

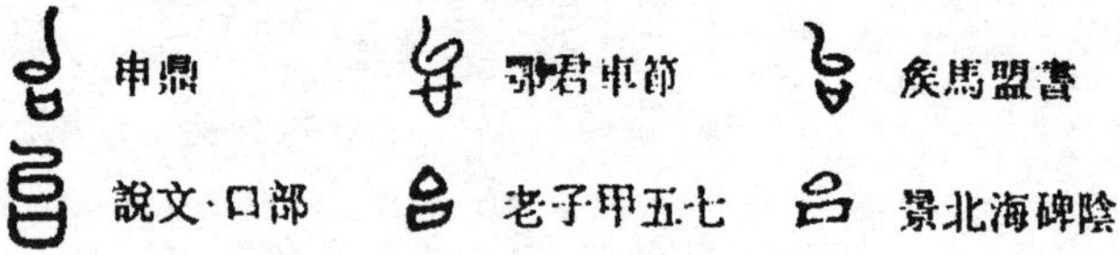

古文中的“台”

之初也”，可以理解为少女或怀孕不久的女人。《尔雅·释诂》说：“胎……始也。”“胎”，《说文》解释说：“妇孕三月也。”

“始”在《老子》中出现了8次，其中第1章、第52章中的“始”用的是本义，其他6个“始”字则引申为广义的“开始”“起始”。第1章说：

> **无名，万物之始也；有名，万物之母也。**

其中，“无名”“有名”相对，“始”“母”相对；“始”上承“无名”，“母”上承“有名”；“始”比喻宇宙万物起源中“无”“无名”的阶段，“母”比喻宇宙万物起源中“有”“有名”的阶段。“无名，万物之始也；有名，万物之母也”是以女人从怀孕到成为母亲的过程比喻宇宙万物从无到有的过程。

女人虽然怀孕，但刚怀孕不久，孩子还没生下来，那就还没有人管她叫“妈”，因而也没有“妈”这个名称，所以《老子》第1章说“无名，万物之始也”。

但正如《老子》第52章说“天下有始，以为天下母”，少女生下孩子是迟早的事，少女总归是要做母亲的。少女生下孩子后，就有人管她叫“妈”了，就有了“妈”这个名称，所以《老子》第1章又说“有名，万物之母也”。

“始”比喻宇宙万物起源中“无”“无名”的阶段，“母”比喻宇宙万物起源中“有”“有名”的阶段，而“天下之物生于有，有生于无”（《老子》第41章），那么相对于“母”来说，“始”

则是本源的本源。

“我从哪里来？”“要到哪里去？”“我是谁？”这是古今中外哲学探讨的三大终极问题。

记得小时候，夏天的晚饭后，家家到街道、场院中纳凉，小孩子们则是尽情地奔跑、嬉耍，累了以后就依偎在妈妈身边，半是天真、半似认真地问妈妈：“我从哪里来？”

当妈妈告诉他或者她说“是妈妈生的”时，他或她又会接着问“那妈妈你又是谁生的”，再告诉他或者她说“妈妈是姥姥生的”，他或她又问“姥姥是谁生的”……如此一直追根究底地问下去，最终会涉及人类起源、宇宙起源的问题。

无知是好奇之母，好奇是成为一个优秀科学家、哲学家的必备条件。老子、庄子都喜欢以婴儿比喻宇宙万物的本源以及“道”，而他们也都是这样两位童心未泯的哲学家。

对于宇宙万物的起源，《老子》追到了“始”、追到了“无”，但《庄子》心犹不足，还是继续不断地穷追不舍。如《庄子·齐物论》中道：

> 有始也者，有未始有始也者，有未始有夫未始有始也者。有有也者，有无也者，有未始有无也者，有未始有夫未始有无也者。俄而有无矣，而未知有无之果孰有孰无也。

这段话，有点像绕口令，学相声的人不妨拿来练练。大意是说，宇宙有它开始的时候，有未曾开始的时候。万物有它“有”的状态，有“无”的状态，有未曾“无”的状态，有未曾有那未曾有“无”的状态。突然之间就发生了“有”和“无”，但不知道这“有”和“无”究竟哪个是“有”哪个是“无”。

如果真要问答，用《老子》第1章的话来说，就是“两者同出，异名同谓”，“无”“有”同出于一个东西，虽然名称不一样但说的是一个东西；用《红楼梦》第一回的话来说，那就是“假作真时真亦假，无为有处有还无”。

有：一个大牛头

“有”与“无”相反相对。“无”（“無”）是人手持牛尾跳舞的样子，与牛有关（参“无”字条），而“有”也与牛有关。

甲骨文中，“有”字有两种写法。一是像一个牛头的形象，代表牛；一是像“又”字。到了金文、小篆中，“又”字下面又加了“肉”字。

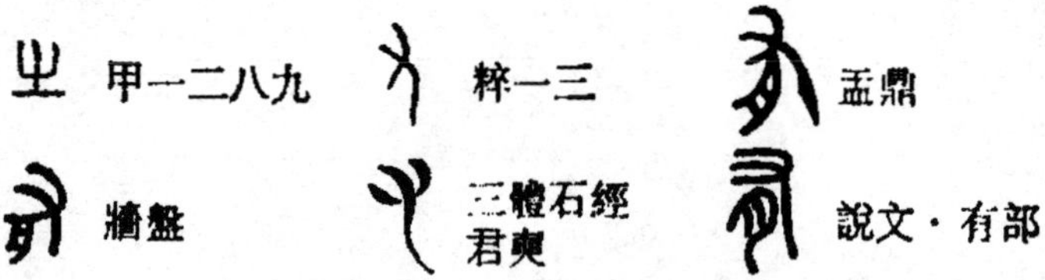

古文中的“有”

由于古文字“肉”和“月”的写法非常相似，所以《说文》把“肉”误认为“月”字，解释说：“有，不宜有也。《春秋传》曰：日月有食之。从月，又声。”认为“有”是月有月食的意思，而所谓的“不宜有”是指不应该有日食、月食。

西周青铜器上的牛纹

在汉字的简化演变过程中，更是把“肉”简化为“月”字，成了现在的“有”字，所以大家千万别认为“有”的下面是“月”字。不仅“有”字如此，还有很多字中的“肉”字旁也都被简化为“月”，如与人体有关的“脸”“脚”“脾”等字，其中的“月”本来也都是“肉”字而非“月”字。

因为“有”在甲骨文中和“又”非常相似，所以二者在后来的文献中通用，如《论语·为政》“吾十有五而志于学”，其中的“有”就是“又”的意思；又如《汉书·韩信传》“淮阴少年又侮信者”，其中的“又”又是“有”的意思。

甲骨文中“有”“又”相似，而“又”就是古文“手”字，所以很多人误认为“有”就是“手中拿着肉”的意思，如林义光《文源》中说：“‘有’非‘不宜有’之义。有，持有也。古从又持肉，不从月。”

“有”的本义就是牛。那么，牛是从哪里来的呢？当然是母牛生出来的。是母牛哪里生出来的呢？牛屄中生出来的。

《老子》第41章说“有生于无”，“有”是从“无”中生出来的。第6章又说“谷神不死，是谓玄牝。玄牝之门，是谓天地之根”，其中“谷”“玄牝”互喻，都是比喻宇宙万物本源“无”的，而“玄牝”就是牛屄（参“谷”“牝”字条），则第41章云“有生于无”，正是牛从牛屄中生出来的意思。

“道”是“有物”所生（参“字”字条），“有”是牛，而“物”也是牛。如王国维《释物》中说“卜辞云：丁酉卜，即贞，后祖乙古十牛。四月。又云：贞，后祖乙古物。四月。……前云‘古十牛’，后云‘古物’，则‘物’亦牛名”，又如《诗经·小雅·无羊》“三十维物，尔牲则具”毛传注云“异毛色者三十也”，这是说有三十种毛色各异的牛，以供祭祀中作为牺牲来选用。

“有”“物”都是牛，而《老子》第25章说“有物……可以为天地母……字之曰道”，第42章说“道生一，一生二，二生三，三生万物”，就这样母牛生小牛，小牛长大了再生小牛，越生越多，越来越有。

那么，都有了什么呢？“有物”（第25章），“有身”（第13章），“有欲”（第1章），“有志”（第33章），“有知”（第53章），“有名”（第1章），“有……利”（第11章），“有事”（第48章），“有大患”（第13章）……。

但在《老子》看来，“有”并不是什么好事。一旦“有”了，就像希腊神话中的潘多拉打开了她的盒子，欲望、名利、祸患、灾难等都从盒子中飞出来了，一发而不可收，从此开始了恶性循环，从此宇宙不再安宁，从此人类陷入了烦恼、痛苦和罪恶的深渊之中。

所以《老子》才希望人们“生而弗有”（第10章），“复归于无物”（第 14 章），“恒使民无知无欲”（第 3 章），“以无事取天下”（第 57 章），强调“名可名也，非恒名也”（第 1 章），要人们想一想“名与身孰亲？身与货孰多？得与亡孰病？”（第 44 章）

按照“有无之相生也”（第 3 章）的转化规律，“无”固然可以生“有”，而“有”终究也要复归于“无”。《说文》中以“月有月食”解释“有”虽然是错误的，但是“有，不宜有也”的说法与《老子》之旨不谋而合。

母：万物的本源

在甲骨文、金文中，“母”就是在“女”的基础上加了表示乳房的两个点。

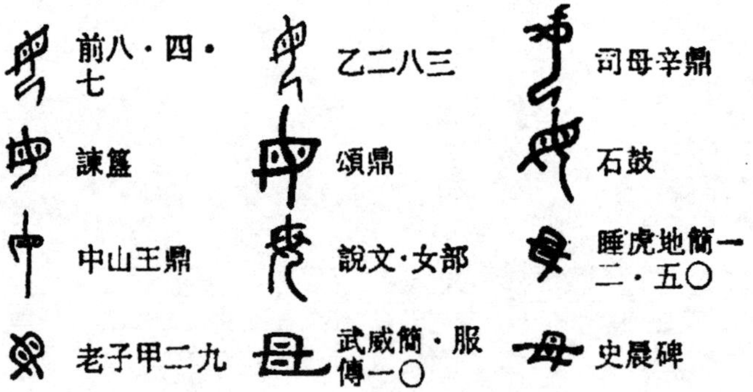

古文中的“母”

《老子》中“母”出现了7次，都是用以比喻宇宙万物的本源，不用多说。需要多说几句的是第20章的“食母”、第

59 章的“国之母”。第 20 章说：

我欲独异于人，而贵食母。

——我就是要和别人不同，而看重“食母”。

其中的“食母”多解释为“乳母”，这固然不错。正如第 51 章所说，“道”母不仅化生了万物，而且还要养育万物：

道生之，畜之，长之，育之，亭之，毒之，养之，覆之。

——道化生万物，蓄养万物，使万物生长，使万物安定，治理万物，养育万物，保护万物。

不过，正如《旧约 · 马太福音》说“天国好像面酵，有妇人拿来，藏在三斗面里，直到全团都发起来”，把“食母”解释为“酵母”，也可以讲得通。

酵母可以使一个小小的死面团子膨胀到很大，而《老子》中的“道”母如同《旧约 · 马太福音》所说的“天国”，最初也是少的、小的，但能由少到多、由小到大。如第 42 章说：

道生一，一生二，二生三，三生万物……

——道生一，一生二，二生三，三生万物……越生越多。第 34 章说：

道氾呵，其可左右也。……则恒无欲也，可名于小；万物归焉而弗为主，可名于大。

——“道”非常广泛，无处不在。……经常处于没有欲望的状态，可以给它起个名字叫“小”；万物复归于“道”而“道”却不作为主宰，可以给它起个名叫“大”。

所以《老子》中作为宇宙万物本源、化生宇宙万物的“食母”，也可以理解为“酵母”。

“食母”的“母”就讲这么多，再看“国之母”的“母”。第59章说：

> 治人事天莫若啬。夫唯啬，是以早服。早服是谓重积德。重积德则无不克，无不克则莫知其极，莫知其极可以有国，有国之母可以长久。是谓深根固柢、长生久视之道也。

——养生侍奉上天，没有什么比得上种庄稼。只有种庄稼，才能及早地顺从阴阳变化。及早服从阴阳变化叫作重视（重新）积累德。重视（重新）积累德，就没有什么不能做成的；没有什么不能做成，就没有人知道它的终极；没有人知道它的终极，就可以拥有国家；拥有“国之母”，就可以长久。这就叫作使根柢深入牢固、长生久视的“道”。

其中的“母”多笼统地解释为“道”，如《韩非子·解老》中说“所谓有国之母，母者道也”，也值得商榷。

第一，古人以天为父、以地为母，以“吝啬”为地的特征。如《周易·说卦》说“坤为地，为母……为吝啬……其于地也为黑”，这与《老子》第59章所说的“啬”“国之母”一致。

第二，古人以土地为国家的根本。如《左传·僖公二十三年》载，重耳即后来的晋文公因内乱而流亡国外，路过卫国五鹿之地时，向一个农夫讨口吃的，农夫从地里捡了个土疙瘩给他。

重耳发怒，想拿马鞭抽这个农夫，一同流亡的舅舅子犯制止了他，说：“这是上天赐给我们的，好兆头呀！”于是重耳磕头谢过，把土块放到车上继续前行，后来果然回国继承了国君之位。正因为土地是一个国家的根本，得到土地就意味着拥有了国家，所以《老子》第59章才说“有国之母可以长久”。

第三，《老子》第59章所说的“深根固柢”中的“根”“柢”都是深入到土地之中的，都与土地有关，从这个角度上来说，“国之母”也应理解为“土地”。

地“为母”“为黑”，而“母”“黑”在阴、阳属性上皆属于阴，《老子》以“母”比喻宇宙万物的本源，又说“人法地，地法天，天法道，道法自然”（第25章），以“地”作为第一效法对象，其实反映了《老子》的尚阴思想。

用：无声胜有声

《老子》贬斥“有”“利”而推崇“无”“用”。然而，正如《庄子·人间世》说：

> 桂可食，故伐之；漆可用，故割之。人皆知有用之用，而莫知无用之用也。

——桂树可以食用或者药用，所以遭到砍伐；漆树的漆可以用来油漆家具，所以遭受刀斧的割剥。世人大都只知道有用的用处，却不懂得无用的用处呀！

“无”已经讲过了，那么“用”又是什么呢？“无用之用”该怎么用呢？

“用”在《老子》中出现了20次。从甲骨文到小篆，字形没有太大的变化。

什么意思呢？有人认为“用”是“甬”的本字。金文中的

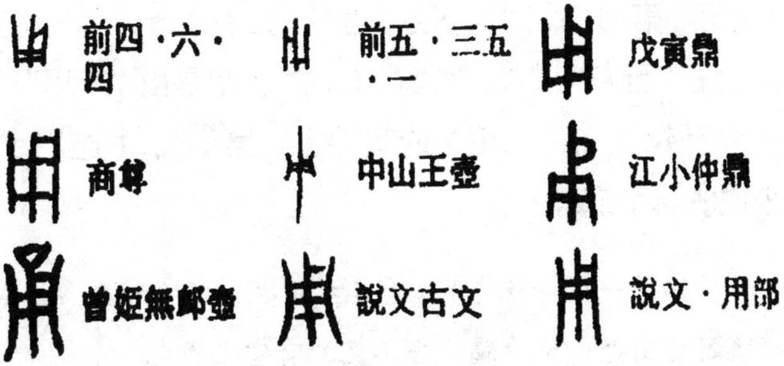

古文中的“用”

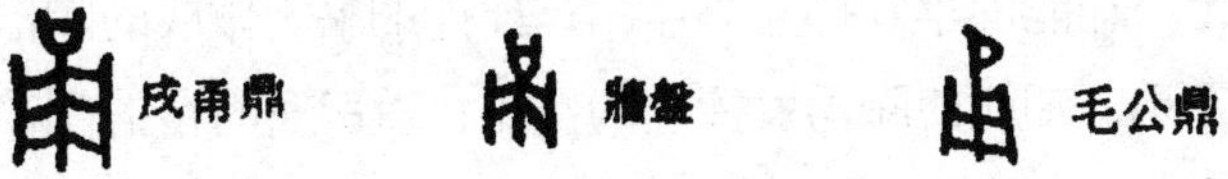

古文中的“甬”

“用”与“甬”的确很像，并且在简本《老子》中“用”正是写作“甬”，所以这种看法是很有道理的。

那么，“甬”又是什么呢？杨树达认为是“钟”的本字，其《积微小学述林》中说：“甬象钟形，乃钟字之初文也。……甬字形上象钟悬，下象钟体，中横画象钟带。”《说文》释“钟”也说：“乐钟也。……古者垂作钟。锸、钟或从甬。”如此，“用”也就是“钟”的本字。

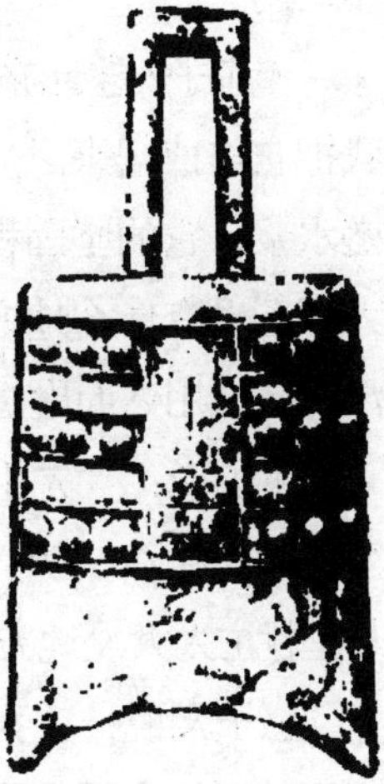

古代的钟

钟是一个实有的物体，属于《老子》所说的“有”；但它又是中空的，属于《老子》所说的“无”。

《老子》第41章说“天下万物生于有，有生于无”，一切“有”都是由“无”而来。同样，一切“有用”也都是由“无用”而来，“有用”是建立在“无用”的基础上。第11章中连用了三个比喻来说明这个道理：

卅辐同一毂，当其无，有车之用也；埏埴为器，当其无，有埴器之用也；凿户牖，当其无，有室之用也。

——三十根车辐条共同贯穿在一个车毂上，中空的车毂相当于无，却能使车发挥它的作用；搅拌细黏土做成的陶器中空相当于无，却能使陶器发挥它的作用；盖房子时留的门窗中空相当于无，却能使房屋发挥它的作用。

车毂、陶器、门窗是如此，钟也是如此。正因为钟是中空的，所以才能发出声响，才能作为乐器来用，这本身就是“无用”“无用之用”。

《庄子·逍遥游》载，惠子对庄子说：“魏王送我大葫芦种子，我把它培植起来以后，结出的大葫芦有五石大的容积。用它去盛水浆，它的坚固程度承受不了水的压力；把它剖开做瓢也太大了，没有什么地方可以放得下。这个葫芦太大了，我因为它没有什么用处而砸烂了它。”

庄子说：“先生实在是不善于用大啊！……如今你有五石容积的大葫芦，为什么不考虑用它制成腰舟而浮游于江湖之上，却担忧它太大没地方可放呢？”

惠子又说：“我有棵大树，人们都叫它樗。它的树干疙里疙瘩，不符合绳墨取直的要求；它的树枝弯弯扭扭，也不适应圆规和角尺取材的要求。所以，虽然生长在道路旁，但木匠连看也不看。你现在的言论，大而无用，大家都会鄙弃它的。”

庄子又说：“如今你有这么大一棵树，却担忧它没有什么用处，怎么不把它栽种在什么也没有的地方，栽种在无边无际的旷野里，而后悠然自得地徘徊于树旁，优游自在地躺卧于树下？”

《庄子·外物》篇中也说到“惠子谓庄子曰：子言无用……”与上引《逍遥游》篇中所说的“今子之言，大而无用”是一样的口吻。

《庄子·外物》属于《庄子》中的“杂篇”，而“杂篇”一般认为是庄子后学的发挥之作，并且《外物》中“惠子谓庄子曰：子言无用……”这段话来得突兀，与上段一点儿也不搭，应该就是对上引《逍遥游》的进一步发挥，说的也是“无用之用”。

那么，《外物》中针对于惠子的话，庄子又是怎么说的呢？

庄子说：“懂得没用才可以和你谈有用。大地并非不广大，但人所用到的地方，不过是能容下一双脚的地方而已，其他地方都是无用的。但是，如果除了双脚站立的那块地方以外，其他的地方全部都挖掉，挖得很深很深，一直挖到九泉之下，那么那双脚站立的那块地方还有用吗？”

惠子说：“没用。”

庄子说：“这样的话，那么无用的用处就很明显了。”

同样的比喻，《庄子·徐无鬼》中进一步发挥说：“所以，脚踩在地上的地方很少，但不能认为那没踩到的地方没用，我们要靠那脚没有踩到的地方才能走向远方。人对于各种事物了解的知识也很少，我们只有依赖我们还不知道的知识而后才能了解天道自然。于是人们知道了天，知道了地，知道了‘大目’，知道了‘大钧’，知道了‘大方’，知道了‘大信’，知道了‘大定’，这是达到认识的最高境界了。”

其中所说的“大目”“大钧”“大方”“大信”“大定”与《老子》第40章“大白如辱……大方无隅，大器晚成，大音希声”中的“大白”“大方”“大器”，“大音”一样，都是指“无”。别的不讲，只讲讲与“用”相关的“大音希声”一句。

我们现在往往把“声”和“音”混为一谈，笼统地称为“声音”。其实，古代“声”和“音”是两个不同的概念，如《礼记·乐记》中说“感于物而动，故形于声。……变成方，谓之音。……情动于中，故形于声。声成文，谓之音”，这也就是说，单一的声才是“声”，而不同的声混合在一起才叫“音”。

如上所说，“用”就是“钟”，是一种乐器，只能发出声。钟不发声的时候是无用之用，发声的时候是有用之用。而《老子》说“大音希声”，大音是没有声的，说的还是无用胜有用、无声胜有声呀！

谷：有、无的比喻

“谷”字现在既指谷物，也指山谷，但这是汉字简化以后的结果。古代“谷”专指山谷，而谷物的“谷”作“穀”，二者有着严格的区别。

汉字是中国古代思想文化的活化石。古人如何看待、理解这个世界，都体现、反映在汉字中。反过来，我们通过研究汉字，当然是简化以前的汉字，就能知道古人是怎么认识这个世界的，就能知道古人有着怎样的思想观念。

凡事有一利则有一弊，汉字的简化也是如此。汉字简化固然带来书写时的方便，但同时丢失了很多蕴含在其中的文化信息。新中国成立后推行简化汉字，而台湾、香港地区一直都在使用繁体字，所以在某种程度上保留了更多的传统文化因子。

汉字简化还带来一个问题，就是本来不一样的几个字，都简化成了一个字了，很容易引起意义上的误解，像“谷”“穀”

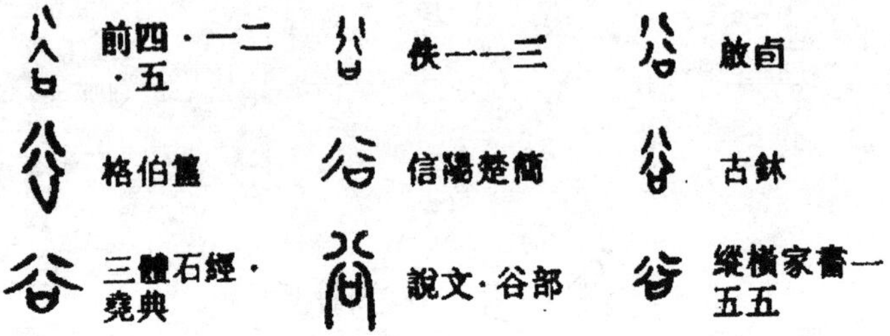

古文中的“谷”

都简化为“谷”就是这种情况。

《老子》中的“谷”，高亨、蒋锡昌等著名学者都认为是“穀”，解释为种子、保养等意思。但考察《老子》全书，其中既用“谷”也用“穀”，如第39章“夫是以侯王自谓孤、寡、不穀”、第42章“天下之所恶，唯孤、寡、不穀，而王公以自名也”。说明《老子》中“谷”“穀”二字既不相同也不相通，《老子》中的“谷”应该是专指山谷而言。

《老子》中的“谷”专指山谷，这是没问题的。但正如《管子·度地》说“山之沟，一有水，一无水，命曰谷”，山谷又有两种，一种是没有水的，是干涸的、空旷的；一种是有水的，这种山谷就是“溪”，也就是《老子》第28章“知其雄，守其雌，为天下溪。为天下溪，恒德不离”的“溪”。这两种不同意义的“谷”在《老子》中都用到了。

《老子》中的“谷”显然是一种比喻。比喻什么呢？比喻宇宙万物的本源。但宇宙本源也有不同的层次。第25章说“有物混成，先天地生，寂呵寥呵，独立而不改，可以为天地母”，既然“有物……可以为天下母”，那么“有物”当然是天下万物的本源。然而第41章又说“天下之物生于有，有生于无”，其中的“有”也就是“有物”，“有生于无”就是“无中生有”，“无”生出了“有”。因此笼统地说，“有（物）”“无”都是宇宙万物的本源。具体地说，如果把“无”作为宇宙万物的终极根源，那么“有”“有物”就是宇宙万物的次生根源。

谷既然比喻宇宙万物的本源，那么没有水的、干涸的、空旷的山谷就是比喻“无”的；有水的山谷、溪就是比喻“有”“有物”的。冰雪融化了，或者下雨了，原来干涸、空旷的山谷，一下子注满了水，这就属于第41章所说的“有生于无”。

“谷”在《老子》中出现了10次，有的指有水的山谷，有的指无水的山谷。具体到每一个“谷”，究竟是指有水的山谷还是无水的山谷，究竟是比喻“有物”还是“无”，需要根据它的喻义及相关语境认真仔细地甄别判断。

牝：万物化生之门

“牝”在《老子》中出现 5 次。从甲骨文到现在，“牝”基本就是现在这个样子，即一个“牛”字加一个“匕”字。

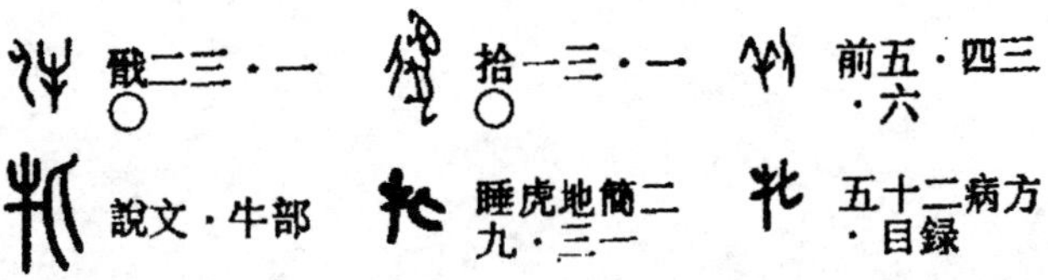

古文中的“牝”

对这个字，以前注解《老子》的人，尤其一些老先生们，往往羞羞答答，曲里拐弯，不好意思直说，结果越说越糊涂。还是李零先生说得直白：

> 朱熹的暗示，牝是有个窟窿就可以插棍的东西，比如门闩和门闩孔，钥匙和锁子眼，就是这种关系，我也是听任先

生讲的。（《人往低处走·自序》）

牝从匕声，读如比，古音是脂部字，其实就是今语所谓的屄。古语，牛屄叫牝，人屄也叫牝。（《人往低处走》第六章）

从字的本义上说，“牝”就是牛屄，后来也泛指雌性动物的生殖器，代指雌性的动物。

“牝”前面加上一个“玄”，即“玄牝”。“玄”前面讲过，是黑里透红、深黑色的意思。动物也罢，人类也好，随着年龄的增长，黑色素沉淀，这个部位都呈现为深黑色，所以又叫“玄牝”。

“牝”比喻万物本源。比喻之所以能够发生，是因为用来作为比喻的事物与被比喻的事物之间有某些相似。那么,《老子》中的“牝”都比喻些什么呢?

谷与玄牝

一是比喻化生宇宙万物的本源。在这一点上，“牝”和“谷”是互喻的。谷有无水的、有有水的，二者分别比喻宇宙万物的本源“无”和“有”（参“谷”字条）。牝也是如此，也有无水的，也有有水的。不过，这时的“水”是指生殖之水，对于女人来说就是月水。还没有月水的女人是少女，还不能生孩子；有了月水的女人就是成年女人了，可以生孩子做母亲了。所以第 1 章才说“无名，万物之始也；有名，万物之母也”（参“始”字条）。

二是比喻宇宙万物本源静柔、柔弱、处下等特征。与雄性、男性相比，雌性、女性往往是静柔、柔弱的，但这并不意味着雄性、男性在所有事上永远都敌得过雌性、女性。所以第 41 章说“弱也者，道之用也”，第 61 章说“牝恒以静胜牡。为其静也，故宜为下”，第 80 章说“天下莫柔弱于水，而攻坚强者莫之能胜也”。

三是比喻宇宙本源化生万物的功能。蒙古有个习俗，小孩儿 3 岁时，家长要给他举行一个剪发礼，届时会请很多亲朋好友来。作为礼物，这些亲朋好友会赠给这个孩子羊、牛或者马，而且这些羊、牛、马必须是母的，不能是公的。为什么？就是因为母的能生育、繁殖小牛。小孩获得的这些牛、羊、马后，父母会一直给他放养，等到他十六七岁可以结婚的时候，他就有了一大笔终生受用的资产了。所以《老子》第 6 章说：

> 谷神不死，是谓玄牝。玄牝之门，是谓天地之根。绵绵呵若存，用之不堇。

——谷中之水不枯竭，这就是黑色生殖器。黑色生殖器的门，这就是天地万物的根源。谷中之水延续不绝，似存似亡，用之不尽。相反，如第 39 章所说：

> 谷毋以盈将恐竭……

——谷中没有水充盈那就会干涸，就不能再化生万物。

人也是一样，生育繁殖有一定的年龄限制，太嫩不行，太老也不行。一般情况下，女人 14 到 50 岁之间“月事以时下”，是能够生育的。但过了 50 岁就“天癸竭，地道不通”（《素问·上古天真论》）了，就不可能再生育了。也正因此，《老子》才强调“谷神不死，是谓玄牝。玄牝之门，是谓天地之根。绵绵呵若存，用之不堇”。

夷：滑溜溜的皮囊

“夷”在《老子》中出现了3次，即第14章“搢之而弗得，名之曰夷”，第40章“明道如昧，进道如退，夷道如类”，第53章“大道甚夷，民甚好径”。

第40章、第53章的“夷”可以解释为“平坦”，这没问题。不好理解的是第14章的“夷”。这个“夷”字，陈鼓应《老子今注今译》中只是加了个引号拖到译文中，张松辉《老子译注与解析》中解作“灭，没有”，李零《人往低处走》说“训平，是光秃秃，什么也摸不出来的意思”。“夷”究竟是什么意思？第14章的这个“夷”究竟应该解作什么呢？

在甲骨文、金文中，“夷”最早像“人”字，后来加上了“S”形，再后来“S”形变成了反“S”形，也就是“弓”字。“弓”又是什么意思呢？

在甲骨文、金文中，“弓”都像“弋”字。弋是一种狩猎

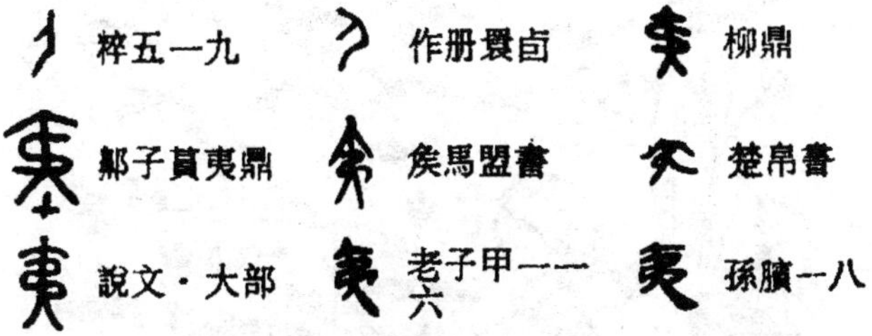

古文中的“夷”

工具，如《庄子·应帝王》中说“鸟高飞以避矰弋之害”。这种工具前有短箭头，箭头上系有长长的绳子，箭头上可能还会有弯钩，这样既可以远距离地射中猎物，又可避免猎物被射中后挣脱。

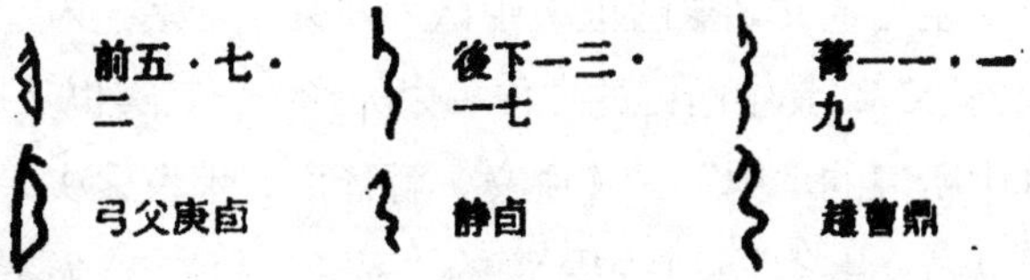

古文中的“弓”

这样的话，“夷”也就是人身上缠绕、披挂着弋的样子。《说文》解释说：“夷，平也。从大，从弓。东方之人也。”其中所说的“东方之人也”即“东夷”，指古时生活在现在胶东半岛、江苏沿海一带的部族。

与当时中原发达地区相比，东夷还处于未开化的时期，因此也称为“蛮夷”。后来也以“夷”“蛮夷”泛称中原以外的其他部族，如《论语·子罕》中载“子欲居九夷”。大概因为中原以外的其他部族不开化，尚且处于以狩猎为主的阶段，身

弋射图。采自成都羊子山出土画像砖

上经常缠绕、披挂着弋之类的狩猎工具，因此才称之为“夷”。

《说文》说“夷，平也”，这个“平”的意思又是由何而来呢？吴其昌先生《金文名象疏证》中认为“夷字与弟字为一字……象韦束矢形”，其中所说的“象韦束矢形”，其实也就是“弓”字；其中所说的“弟”，《说文》解释说“韦束之次弟也……古文弟从古文韦省”；其中所说的“韦”，《说文》解释说“相背也，从舛口声。兽皮之革可以束枉戾”。

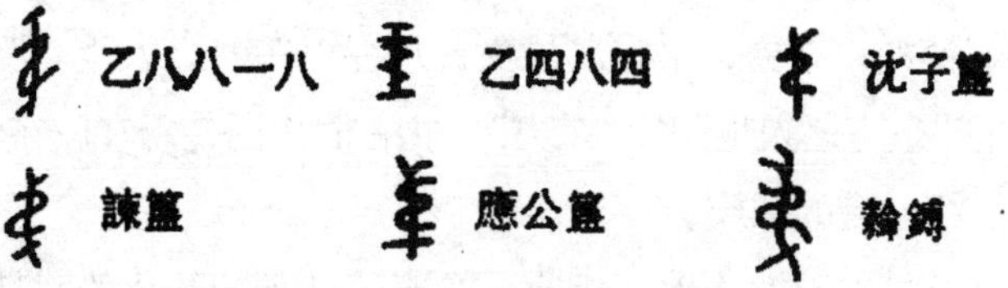

古文中的“弟”

如上所说，“弟”“韦”之义都与兽皮有关。既然“夷字与弟字为一字”，“弟”“韦”之义与兽皮有关，那么“夷”

之义也应该与兽皮有关。但这能说明什么呢？还是与《说文》“夷，平也”的解释不搭呀！别急，我们继续往下看。

《史记》《吕氏春秋》等文献中还经常提到一种叫“鸱夷”的东西，如《史记·伍子胥列传》：

“吴王闻之大怒，乃取子胥尸盛以鸱夷革，浮之江水中。”《集解》引应劭曰：“取马革以为鸱夷。鸱夷，榼（古代酒具）形。”

《史记·鲁仲连邹阳列传》：

“臣闻比干剖心，子胥鸱夷。”《索隐》引韦昭曰：“以皮作鸱鸟形，名曰鸱夷。鸱夷，皮榼也。”引服虔曰：“用马革作囊，以裹尸，投之江中。”

《史记·越王勾践世家》：

“范蠡浮海出齐，变姓名，自谓鸱夷子皮。”《索隐》：“盖以吴王杀子胥盛以鸱夷，今蠡自以有罪，故为号也。韦昭云：鸱夷，革囊也。或曰生牛皮。”

黎士宏《仁恕堂笔记》：

秦巩间人，割牛羊去其首，剜肉空中为皮袋，大者受一石，小者受二三斗。俗曰混沌，即古之鸱夷。

不用我再多作解释，意思已经很明白了。鸱夷就是用羊、牛、马的完皮制成的皮囊，可用来渡水，也可以用来盛酒、奶酪等物，还有一种奇特的作用，就是用以盛人或人的尸体，大概是起诅咒、厌胜的作用。

不难想象，这样一种皮囊，充上气用来渡水，或者用来盛酒、盛奶酪后，圆鼓鼓的，再加上水的浸泡，滑溜溜的，是很难用手抓住的。所以我怀疑，《老子》第 14 章“揞之而弗得，名之曰夷”的“夷”应该就是指这样一种圆鼓鼓、滑溜溜的皮囊，由“滑溜溜”然后才又引申出“平坦”的意思。

皮囊图。采自宋兆麟《古代器物溯源》

要制作这样一种皮囊，得先宰杀羊、牛、马，因此“夷”又可以引申出“杀”“灭”的意思，但以“杀”“灭”解释《老子》第 14 章的“夷”委实不通，李零先生说“训平，是光秃秃，什么也摸不出来的意思”比较接近。

一：阴、阳的合体

只要认得一个字的人，就认得这个“一”。但要把它讲明白了，不容易！“一”究竟是什么？我们先从《老子》第14章讲起：

> 一者，其上不儵，其下不忽，绳绳呵不可名也，复归于无物。

——“一”向上的时候不“儵”，向下的时候不“忽”，无法给它取个名称，又回到无物的状态。

要知道“一”是什么，又要知道“儵”“忽”是什么，那么“儵”“忽”又是什么呢？我们再看《庄子·应帝王》中著名的浑沌开窍寓言：

> 南海之帝为儵，北海之帝为忽，中央之帝为浑沌，儵与忽时相与遇于浑沌之地，浑沌待之甚善……

从阴、阳属性的角度来说，南、天、上、明为阳，北、地、下、暗为阴。“南海之帝为儵”，则“儵”就是阳、明；“北海之帝为忽”，则“忽”就是阴、暗。

“儵”为阳、为明，“忽”为阴、为暗。如此“一者，其上不儵，其下不忽”就是说，“一”这种东西，向上的时候不明亮，向下的时候不昏暗。

“儵”既然是阳、是明，“忽”既然是阴、是暗，为什么又说“一者，其上不儵，其下不忽”，“一”向上的时候不明亮，向下的时候不昏暗呢？这是因为“儵”“忽”还同处于“一”这个浑沌统一体中。

换句话说，“一”就是包含阴、阳二者在内的浑沌统一体。正因为“一”包含阴、阳在内，所以第39章说：

> 昔之得一者，天得一以清，地得一以宁，神得一以灵，谷得一以盈，侯王得一而以为天下正。

“故清阳为天，浊阴为地”（《素问·阴阳应象大论》），天得到了“一”中的阳因此得以清，地得到了“一”中的阴因此得以宁，因此说“天得一以清，地得一以宁”。

“阴阳不测之谓神”（《周易·系辞》），“神也者，妙万物而为言者也”（《周易·说卦》），神、灵同义，“神”就是阴、阳二者的变化，而“一”本身又包含阴、阳在内，因此说“神得一以灵”。

谷有有水之谷、无水之谷（参“谷”字条），第39章的“谷”是有水的，而水是由阴、阳二者合和而成的，阴、阳二者合和就是“一”，因此说“谷得一以盈”。

“正”由“一”“止”组成，就是“止于一”的意思（参“正”字条），因此说“侯王得一而以为天下正”。

反之，如果没有“得一”，那又会是什么情形？第39章继续说：

> 其致之也，谓天毋以清将恐裂，谓地毋以宁将恐废，谓神毋以灵将恐歇，谓谷毋以盈将恐竭，谓侯王毋以贵以高将恐蹶。故必贵而以贱为本，必高矣而以下为基。

之所以要得“一”，是因为如果没有得到“一”中的清气，那么天恐怕就破裂了，就得女娲来补天了，因此说“天毋以清将恐裂”。

地如果没有得到“一”中的阴气、浊气，那恐怕就要干旱了，土地就要结成块了，就无法种庄稼了，最后就废弃了，因此说“地毋以宁将恐废”。

“神”之所以神，在于阴阳不测的变化。如果没有了“一”，那就没有了阴阳变化，“神”恐怕就得歇业了，因此说“神毋以灵将恐歇”。

谷中是有水的，水是由阴、阳二者合和而成的，谷中没有了水的充盈，自然而然就干涸了，因此说“谷毋以盈将恐竭”。

天为阳，地为阴，是由“一”所化生的，天得到“一”中的阳，才成其为天；地得到了“一”中的阴，才成其为地。没有“一”，也就没有天地、没有高卑之分、没有贵贱之分，因此说“侯王毋以贵以高将恐蹶。故必贵而以贱为本，必高矣而以下为基”。

《老子》中“一”出现了15次，表示宇宙万物本源的用法最多，有11处。因为宇宙万物本源是唯一的，因此又用作数字“一”，这种用法在《老子》中有2处，即第11章“卅辐同一毂”、第25章“国中有四大，而王居一焉”的“一”。又如第42章说“道生一，一生二，二生三，三生万物”，在生成万物的序列中，“一”又是处于第一位的，由此“一”又用作序数词“第一”。

像一层层地堆积柴火，最晚堆积的处在最上一层，而最早堆积的反而处在最下一层。作为生成宇宙万物的本源，“一”本来是最早的、唯一的、第一的，但在世俗之人的眼光中，反倒成了最下贱的、最不受人待见的。

《世说新语》记载，晋武帝司马炎登基以后，找了一个算卦的给他算命。这个人算出一个字，什么字呢？就是“一”。与“万”相比，“一”太微不足道了！人家司马炎刚当皇帝，你算一个“万”该多好呀，可你偏偏算出个“一”。晋武帝觉得不吉利，所以很不高兴：“这老小子，这不是说我只能当一年的皇帝吗？”于是准备让人把这个算命的拖出去砍了。多亏当时学识渊博、精通《易经》《老子》的裴楷在场，他引用《老子》（何晏注本）中“天得一以清，地得一以宁……侯王得一而以为天下贞”的话，为恼怒的晋武帝找了个台阶下，也为那位算命先生化解了危机。

在俗人眼光中下贱的东西，在老子眼里并不下贱，所以《老子》第39章接下去反问：

> 夫是以侯王自谓孤、寡、不榖。此其贱之本与？非也。

——所以侯王自称是“孤”“寡”“不穀”。这难道是他们下贱的根本吗！不是的。第 42 章也说：

天下之所恶，唯孤、寡、不穀，而王公以自名也。物或损之而益，益之而损。

——天下的人所厌恶的，只有“孤”“寡”“不穀”，但是王公用来作为自己的名字。有些事物你减损它，反而是增益它；有些事物你增益它，反而是减损它。

“孤”就是孤儿，也就是小孩儿死了爹妈；“寡”就是寡妇，也就是女人死了丈夫；“穀”就是繁衍再生的谷物，“不穀”就是不生。“孤”“寡”“不穀”都是些贱名，是人们所厌恶的名称，而侯王们却用以自称，但侯王们因此就下贱了吗？显然不是，事实上他们是最高贵的人。

司马炎不懂“侯王得一而以为天下正”的道理，秦始皇更是不懂。秦始皇统一天下以后，自称为“朕”，并且说“朕为始皇帝，后世以计数，二世三世至于万世，传之无穷”（《史记·秦始皇本纪》）。

“朕”本来是第一人称代词，以前谁都可以用，谁都可以自称“朕”。但嬴政当了皇帝后，却把“朕”据为已有、据为己用。后来他又听方士们说，真人入水水不沾身，入火不觉得热，真人能腾云驾雾，还可以长生不老。于是又觉得真人好，说“我羡慕真人，从此以后改称‘真人’，不再称‘朕’了”。

什么东西好，秦始皇就向往什么，就想独占什么！所以秦王朝并没有像他当初希望的那样，“二世三世至于万世，传之无穷”，而只传到秦二世就完蛋了，这似乎是天道冥冥之中早已注定的事！

“一”就讲这么多了。需要再补充几句的是第42章“道生一，一生二，二生三，三生万物”中的“二”“三”。

如上所述，“一”是包含阴、阳二者在内的宇宙本源，那么“二”“三”也可以从阴、阳的角度来理解。

从字形来看，“二”就是古文“上”字。“清阳为天”，天为阳，又是在上的。如果说“二”下面的一画代表阴阳同体的“一”，那么上面的一画就代表从“一”这个混沌体中分化出来的阳气。

有阳就有阴，有天就有地，有上就有下。阴、阳同根同生，阳生的同时其实阴也产生了。“二”是古文“上”字，“二”则是古文“下”字。“浊阴为地”，地为阴，又是在下的。如果说“二”上面的一画代表阴阳同体的“一”，那么下面的一画就代表从“一”这个混沌体中分化出来的阴气。

如果再把“二”放在上面、“二”放在下面，使“二”的下一画与“二”的上一画重合，用虚线把它画出来。上面一画代表阳，下面一画代表阴，而中间的虚线代表化生了阴、阳之后暂时隐退到幕后的阴阳同体的“一”。

上一画代表阳，下一画代表阴，天阳下济，地阴上蒸，阴、阳在天地之间交合，中间的那一画就又变成实的“一”了。表面上看，这个“一”和作为万物本源的“一”一样一样的，其实在本质上已经完全不同。

举个例子，元代著名书法家赵孟頫50岁时，想效仿当时的名士纳妾，但又扭扭捏捏，不好意思告诉老婆。老婆管道升知道后，写下一首《我侬词》：

> 你侬我侬，忒煞情多。情多处，热似火。把一块泥，捻一个你，塑一个我。将咱两个一齐打破，用水调和。再捻一个你，再塑一个我。我泥中有你，你泥中有我：我与你生同一个衾，死同一个椁。

赵孟頫在看了管道升的《我侬词》之后，被深深地打动，从此再没有提过纳妾之事。

如果说“道生一，一生二，二生三，三生万物”的“一”就是“把一块泥”的“一”，那么“二”“二”就是“捻一个你，塑一个我”的“你”“我”，“三”中间的“一”就是“将咱两个一齐打破，用水调和……我泥中有你，你泥中有我”的“一”。

绳：最早的记事工具

“绳”在《老子》中出现了3次，即第14章“一者，其上不皦，其下不忽，绳绳不可名也，复归于无物”，第67章“小邦寡民……使民复结绳而用之”。

笼统地说，“绳”就是绳子、绳索；具体来说，绳、索又有区别，《小尔雅·广器》说“大者谓之索，小者谓之绳”。

第14章的“绳绳”一般解为绵绵不绝，不过这时的“绳绳”要读作“mǐn mǐn”。“绳绳”是有这个意思，如《集韵·准韵》中说“绳，绳绳，无涯际貌。一曰运动不绝意”，《诗经·周南·螽斯》“宜你子孙，绳绳兮”朱熹注“绳绳，不绝貌”。

第14章“一者，其上不皦，其下不忽，绳绳不可名也”是描述阴阳未分的混沌状态。结合本章下文“随而不见其后，迎而不见其首”以及第6章“谷神不死，是谓玄牝。玄牝之门，是谓天地之根。绵绵呵若存，用之不堇”，将“绳绳”解释为“绵绵不绝”，是说得过去的。

但我认为还有一种理解，应该更符合《老子》的原义。即将第一个“绳”理解为动词“打结”，第二个“绳”理解为名词“绳子”。这样的话，“绳绳”就是在绳子上打结，也就是第67章“使民复结绳而用之”所说的“结绳”。

“结绳”意味着什么？我们知道，文字没有发明之前，远古时期的人们记事，就是在绳子上打结的，如《周易·系辞》说“上古结绳而治，后世圣人易之以书契”，《说文解字叙》说“神农氏结绳而治”。也就是说，结绳记事代表着文字没有发明之前的上古时代。

第67章说“小邦寡民，使有十百人之器而毋用，使民重死而远徙，有舟车无所乘之，有甲兵无所陈之，使民复结绳而用之”，其中的“小邦寡民”也代表了这样的上古时代，“使民复结绳而用之”也就是使人们回到没有文字的上古时代。

正如第1章说“无名，万物之始也”，万物产生之初是没有名的。第14章说“一者，其上不皦，其下不忽”，这时虽然产生了阴、阳同涵的“一”，但阴、阳还没有从“一”中分化出来（参“一”字条），还没有产生具体的事物。既然没有具体的事物，当然也就没有什么事情可记，所以说“绳绳不可名也，复归于无物”。

第27章还说“善结者无缠约而不可解也”，其中的“缠”也是指绳索，《玉篇·糸部》“缠，索也”。“约”有“用绳子捆缚”“简缩”的意思，《说文·糸部》说“约，束也”，段玉裁注“束者，缚也”。而“捆缚”“简缩”不免要有突起、打结的地方，因此“缧约”连用也有“用绳子打结”的意思。

“结”是“打结”，“缧约”也是“打结”。“善结者无缧约而不可解也”的表层意思是说，善于打结的人没有打结却解不开。既说“善于打结”，又说“没有打结”，这该怎么理解呢？原来所谓的“善结”，其实根本就没有打结。因为“无缧约”嘛，你打的什么结？又用什么打的结？

那么，“善结者无缧约而不可解也”到底想说明什么呢？我们看《庄子·骈拇》中的一段话：依靠曲尺、墨线、圆规、角尺而端正事物的，这是损伤事物的本性；依靠绳索胶漆而使事物粘固的，这是伤害事物的天然禀赋；运用礼乐对人民生硬地加以改变和矫正，运用仁义对人民加以抚爱和教化，从而抚慰天下民心的，这样做也就失去了人的常态。天下的事物都各有它们固有的常态。所谓常态，就是弯曲的不依靠曲尺，笔直的不依靠墨线，正圆的不依靠圆规，端方的不依靠角尺，使离析的东西附在一起而不依靠胶和漆，将单个的事物捆束在一起而不依靠绳索。

明白了吧？原来，“善结者无缧约而不可解也”与“使民复结绳而用之”一样，都是希望回到没有文字的上古时代、回到事物之初，从而保持事物的自然本性。

象：大象去哪儿了？

森林里召开动物大会，其他动物都到了，就差大象了。领导问：大象都到哪儿去了？

是都被人抓去干活、表演节目了，还是真的被宋丹丹关进冰箱了？

都不是。

随着气候变化，黄河流域再没有原来那么温暖湿润，草木也没有原来那么茂盛，所以大象逐渐地向南迁移，因而黄河流域再也没有活生生的大象了。

《韩非子》有《解老》《喻老》两篇，这是最早阐发《老子》的著述，其中《解老》有云：

> 人希见生象也，而得死象之骨，案其图以想其生也，故诸人之所以意想者，皆谓之“象”也。

活生生的大象见不着了，大象只是出现在文献记载中，只出现在人们口头传说中。于是人们拼命地想呀想，大象到底是什么样子，因此就有了“想象”一词。

关于“想象”，商务印书馆1978年《现代汉语词典》中有两种解释：“①心理学上指在知觉材料的基础上，经过新的配合而创造出新形象的心理过程。②对于不在眼前的事物想出它的具体形象。”

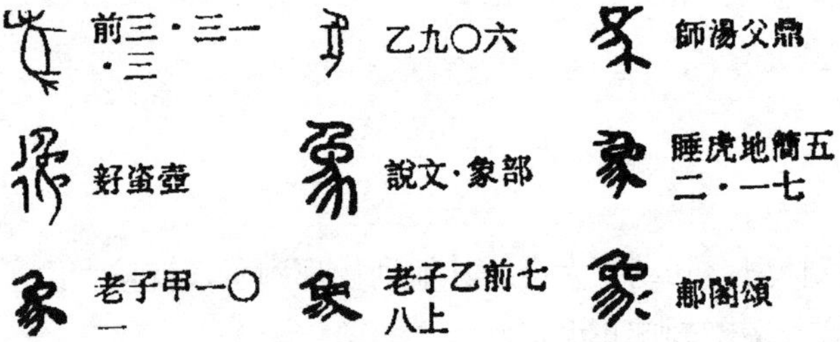

古文中的“象”

《现代汉语词典》的解释，倒使我们想起了盲人摸象的故事：一群盲人摸象，摸着大象身体的，说大象是一堵墙；摸着大象腿的，说大象是一根柱子；摸着大象耳朵的，说大象是一把蒲扇……

因“摸”而有知觉，而大象就是知觉材料，对于盲人来说大象又是不在眼前的，盲人摸象就是一个“想象”的过程。在他们的想象中，大象就是一堵墙、一根柱子、一把蒲扇……《老子》第14章说：

> 视之而弗见，名之曰微；听之而弗闻，名之曰希；播之

而弗得，名之曰夷。三者不可致诘，故混而为一。一者，其上不皦，其下不忽，绳绳不可名也，复归于无物。是谓无状之状，无物之象，是谓忽恍。随而不见其后，迎而不见其首。执今之道，以御今之有，以知古始，是谓道纪。

其中的“象”就是“一”、就是“道之物”、就是“古始”、就是“道纪”，也就是宇宙万物的本源、万物还没有产生之前的阴阳未分状态（参“一”“纪”字条）。

虽然“大象无形”（第40章），虽然“象”是“无物之象”，但正如盲人摸象的故事所昭示的那样，它可以是一堵墙，可以是一根柱子，可以是一把蒲扇……可以是其他的众多事物，其中孕育着无限的可能性、无限的多样性。

“象”是如此，“龙”也是如此。龙是古代中国不同民族图腾的集合体，象征了中华民族的融合（参拙著《易经读本》）。因为龙是图腾的集合体，所以集各种动物的特征于一身，因此《尔雅翼》中说：“龙者，鳞虫之长。王符言其形有九似：头似驼，角似鹿，眼似兔，耳似牛，项似蛇，腹似蜃，鳞似鲤，爪似鹰，掌似虎是也。”“似”就是“象”的意思，说龙有“九似”其实也就是说有“九象”。

如上所说，“象”就是“一”。因此，要把握大千世界中的万物，我们只要把握住“象”、把握住“一”就可以了。所以《老子》第35章说：

执大象，天下往。

——把握住了大象，天下的人都会前往归顺。第23章说：

> 少则得，多则惑，是以圣人执一以为天下牧。

——少才能有所得，多则使人迷惑，所以圣人掌握着“一”作为治理天下的工具。

古代经典中谈“象”者，《周易》之外莫过于《老子》了。魏晋时期以注解《周易》《老子》《论语》而著名的王弼，其《周易略例·明象》中说论述“言”“象”“意”三者的关系说：

> 故言者，所以明象，得象而忘言；象者，所以存意，得意而忘象。……然则，忘象者，乃得意者也；忘言者，乃得象者也。得意在忘象，得象在忘言。

——因此“言”是用来阐明“象”的，得到“象”后就可以忘掉“言”；“象”是用来保存“意”的，得到“意”后就可以忘掉“象”。……这样的话，那么忘掉“象”的人，就是得到“意”的人；忘掉“言”的人，就是得到“象”的人。要得到“意”在于忘掉“象”，要得到“象”在于忘掉“言”。

看来，大象并不是没有参加森林动物大会，其实它早就到了，只不过一直“忽呵恍呵”“幽呵冥呵”（《老子》第21章）地在逛游着，但因为“象”是“绳绳不可名”的，而那位“领导”只顾“得意”地去点名去了，因此把大象给忘了。

精：宇宙万物的基因

《老子》中作为宇宙万物本源的“有物”“无”之所以能化生万物，就在于这个“精”。“精”在《老子》中出现了3次。第21章说：

道之物，惟恍惟忽。忽呵恍呵，中有象呵；恍呵忽呵，中有物呵。幽呵冥呵，中有精呵。其精甚真，其中有信。

——“道”上的这个物，忽明忽暗。忽暗忽明呀，其中有象呀；忽明忽暗呀，其中有物呀；幽深昏暗呀，其中有精呀。其中的精是真实的，其中还有信。第55章说：

含德之厚者，比于赤子。……未知牝牡之会而朘怒，精之至也。

——有深厚道德的人，就像刚生下的婴儿一样。……不知道男女交媾的事但“小鸡鸡”常常勃起，这是因为精气充足的缘故。

什么是“精”？从植物的角度说，“精”就是饱满的米粒。《说文》说“精，择也”，就是从众多的米粒中拣择出籽粒饱满者，作为来年再生的种子。

从人的角度来说，“精”指男性的精子、女性的卵子。《周易·系辞》说“天地氤氲，万物化醇。男女构精，万物化生”，天地之中阴阳合和，万物就产生了；男人的精子与女人的卵子结合，生命因此就产生了。

从宇宙万物广义上的角度来说，“精”泛指宇宙中微小的、化生万物的基本因子，如《庄子·秋水》中说“夫精，小之微也”。

宇宙中最基本、最小因子的“精”是如何化生万物的，过于抽象，不好理解，我们就以农民种地为例来说明吧。

俗话说：宁可饿死爹娘，也不吃种子粮。农民种地，在收获了粮食以后，先要把那些饱满的籽粒精心挑选出来，好好地保存起来，当作来年的种子。

有了饱满的种子，来年适时地播种下去，再加以辛勤地管理，按时除草、耕耘、浇水、施肥，那么种子就不会辜负你，上苍不会辜负你，大地不会辜负你，就会春种一粒粟，秋收万颗籽，就会“一生二，二生三，三生万物”（第 42 章），越生越多。

种子是实实在在的、是可以看得见的，属于“有”、属于“有物”，那么“无”又是如何化生万物的？“有生于无”（第 41 章）又如何理解？我们再以人之生为例来说明。

女人要怀孕，要生孩子，必须要卵子、精子结合，然后才能发育成胚胎，胚胎慢慢长大，十个月以后婴儿呱呱坠地。但精子、卵子很小，用肉眼是看不见的。老子所处的那个年代，不像我们现在这么发达，没有显微镜之类的仪器，无法看见这么小的精子、卵子，所以只好说它是“无”。等到卵子受精发育成胚胎，胚胎再慢慢地发育长大，四五个月后出怀了，就可以用肉眼看见了，这就是“有”了。直到今天，民俗中“怀孕”不说“怀孕”，而说“有了”，就是这么个意思。

因为《老子》说“有物”（第25章），说“道之物”（第21章），有人说老子是唯物主义者；因为《老子》中说“有生于无”（第41章），有人说老子是唯心主义者；因为《老子》既说“物”又说“无”，有人说老子半截是唯物主义、半截是唯心主义。各家之间各持己见，互不相让，争论得不亦乐乎。

其实，《老子》中讲得明明白白，只是我们后人没有读懂、没读明白而已。究其原因，还是没有细味《老子》字词本义，没有将《老子》前后文义融会贯通。《老子》第1章说：

两者同出，异名同谓。

——“无”“有”是同出于一个东西的，虽然名称不同但说的是一个东西。

这么一来，“有”“无”二者就合一了，因而也就不存在“有”“无”哪一个在先、哪一个在后的问题了，也不存在什么唯物、唯心的问题了。

信：万物成生必备

众所周知，“信”与“仁”“义”“礼”“智”是儒家历来重视和提倡的“五德”或“五常”。

对于“仁”“义”“礼”“智”，《老子》是蔑视和反对的，如第18章说：

> 故大道废焉有仁义，智慧出焉有大伪……

——因此大道废弃后才有了仁义，智慧出现后就有了虚伪……第19章说：

> 绝圣弃知，民利百倍；绝仁弃义，民复孝慈……

——灭绝圣明，摒弃智慧，人民才可以获得百倍的利益；灭绝仁爱，摒弃礼义，人民才能回归于孝慈……

但对于“信”，《老子》不仅不蔑视、不反对，而且还非常重视和提倡。那么什么是“信”？《老子》为什么看重和提倡“信”呢?

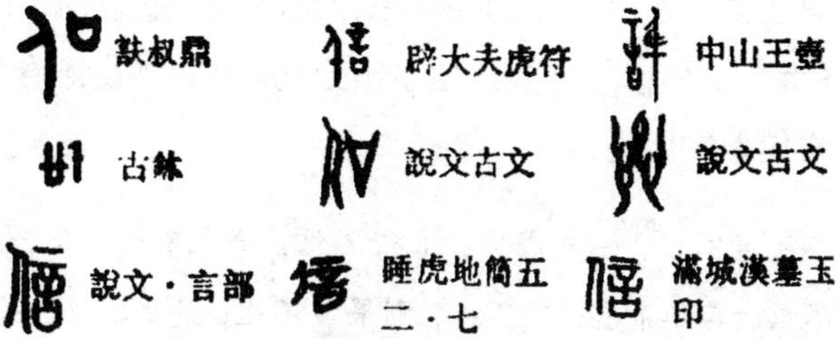

古文中的“信”

金文“信”由“人”“口”组成。《说文》中列有“信”的两个古文，第一个由“人”“舌”组成，第二个象两个并列的“心”字。小篆中由“人”“言”组成，《说文》解释说：“信，诚也。从人从言，会意。”

《说文》说“信，诚也”，这属于“转注”，即以两个意思相同的词互相解释。“诚”由“言”“成”组成，“成”有植物果实成熟、饱满的意思，指一种内在的真实。“言”“成”合起来，就是讲话要基于内在真情实意的意思。既然“信”“诚”属于“转注”的关系，那么“信”也应有讲话基于内在真情实意的意思。

先有本质，然后才有本质的发挥。如果说《老子》中的“精”是本质，那么“信”就是基于本质的发挥，因此第21章将“精”“信”相提并列说：

道之物……中有精呵。其精甚真，其中有信。

——“道”上的这个东西……其中有精呀。其中的精是真实的，其中有信。

“道之物”是宇宙万物的本源，正因为“道之物”中“有精”“有信”，所以它才能化生宇宙万物。正如《吕氏春秋·离俗览·贵信》中所说：

> 天行不信，不能成岁；地行不信，草木不大。春之德风，风不信，其华不盛；华不盛，则果实不生；夏之德暑，暑不信，其土不肥，土不肥，则长遂不精；秋之德雨，雨不信，其谷不坚，谷不坚，则五种不成；冬之德寒，寒不信，其地不刚，地不刚，则冻闭不开。天地之大，四时之化，而犹不能不信成物，又况人事？

是呀，“信”本来就是由“人”“言”组成，从构字上看是“人言为信”，是由“人言”之“信”来比拟宇宙本源之“信”、宇宙万物之“信”，人自己更应该讲究“信”。但《老子》成书时代的实际情况如何呢？

以战国时期著名的纵横家张仪为例。张仪在任秦国相国期间，秦国攻伐齐国，但因齐国与楚国是同盟，所以秦王有所顾忌，担心秦齐开战，楚国会帮助齐国，于是派张仪游说楚国。

张仪对楚怀王说：“如果楚国解除与齐国的盟国关系，秦国将献上商於之地六百里。”楚怀王一听，这事合算，果真断绝了与齐国的关系，并立马派使者跟着张仪回秦国接收六百里之地。

而张仪呢？回到秦国后，谎称摔伤，三个月没再露面。而楚怀王这边巴巴地等着那六百里土地等得心焦，心里琢磨：“是不是秦国嫌我的诚意不够，和齐国绝交不彻底呀？”于是又派人北上辱骂齐王，齐王大怒之下与秦国联手以孤立楚国。

到了这时，张仪的“病”也好了，开始上朝了，遇见楚国使者，装出纳闷的样子问：“您不去接受土地，在这干什么呢？从某地到某地，有土地六里，您可以去接收了。”楚国使者说：“我听说是六百里，可没听说是六里呀！”但人家张仪一口咬定就是六里，根本就没什么六百里的说法！

从春秋末年到战国时期，人们都越来越不讲“道”，越来越不讲诚信。言不由衷，弄虚作假，讲假话，讲大话，像张仪这样说话当放屁的人多了去了，可见并不是所有的“言”都是可信的。那么，什么“言”才是可信的呢？

扬雄《法言·问神》中说“故言，心声也”，从本质上来说，语言是为了表达人的真情实意的。“言”既为“心声”，那就应该心里怎么想就怎么说，心里想什么就说什么，以我之口说我之心，做到心、口一致，而犯不着曲里拐弯、遮遮掩掩，所以《说文》又解释说“直言曰言”。

这也就是说，只有“心声”之言、“直言”之言、与自己内心保持一致之言才是可信的。所以《老子》第8章说“言善信”，语言与自己的内在保持一致才能做到信；第27章说“善言者无瑕谪”，讲话与自己内心保持一致的人没有瑕疵。

相反，经过刻意美化、拐弯抹角说出来的话，是否反映出事物的本质，是否反映出你的真诚实意，那是颇令人生疑的。所以《老子》第68章说“信言不美，美言不信”，真实的话不用修饰、美化，修饰、美化的话不真实。

如果语言不能表达和反映内在的真情实意，那还不如不讲话、少讲话。所以第 2 章说：

是以圣人居无为之事，行不言之教。

——因此圣人做的是无为的事，实行的是不言的教化。第 24 章说：

希言自然。飘风不终朝，暴雨不终日。孰为此？天地而弗能久，又况于人乎！

——少说话合乎自然。狂风不会刮上一个早晨，暴雨也不会下一整天。谁造成了狂风和暴雨？天地。天地都不能使狂风暴雨持久，何况是人说的话呢？

天地自然是不会讲话的，但是它会刮风、会下雨，又好像是在讲话。如同狂风暴雨来得快、去得也快，人讲话应承别人快、忘得也快，因而失信于人。长此以往，别人也不会再相信你。所以第 17 章说：

信不足，焉有不信，犹呵其贵言也。

——你的诚信不足，于是别人也不相信你，所以说话一定要慎重。第 63 章也说：

夫轻诺必寡信，多易必多难，是以圣人犹难之，故终于无难。

——轻易许诺的人一定缺少信用，把事情看得太容易的人一定会遭遇很多困难。因此圣人把事情看得很困难，所以最终没有困难。

如前所述，“精”是“道”的内在本质，“信”是内在本质的发挥。所以第75章又说：

天之道……不言而善应。

——天道虽然不会说话……它却是善于应答的。

你在多大程度上符合“道”，“道”也就在多大程度上与你相应，正如第24章说：

故从事而道者同于道，德者同于德，失者同于失。同于德者，道亦德之；同于失者，道亦失之。

——所以行为上有道的人符合道，有德的人符合德，失去道、德的人道、德也失去了他。你得到了道，道也得到你；你失去了道，道也失去了你。

总之，按《老子》的意思，只有不说话才能完全与“道”相符。然而，又如第43章所感叹的：

不言之教，无为之益，天下希能及之矣。

——无言的教化，无为的益处，天下很少有人能领悟到、很少有人能做到。

做不到“无言”“少言”，又言不由衷、言而无信，所以只能像第38章所说的那样：

故失道而后德，失德而后仁，失仁而后义，失义而后礼。夫礼者，忠信之薄也，而乱之首也。

——所以，丧失了道然后才有了德，丧失了德然后才有了仁，丧失了仁然后才有了义，丧失了义然后才有了礼。礼的出现，标志着忠信的淡薄和混乱的开始。

附：校定帛书《老子》

第一章

道可道也，非恒道也；名可名也，非恒名也。无名，万物之始也；有名，万物之母也。故恒无欲也，以观其眇；恒有欲也，以观其所噭。两者同出，异名同谓。玄之又玄，众眇之门。

第二章

天下皆知美之为美，恶已；皆知善，斯不善已。有无之相生也，难易之相成也，长短之相形也，高下之相盈也，音声之相和也，先后之相随也，恒也。是以圣人居无为之事，行不言之教。万物作而弗始也，为而弗恃也，成功而弗居也。夫唯弗居，是以弗去。

第三章

不上贤，使民不争；不贵难得之货，使民不为盗；不见可欲，使民不乱。是以圣人之治也，虚其心，实其腹；弱其志，强其骨；恒使民无知无欲也，使夫知不敢，弗为而已，则无不治矣。

第四章

道盅而用之，又弗盈也。渊呵似万物之宗。挫其锐，解其纷，和其光，同其尘。湛呵似或存。吾不知其谁之子也，象帝之先。

第五章

天地不仁，以万物为刍狗；圣人不仁，以百姓为刍狗。天地之间，其犹橐籥与！虚而不屈，动而愈出。多闻数穷，不若守于中。

第六章

谷神不死，是谓玄牝。玄牝之门，是谓天地之根。绵绵呵若存，用之不堇。

第七章

天长地久。天地之所以能长且久者，以其不自生也，故能长生。是以圣人退其身而身先，外其身而身存。不以其无私与？故能成其私。

第八章

上善如水。水善利万物而有静，居众人之所恶，故几于道矣。居善地，心善渊，予善天，言善信，政善治，事善能，动善时。夫唯不争，故无尤。

第九章

植而盈之，不若其已；揣而锐之，不可长保也；金玉盈室，莫之守也；富贵而骄，自遗咎也。功遂身退，天之道也。

第十章

载营魄抱一，能毋离乎！抟气致柔，能婴儿乎！涤除玄鉴，能毋疵乎！爱民治国，能毋以知乎！天门启阖，能为雌乎！明白四达，能毋以知乎！生之畜之，生而弗有，长而弗宰也，是谓玄德。

第十一章

卅辐同一毂，当其无，有车之用也；埏埴为器，当其无，有埴器之用也；凿户牖，当其无，有室之用也。故有之以为利，无之以为用。

第十二章

五色使人目盲，驰骋田猎使人心发狂，难得之货使人之行妨，五味使人之口爽，五音使人之耳聋。是以圣人之治也，为腹不为目，故去彼取此。

第十三章

宠辱若惊，贵大患若身。何谓宠辱若惊？宠之为下，得之若惊，失之若惊，是谓宠辱若惊。何谓贵大患若身？吾所以有大患者，为吾有身也；及吾无身，有何患？故贵为身于为天下，若可以托天下矣；爱以身为天下，如可以寄天下矣。

第十四章

视之而弗见，名之曰微；听之而弗闻，名之曰希；捪之而弗得，名之曰夷。三者不可致诘，故混而为一。一者，其上不皦，其下不忽，绳绳不可名也，复归于无物。是谓无状之状，无物之象，是谓忽恍。随而不见其后，迎而不见其首。执今之道，以御今之有，以知古始，是谓道纪。

第十五章

古之善为道者，微眇玄达，深不可识。夫唯不可识，故强为之容。曰：豫呵若冬涉水，犹呵其若畏四邻，俨呵其若客，涣呵其若凌释，沌呵其若朴，混呵其若浊，旷呵其若谷。浊而静之徐清，安以动之徐生。保此道不欲盈。夫唯不欲盈，是以能敝而新成。

第十六章

致虚极也，守静笃也，万物并作，吾以观其复也。夫物芸芸，各复归于其根。归根曰静。静是谓复命。复命常也。知常明也。不知常妄，妄作凶。知常容，容乃公，公乃王，王乃天，天乃道，道乃久，没身不殆。

第十七章

太上不知有之，其次亲誉之，其次畏之，其下侮之。信不足，焉有不信，犹呵其贵言也。成功遂事，而百姓谓我自然。

第十八章

故大道废焉有仁义，智慧出焉有大伪，六亲不和焉有孝慈，邦家昏乱焉有贞臣。

第十九章

绝圣弃知，民利百倍；绝仁弃义，民复孝慈；绝巧弃利，盗贼无有。此三言也，以为文未足，故令之有所属：见素抱朴，少私而寡欲。绝学无忧。

第二十章

唯与诃，其相去几何？善与恶，其相去何若？人之所畏，亦不可以不畏人。恍呵，其未央哉！众人熙熙，若飨于大牢而春登台。我泊焉未兆，若婴儿未咳。累呵，如无所归！众人皆有余，我独匮，我愚人之心也。沌沌呵！俗人昭昭，我独若昏呵；俗人察察，我独闷闷呵。忽呵，其若海！恍呵，其若无所止！众人皆有以，而我独顽似俚。我欲独异于人，而贵食母。

第二十一章

孔德之容，唯道是从。道之物，惟恍惟忽。忽呵恍呵，中有象呵；恍呵忽呵，中有物呵。幽呵冥呵，中有精呵。其精甚真，其中有信。自今及古，其名不去，以顺众父。吾何以知众父之然也？以此。

第二十二章

企者不立，自视者不章，自见者不明，自伐者无功，自矜者不长。其在道曰余食赘行，物或恶之，故有裕者弗居。

第二十三章

曲则全，枉则直，洼则盈，敝则新，少则得，多则惑，是以圣人执一以为天下牧。不自视故章，不自见故明，不自伐故有功，弗矜故能长。夫唯不争，故莫能与之争。古之所谓曲全者，岂语哉！诚全归之。

第二十四章

希言自然。飘风不终朝，暴雨不终日。孰为此？天地而弗能久，又况于人乎！故从事而道者同于道，德者同于德，失者同于失。同于德者，道亦德之；同于失者，道亦失之。

第二十五章

有物混成，先天地生，寂呵寥呵，独立而不改，可以为天地母。吾未知其名，字之曰道，吾强为之名曰大。大曰逝，逝曰远，远曰反。道大，天大，地大，王亦大。国中有四大，而王居一焉。人法地，地法天，天法道，道法自然。

第二十六章

重为轻根，静为躁君，是以君子终日行不离其辎重。虽有环观，燕处则超若。若何万乘之王而以身轻于天下？轻则失本，躁则失君。

第二十七章

善行者无辙迹，善言者无瑕谪，善数者不以筹策，善闭者无关钥而不可启也，善结者无缧约而不可解也。是以圣人恒善救，人而无弃人，物无弃材，是谓袭明。故善人，不善人之师；不善人，善人之资也。不贵其师，不爱其资，虽知乎大迷，是谓眇要。

第二十八章

知其雄，守其雌，为天下溪。为天下溪，恒德不离。恒德不离，复归于婴儿。知其日，守其辱，为天下谷。为天下谷，恒德乃足。恒德乃足，复归于朴。知其白，守其黑，为天下式。为天下式，恒德不忒。恒德不忒，复归于无极。朴散则为器，圣人用之则为官长。夫大制无割。

第二十九章

将欲取天下而为之，吾见其弗得已。夫天下神器也，非可为者也。为者败之，执者失之。物或行或随，或嘘或吹，或强或羸，或培或堕。是以圣人去甚，去泰，去奢。

第三十章

以道佐人主，不以兵强于天下，其事好还。师之所居，楚棘生之。善者果而已矣，毋以取强焉。果而毋骄，果而勿矜，果而勿伐，果而毋得已居，是谓果而不强。物壮而老，是谓之不道，不道早已。

第三十一章

夫兵者，不祥之器也。物或恶之，故有裕者弗居。君子居则贵左，用兵则贵右。故兵者非君子之器也，兵者不祥之器也，不得已而用之，恬淡为上，勿美也。若美之，是乐杀人也。夫乐杀人，不可以得志于天下矣。是以吉事上左，丧事上右；是以偏将军居左，上将军居右。言以丧礼居之也。杀人众，以悲哀泣之；战胜，以丧礼处之。

第三十二章

道恒无名。朴虽小，而天下弗敢臣。侯王若能守之，万物将自宾。天地相合，以雨甘露，民莫之令而自均焉。始制有名，名亦既有，夫亦将知止，知止所以不殆。譬道之在天下也，犹小谷之与江海也。

第三十三章

知人者智也，自知者明也。胜人者有力也，自胜者强也。知足者富也，强行者有志也。不失其所者久也，死而不忘者寿也。

第三十四章

道氾呵，其可左右也。成功遂事而弗名有也，万物归焉而弗为主。则恒无欲也，可名于小；万物归焉而弗为主，可名于大。是以圣人之能成大也，以其不为大也，故能成大。

第三十五章

执大象，天下往。往而不害，安平太。乐与饵，过客止。故道之出言也，曰淡呵其无味也，视之不足见也，听之不足闻也，用之不可既也。

第三十六章

将欲翕之，必固张之；将欲弱之，必固强之；将欲去之，必固与之；将欲夺之，必固予之：是谓微明，柔弱胜强。鱼不可脱于渊，邦利器不可以示人。

第三十七章

道恒无名。侯王若能守之，万物将自化。化而欲作，吾将镇之以无名之朴。镇之以无名之朴，夫将不欲。不欲以静，天下将自正。

第三十八章

上德不德，是以有德；下德不失德，是以无德。上德无为而无以为也，上仁为之而无以为也，上义为之而有以为也，上礼为之而莫之应也，则攘譬而扔之。故失道而后德，失德而后仁，失仁而后义，失义而后礼。夫礼者，忠信之薄也，而乱之首也。前识者，道之华也，而愚之首也。是以大丈夫居其厚而不居其薄，居其实不居其华。故去彼取此。

第三十九章

昔之得一者，天得一以清，地得一以宁，神得一以灵，谷得一以盈，侯王得一而以为天下正。其致之也，谓天毋以清将恐裂，谓地毋以宁将恐废，谓神毋以灵将恐歇，谓谷毋以盈将恐竭，谓侯王毋以贵以高将恐蹶。故必贵而以贱为本，必高矣而以下为基。夫是以侯王自谓孤、寡、不穀。此其贱之本与?非也。故致数舆无舆。是故不欲琭琭若玉，硌硌若石。

第四十章

上士闻道，堇能行之；中士闻道，若存若亡；下士闻道，大笑之。弗笑，不足以为道。是以建言有之曰：明道如昧，进道如退，夷道如类，上德如谷，大白如辱，广德如不足，建德如偷，质真如渝，大方无隅，大器晚成，大音希声，大象无形，道褒无名。夫唯道，善始且善成。

第四十一章

反也者，道之动也；弱也者，道之用也。天下之物生于有，有生于无。

第四十二章

道生一，一生二，二生三，三生万物，万物负阴而抱阳，中气以为和。天下之所恶，唯孤、寡、不穀，而王公以自名也。物或损之而益，益之而损。故人之所教，亦我而教人。故强梁者不得其死，吾将以为学父。

第四十三章

天下之至柔，驰骋于天下之至坚。无有入于无间，吾是以知无为之有益也。不言之教，无为之益，天下希能及之矣。

第四十四章

名与身孰亲？身与货孰多？得与亡孰病？甚爱必大费，多藏必厚亡。故知足不辱，知止不殆，可以长久。

第四十五章

大成若缺，其用不敝；大盈若盅，其用不穷；大直如诎，大巧如拙，大赢如绌。躁胜寒，静胜炅。清静可以为天下正。

第四十六章

天下有道，却走马以粪；天下无道，戎马生于郊。罪莫大于可欲，祸莫大于不知足，咎莫憯于欲得。故知足之足，恒足矣。

第四十七章

不出于户，以知天下；不窥于牖，以知天道。其出弥远，其知弥少。是以圣人不行而知，不见而明，弗为而成。

第四十八章

为学者日益，闻道者日损。损之又损，以至于无为。无为而无不为。取天下也，恒无事；及其有事也，不足以取天下。

第四十九章

圣人恒无心，以百姓之心为心。善者善之，不善者亦善之，德善也。信者信之，不信者亦信之，德信也。圣人之在天下，歙歙焉为天下浑心，百姓皆属耳目焉，圣人皆孩之。

第五十章

出生入死。生之徒十有三，死之徒十有三。而民生生，动皆之死地之十有三。夫何故也？以其生生也。盖闻善摄生者，陵行不遇兕虎，入军不被甲兵，兕无所揣其角，虎无所措其爪，兵无所容其刃。夫何故也？以其无死地焉。

第五十一章

道生之而德畜之，物形之而器成之，是以万物尊道而贵德。道之尊，德之贵也，夫莫之爵而恒自然也。道生之，畜之，长之，育之，亭之，毒之，养之，覆之。生而弗有也，为而弗恃也，长而弗宰也，此谓之玄德。

第五十二章

天下有始，以为天下母。既得其母，以知其子；既知其子，复守其母，没身不殆。塞其兑，闭其门，终身不堇；启其兑，济其事，终身不救。见小曰明，守柔曰强。用其光，复归其明，毋遗其殃，是谓袭常。

第五十三章

使我介然有知，行于大道，唯迆是畏。大道甚夷，民甚好径。朝甚除，田甚芜，仓甚虚，服文彩，带利剑，厌饮食，资财有余，是谓盗竽，非道也哉！

第五十四章

善建者不拔，善抱者不脱，子孙以祭祀不绝。修之身，其德乃真；修之家，其德有余；修之乡，其德乃长；修之国，其德乃丰；修之天下，其德乃博。以身观身，以家观家，以乡观乡，以邦观邦，以天下观天下。吾何以知天下之然哉？以此。

第五十五章

含德之厚者，比于赤子。蜂虿虺蛇弗螫，攫鸟猛兽弗搏，骨弱筋柔而握固。未知牝牡之会而朘怒，精之至也。终日号而不嗄，和之至也。知和曰常，知常曰明。益生曰祥，心使气曰强。物壮即老，谓之不道。不道早已。

第五十六章

知者弗言，言者弗知。塞其兑，闭其门，和其光，同其尘，挫其锐，解其纷，是谓玄同。故不可得而亲，亦不可得而疏；不可得而利，亦不可得而害；不可得而贵，亦不可得而贱。故为天下贵。

第五十七章

以正治邦，以奇用兵，以无事取天下。吾何以知其然也哉？夫天下多忌讳，而民弥贫；民多利器，而邦家滋昏；人多智巧，而奇物滋起；法物滋彰，而盗贼多有。是以圣人之言曰：我无为而民自化，我好静而民自正，我无事而民自富，我欲不欲而民自朴。

第五十八章

其政闷闷，其民惇惇；其政察察，其民夬夬。祸，福之所倚；福，祸之所伏。孰知其极？其无正也。正复为奇，善复为妖。人之迷也，其日固久矣。是以方而不割，廉而不刺，直而不肆，光而不耀。

第五十九章

治人事天莫若啬。夫唯啬，是以早服。早服是谓重积德。重积德则无不克，无不克则莫知其极，莫知其极可以有国，有国之母可以长久。是谓深根固柢、长生久视之道也。

第六十章

治大国若烹小鲜。以道莅天下，其鬼不神。非其鬼不神也，其神不伤人也。非其神不伤人也，圣人亦弗伤也。夫两不相伤，故德交归焉。

第六十一章

大邦者，下流也，天下之牝。天下之交也，牝恒以静胜牡。为其静也，故宜为下。大邦以下小邦，则取小邦；小邦以下大邦，则取于大邦。故或下以取，或下而取。故大邦者不过欲兼畜人，小邦者不过欲入事人。夫皆得其欲，大者宜为下。

第六十二章

道者，万物之主也，善人之宝也，不善人之所保也。美言可以市，尊行可以加人。人之不善也，何弃之有？故立天子，置三卿。虽有拱之璧以先驷马，不若坐而进此。古之所以贵此者何也？不谓求以得，有罪以免与？故为天下贵。

第六十三章

为无为，事无事，味无味，大小多少，报怨以德。图难乎其易也，为大乎其细也。天下之难作于易，天下之大作于细。是以圣人终不为大，故能成其大。夫轻诺必寡信，多易必多难，是以圣人犹难之，故终于无难。

第六十四章

其安也，易持也；其未兆也，易谋也；其脆也，易破也；其微也，易散也。为之于其未有也，治之于其未乱也。合抱之木，生于毫末；九层之台，作于累土；百仞之高，始于足下。为之者败之，执之者失之。是以圣人无为也，故无败也；无执也，故无失也。民之从事也，恒于几成而败之。故慎终若始，则无败事矣。是以圣人欲不欲，而不贵难得之货；学不学，而复众人之所过，能辅万物之自然而弗敢为。

第六十五章

故曰：为道者非以明民也，将以愚之也。民之难治也，以其知也。故以知治邦，邦之贼也；以不知治邦，邦之德也。恒知此两者，亦稽式也。恒知稽式，此谓玄德。玄德深矣，远矣，与物反矣，乃至大顺。

第六十六章

江海之所以能为百谷王者，以其善下之，是以能为百谷王。是以圣人之欲上民也，必以其言下之；其欲先民也，必以其身后之。故居前而民弗害也，居上而民弗重也，天下乐推而弗厌也。非以其无争与？故天下莫能与争。

第六十七章

小邦寡民，使有十百人之器而毋用，使民重死而远徙，有舟车无所乘之，有甲兵无所陈之，使民复结绳而用之。甘其食，美其服，乐其俗，安其居，邻邦相望，鸡狗之声相闻，民至老死不相往来。

第六十八章

信言不美，美言不信。知者不博，博者不知。善者不多，多者不善。圣人无积，既以为人己愈有，既以与人己愈多。故天之道，利而不害；人之道，为而弗争。

第六十九章

天下皆谓我大，大而不肖。夫唯大，故不肖；若肖细，久矣。我恒有三宝，持而宝之。一曰慈，二曰俭，三曰不敢为天下先。夫慈，故能勇；俭，故能广；不敢为天下先，故能为成事长。今舍其慈且勇，舍其俭且广，舍其后且先，则必死矣。夫慈，以战则胜，以守则固。天将建之，如以慈垣之。

第七十章

善为士者不武，善战者不怒，善胜敌者弗与，善用人者为之下，是谓不争之德，是谓用人，是谓配天，古之极也。

第七十一章

用兵有言曰：吾不敢为主而为客，吾不敢进寸而退尺，是谓行无行，攘无臂，执无兵，乃无敌矣。祸莫大于无敌，无敌近亡吾宝矣。故称兵相若，则哀者胜矣。

第七十二章

吾言甚易知也，甚易行也，而人莫之能知也，而莫之能行也。

言有宗，事有君。夫唯无知也，是以不我知。知我者希，则我贵矣。是以圣人被褐而怀玉。

第七十三章

知不知，尚矣；不知知，病矣。是以圣人之不病，以其病病，是以不病。

第七十四章

民之不畏威，则大威将至矣。毋狭其所居，无压其所生。夫唯不压，是以不厌。是以圣人自知而不自见也，自爱而不自贵也。故去彼取此。

第七十五章

勇于敢者则杀，勇于不敢者则活。此两者或利或害，天之所恶，孰知其故？天之道，不战而善胜，不言而善应，不召而自来，坦而善谋。天网恢恢，疏而不失。

第七十六章

若民恒且不畏死，奈何以杀惧之也？若民恒且畏死而为奇者，吾得而杀之，夫孰敢矣？若民恒且必畏死，则恒有司杀者。夫代司杀者杀，是代大匠斫也。夫代大匠斫者，则希不伤其手矣。

第七十七章

人之饥也，以其取食税之多也，是以饥。百姓之不治也，以其上有以为也，是以不治。民之轻死，以其求生之厚也，是以轻死。夫唯无以生为者，是贤贵生。

第七十八章

人之生也柔弱，其死也筋肕坚强；万物草木之生也柔脆，其死也枯槁。故曰：坚强者死之徒也，柔弱者生之徒也。兵强则不胜，木强则折。强大居下，柔弱居上。

第七十九章

天之道，犹张弓者也。高者抑之，下者举之；有余者损之，不足者补之。故天之道，损有余而补不足。人之道则不然，损不足而奉有余。孰能有余而有以取奉于天者乎？唯有道者乎！是以圣人为而弗有，成功而弗居也，若此其不欲见贤也。

第八十章

天下莫柔弱于水，而攻坚强者莫之能胜也，以其无以易之也。柔之胜刚，弱之胜强，天下莫弗知也，而莫能行也。故圣人之言云曰：受邦之垢，是谓社稷之主；受邦之不祥，是为天下之王。正言若反。

第八十一章

和大怨，必有余怨，焉可以为善？是以圣人执右介，而不以责于人。故有德司介，无德司彻。夫天道无亲，恒与善人。

校注说明：以高明《帛书老子校注·帛书老子甲本勘校复原》（中华书局 1996 年版）本为底本，以《帛书老子校注·帛书老子乙本勘校复原》本、陈鼓应《老子今注今译·附录一：帛书老子甲乙本释文》（商务印书馆 2003 年版）为主校本，以竹简本、王弼本为参校本。帛书本《德经》在前、《道经》在后，为便于与王弼本对照，同时也遵从大多数读者的习惯，仍按《道经》在前、《德经》在后的顺序排列。

主要参考书目

高明：《帛书老子校注》，中华书局 1996 年版。

陈鼓应：《老子今注今译》，商务印书馆 2006 年版。

李零：《人往低处走——〈老子〉天下第一》，生活·读书·新知三联书店 2008 年版。

楼宇烈：《王弼集校释》，中华书局 1980 年版。

张其成：《大道之门》，广西科学技术出版社 2008 年版。

张松辉：《老子译注与解析》，岳麓书社 2008 年版。

庞朴：《蓟门散思》，上海文艺出版社 1996 年版。

臧守虎：《鉴往知来：易经读本》，中华书局 2015 年版。

臧守虎：《老子问答》，齐鲁书社 2011 年版。

臧守虎：《周易问答》，齐鲁书社 2009 年版。

李零：《丧家狗——我读〈论语〉》，山西人民出版社 2007 年版。

姚汉荣等：《庄子直解》，复旦大学出版社 2000 年版。

金良年：《孟子译注》，上海古籍出版社 2004 年版。

吴东平：《汉字的故事》，新世界出版社 2006 年版。

王立军等：《汉字的文化解读》，商务印书馆 2012 年版。

李乐毅：《汉字演变五百例》，北京语言学院出版社 1992 年版。

汉语大字典编辑委员会:《汉语大字典》,四川辞书出版社、湖北辞书出版社 1993 年版。

后记

本书的写作酝酿良久，2013 年年底由齐鲁书社立题，初稿于 2014 年上半年已基本形成，但由于方方面面的原因，正式出版一直拖沓至今。

等待出版是一个令人焦虑的过程，之所以焦虑，窃以为以这样的方式写《老子》是颇为自得的新创意，担心一拖再拖下去，新的创意不再新。可以稍慰的是，虽然现在市面已有解说汉字之书，但似本书把文字限定在一定的文献语境中加以全面深度的解释，据陋见在目前仍属于新创。

等待出版也是一个书稿不断完善的过程，包括不断修改业已写成的初稿，陆续补写了一些新的条目，反复斟酌为每个条目起了一个概括主旨而通俗易懂的小标题等，这些工作使本书比初稿有了脱胎换骨的变化，这是始料未及的收获和惊喜。

程虹曾说过："凡是与文字打交道的人或许都有这种感受：手中的书稿或译稿但凡不把它交出去，就不断有修改的余地，仿佛那是永远画不上句号的作品。"通过本书的修改、补写，我真切地感受到了这一点。

与初稿相比，本书虽已补写了不少的条目，但补写的过程中陆续不断地发现还有一些值得写也应该写的条目，诸如“企”“式”“主”“肖”“曲”“执”“强梁”等，但或由于资料准备不足，或考虑到全书规模上的控制，同时也感到写得有些累了，所以就先到这里截止吧，希望以后有机会再版时再补充。

以前是急着要交稿出版，现在到了真正要交稿出版的时候，心中反而犹豫迟疑起来，一遍遍地凝视抚摸着书稿，就像凝视抚摸一个婴儿，舍不得交出，舍不得放手，或许是因为担心她的命运，或许是因为她已经驻扎在我的心里……

臧守虎

2015 年 8 月 30 日